_____ 님의 꿈은 무엇입니까?

당신의 꿈은 무엇입니까

- 인터뷰이의 나이, 해당 국가의 사회·정치적 상황, 환율 등은 인터뷰 또는 집필 시점을 기준으로 쓰여졌습니다.
- 인물·나라·도시·단체에 대한 정보는 인터뷰이에게 들은 내용을 바탕으로 적었으므로 약간의 오차와 시간적 변화가 있을 수 있습니다.

당신의 ★ 꿈은 무엇입니까

김수영이 만난 25개국 365개의 꿈

김수영 지음

PROLOGUE

지구에 존재하는
수만 가지 꿈의 파노라마

"언니의 삶은 기적 같아요. 저도 꿈이 많지만, 지금 현실은……."
그녀는 말을 마치지 못했다. 사인하느라 바쁘던 나는 펜을 멈추고 그녀의 얼굴을 바라보았다. 스무 살 남짓 되어 보이는 예쁜 그녀의 두 눈엔 눈물이 가득 차 툭 치면 비처럼 쏟아져 내릴 것 같았다. 아픔도 꿈도 많아 보이는 그녀의 두 눈망울에, 두 개의 삶을 살아온 나의 지난 30여 년이 스쳐 지나간다.

지지리도 가난했던 왕따 소녀는 열두 살에 자살을 생각했다. 존재감 있는 아이가 되고 싶어 열다섯 살에 일진이 된 소녀는 수도 없는 싸움질과 폭주족 생활로 온몸에 성한 곳 하나 없었다. 자퇴하라고 윽박지르는 선생님들, 술주정뱅이 아버지와 울보 어머니가 미워 세 번을 가출했고 3개월을 거리에서 보냈다. 그리고 1년 늦게 검정고시로 실업계 고등학교에 들어갔다.

퀴즈쇼 우승자인 한 소녀는 명문대에 들어갔고, 유명 신문사에서 최연소 인터넷 기자로 최고 기사 상을 받았다. 대학을 졸업하고 골드만삭스에 들어갔고, 영국에서 석사를 마친 뒤 로열더치셸에서 억대 연봉을 받으면서도 세계 50여 개 나라를 누비며 여행하고 춤추며 즐겁게 꿈을 이루며 살아왔다.

그렇게 나는 하늘과 땅처럼 다른 두 개의 삶을 살았다. 결과만 놓고 보면 기적이라고 말할 수도 있다. 그러나 비참한 과거의 삶과 행복한 현재의 삶의 간극을 메운 것은 바로 꿈이었다. 특히 암 진단을 받고 꿈 73개를 써 내려가면서 나의 삶은 180도 달라졌다. 하루하루 살아가는 삶이 아닌, 꿈을 하나하나 이루며 살아가는 삶으로.

로마의 철학자 에픽테토스는 말했다. "무엇이 되고자 하는가? 그것을 먼저 자신에게 말하라. 그리고 해야 할 일을 행하라 First say to yourself what you would be; and then do what you have to do"라고. 나는 그렇게 '되고자 하는 그 무엇(꿈)'을 먼저 쓰고 '해야 할 일(현실)'을 했다. 설령 불가능해 보이고 허무맹랑한 꿈일지언정 그 꿈에 도전하고 또 도전했다. 그리고 기적처럼 많은 꿈이 이루어졌다. 해외에서 커리어를 쌓고, 부모님께 집을 사드리고, 킬리만자로에 오르고, 뮤지컬 무대에 올랐다.

더 많은 이가 꿈을 찾아 그 꿈을 펼쳤으면 하는 마음에서 2010년 〈멈추지 마, 다시 꿈부터 써봐〉를 출간한 이후 나는 매일 수십 통씩 이메일을 받았다. 부모님 부양 때문에 원치 않는 일을 하면

꿈을 꾼다는 것은 삶의 목적을 찾는다는 것이다. 꿈을 향해 나아갈 길이 바쁜 이들에게는 아플 틈도, 우울할 틈도 없어진다.

서 괴로워하던 중 이 책을 읽고 유학을 떠나기로 했다는 사람, 자살하기 직전에 이 책을 접하고 다시 살기로 마음먹었다는 사람까지…….

놀라운 기적을 체험한 사람도 있다. 군대에서 사고로 척추를 다친 이가 꿈 목록을 쓴 뒤 다시 걷게 되고, 암으로 병원에 있던 이 역시 꿈 목록을 쓰고 하고 싶었던 일에 도전하면서 의사들이 믿지 못할 정도로 빠르게 건강을 회복하기도 했다.

그것은 기적이 아니었다. 꿈을 꾼다는 것은 삶의 목적을 찾는다는 것이고, 그 꿈에 도전한다는 것은 그 목적을 향해 가겠다는 자아의 발현이기 때문이다. 꿈을 향해 나아갈 길이 바쁜 이들에게는 아플 틈도, 우울할 틈도 없어지는 것이다.

눈물이 그렁그렁한 그녀는 내게 물었다.

"저에게도 그런 기적이 일어날 수 있을까요?"

나는 그녀의 손을 잡았다. 두 개의 내 모습이 비치는 그녀의 두 눈을 바라보며 말했다.

"기적은 그것을 믿는 사람에게 이루어져요. 정확하게 말하면, 당신이 원하는 삶을 꿈꾸고 이를 이루기 위해 노력할 때, 당신이 '꿈'이라고 부르는 미래의 현실에 한 발짝 가까워지는 것이죠. 꿈을 현실에 맞추지 말고, 현실을 꿈에 맞춰보세요."

그녀는 눈물을 닦으며 몇 번이고 고개를 숙이고 감사 인사를 하더니 사인회의 인파 속으로 사라졌다. 다음 사람이 책을 내밀었지만 내 마음은 아직도 그녀에게 가 있다. 그녀의 꿈은 무엇일까, 그리고 어떤 사연을 가지고 있을까.

...

"저도 꿈이 있어요. 하지만 지금의 현실은 너무 암울해요. 저 같은 사람도 꿈을 이룰 수 있을까요?"

매일매일 꾹꾹 채워지는 내 메일함엔 현실에 짓눌린 수많은 인생이 신음하고 있었다.

자신의 꿈은 포기한 채 아이들에게 꿈을 강요하는 부모, 자신의 꿈과 남의 꿈 사이에서 방황하는 수많은 청춘. 이제 너무 늦었다고, '현실은 시궁창'이라며 자포자기하고 있는 이들. '해야 할 일

(현실)'을 기준으로 '되고자 하는 그 무엇(꿈)'을 결정하는 사람이 다수인 이 사회에서 나는 무엇을 할 수 있는가.

처음에는 그들에게 조언을 최대한 많이 해주려고 했으나, 수천 명을 일일이 멘토링하기란 불가능했다. 내가 그들의 삶에 해답solution은 줄 수 없지만, 그들 스스로 해답을 찾을 수 있도록 영감inspiration, 즉 꿈의 씨앗을 줄 수 있겠다는 생각이 들었다. 하지만 이 지구에 사는 사람만 70억여 명. 삶의 모습은 사람 숫자만큼 다양한데, 내가 가진 씨앗은 100개도 채 안 되지 않는가.

한참 고민을 하다 문득 '이 세상 사람들은 무슨 꿈을 가지고 살까?' 하는 의문이 떠올랐다. 이에 대한 답을 찾아 고민하던 중 '이 지구별을 여행하며 만나는 사람들의 꿈을 찍어보면 어떨까?' 하는 생각이 들었다.

삶의 터전도, 살아가는 방법도, 해결해야 할 문제도 전혀 다르지만, 누구나 자신만의 꿈이 있으며 그 꿈을 이루기 위해 어떻게든 노력하고 있다는 사실. 이것을 알게 되는 것만으로도 '꿈' 앞에서 좌절하고 있는 사람들에게 힘을 실어줄 수 있지 않을까.

"이 지구상에 존재하는 수만 가지의 꿈을 파노라마로 펼쳐보자!"

런던에서 서울까지 365일간 365명의 꿈을 인터뷰하고 그들의 이야기를 통해 꿈이 없는 사람들에게는 수백 가지의 가능성을 전할 것이다. 또 꿈은 있지만, 현실의 벽 앞에서 좌절하는 이들에게

꿈의 파노라마 프로젝트를 한마디로 요약한다면, '꿈을 만나다, 나누다, 이루다!'라고 할 수 있지 않을까?

는 '세상에 저런 사람도 꿈을 향해 도전하는데 나도 멈추지 말아야 겠다' 하고 깨닫도록 영감을 주는 것이 나의 주된 목표이다. 그리고 10년 뒤 그들을 찾아가 꿈을 이루었다면 어떻게 이루었는지, 이루지 못했다면 이유가 무엇인지 알아보려 한다. 그리고 이 1년의 과정에서 나 역시 83가지의 꿈 하나하나에 도전하고 세계 곳곳의 사람들과 꿈을 나눌 것이다.

이 프로젝트를 한마디로 요약한다면, '꿈을 만나다, 나누다, 이루다!'라고 할 수 있지 않을까? 그렇게 나는 '꿈의 파노라마'라는 프로젝트를 기획했다. 회사에는 휴직계를 내고, 영국에서의 모든 살림을 정리하고 길 위에 올랐다. 이 세상 곳곳에 뿌려진 꿈의 씨앗들을 찾으러.

...

꿈을 만나다

2011년 6월 3일부터 2012년 6월 1일까지 총 365일(2012년 2월은 29일까지 있었다) 동안 지하철, 버스, 자동차, 비행기, 기차 같은 대중교통 수단 외에도 릭샤(오토바이 택시), 트리샤(자전거 택시), 인력거, 말, 노새, 낙타, 경운기, 열기구, 경비행기까지 타며 25개국 92개 도시를 이동했다. 평균 4일에 한 번꼴로 새로운 곳에서 눈을 떴고, 네 살에서 여든일곱 살까지 67개 국적을 가진 365명에게 꿈을 물었다.

그들을 인터뷰하기 위해 나는 섭씨 50도의 뜨거운 아부다비 사막에서 에베레스트 베이스캠프까지 종횡무진 다녔다. 공사 현장에서 인부들과 함께 돌을 나르고, 입학면접관으로 한 국가의 미래에 관해 토론하는가 하면, 조종사가 꿈인 이를 따라 경비행기를 탔고, 토크쇼에 나가서 아랍어로 노래를 부르는 등 해외 30여 개 언론 매체에 소개되기도 했다.

그런 과정을 거쳐 거지와 왕족, 창녀와 수녀, 팔레스타인 난민과 이스라엘 군인 등 극단적 대칭 관계에 있는 사람들과 열기구 조종사, 코끼리 사육사처럼 독특한 직업을 가진 사람들을 만났다. 무엇보다 우리 주변의 평범하면서도 특별한 이들의 365가지 삶을 엿보았다. 그들을 통해 인생에는 한 가지 정답이 없지만, 사람은 자신이 원하는 꿈을 알고 그것을 실천할 때 행복하다는 깨달음을 얻었다.

성대를 잃고도 콘서트를 열고, 11년간 자신을 학대한 이를 용서하고, 7번이나 죽을 고비를 넘긴 뒤 평화를 위해 힘쓰는 수많은 기적 같은 삶들을 만나며 나는 느꼈다. 우리가 사는 이 지구는 꿈꿀 수 있어 아름다운 별이라고.

꿈을 이루다

사람들의 꿈을 인터뷰하는 동시에 '내가 꿈을 이루면 나는 누군가의 꿈이 된다'는 말처럼 나 또한 새로운 꿈에 도전해서 그 과정을 함께 나누고 싶었다. 그래서 10가지 꿈에 도전했고, 9가지를 이뤄냈다. 엄마와 성지 순례 여행을 했고, 지중해에서 세일링을 배웠으며, 많은 사람이 황당하다고 치부했던 발리우드 영화에 한 편도 아닌 두 편에 출연했고, 에베레스트 베이스캠프에 올랐다. 요가 강사 자격증을 따고, 타이 마사지를 배웠으며, 중국어와 쿵후도 배웠다.

여러 가지 꿈에 하나하나 도전하면서 나의 부족한 점을 많이 깨

2011년 5월 서울에서 열린 꿈의 파노라마 발대식

달았지만 짧은 시간에 주어진 한정된 기회인 만큼 최대한의 에너지를 쏟아부으며 성취감을 느꼈다. 그 과정이 도전을 두려워하는 이들에게 조금이나마 힘이 되었으면 한다.

꿈을 나누다

그리고 더 많은 이와 꿈을 나누기 위해 뛰었다. 서울, 런던, 나폴리에서는 즐거운 '드림 파티'를, 팔레스타인 난민촌, 네팔과 인도의 보육원, 태국의 가출 청소년 쉼터에서는 '드림 워크숍'을, 여행이 끝나고 시청 앞 광장과 광화문 일대에서는 백여 명과 '드림 퍼레이드'를 벌였다. 행복 코치를 만나 행복에 관한 레슨을 받았고, 에베레스트 산기슭에서 만난 사진작가로부터는 꿈의 비밀을,

일흔네 살에 첫 개인전을 연 할머니에게서는 '순간순간이 마지막인 것처럼 살아야 한다'는 가슴 뭉클한 깨달음을 얻었다. 하루도 같은 날이 없었던 이 여행은 끊임없는 배움, 나눔, 놀라움 그 자체였다.

그 과정에서 여러 꿈이 현실이 되었다. 큰 테디베어 인형을 갖고 싶다던 다섯 살 꼬마에게는 옆 나라에서 정말 큰 테디베어가 배달되었고, 지하 스튜디오를 운영하며 자유를 꿈꾸던 이란의 커플은 전액 장학금을 받고 호주로 떠났다. '이 여인과 평생 함께 있는 것'이 꿈이라던 한 남자의 용감한 고백은 3개월 뒤 결혼으로 이어졌다. 1년 사이에 이 많은 일이 벌어졌으니 앞으로 10년간 얼마나 더 많은 기적이 일어날까?

물론 이 프로젝트를 진행하는 과정은 쉽지 않았다. 고산증으로 48시간 사경을 헤맸고, 돈이 없어 배를 곯았으며, 소가 도로에 뛰어들어 교통사고를 당했고, 5마리의 개들에게 공격을 받은 적도 있고, 경찰과 추격전을 벌이기도 했다. 낯선 도시에서 소매치기를 당해 실의에 빠졌고, 믿었던 사람에게 배신당한 뒤 우울증에 걸려 5kg이 빠졌다. 하지만 그렇게 힘든 일을 겪을 때마다 생각지도 못한 사람들에게서 도움을 받았고, 새로운 기회를 발견했으며, 더 강해진 나 자신을 만났다.

지난 1년이 마치 내 인생의 마지막 1년이라도 된 듯 치열하게 사람들의 삶과 꿈에 귀 기울이고, 거침없이 나의 꿈에 도전했다. 10년에 걸쳐 겪었을 일을 1년 사이에 겪다 보니 가슴 벅찬 일이 많아

혈압이 올랐고, 열심히 걸은 덕분에 몸의 근육량도 두 배로 늘었다. 그렇게 어느 때보다도 많이 울고 웃었던 1년, 내 가슴 속에서 함께 뛰는 365개의 삶이 전하는 그 감동과 깨달음, 행복과 아픔, 환희와 비애의 이야기들을 이제 당신과 나누려 한다.

차례

PROLOGUE • 지구에 존재하는 수만 가지 꿈의 파노라마 ························ 5
INTRO • 막막해도 불안해도, 하쿠나 마타타! ···························· 21

• Chapter 1 •
누구에게나 꿈은 있다
영국 ★ 프랑스 ★ 이탈리아 ★ 그리스 ································ 33
런던, 꿈의 레이스를 시작하다 • 교황님! 김마리아가 여수에서 왔어요 • 인생의 바다를 항해하는 방법 • 누군가의 삶이 누군가에게 위안으로 • 아들을 가슴에 묻고 희망의 싹을 틔우다 • 히키코모리 청년의 꿈

• Chapter 2 •
꿈꿀 수 있어 아름다운 존재들
터키 ★ 조지아 ★ 아르메니아 ★ 아랍에미리트연합 ★ 오만 ★ 이란 ············ 75
공사 현장의 행복한 상상 • 이웃나라에서 배달된 꿈 • 70억의 삶, 70억의 꿈 • 차도르 속 섹시한 그녀들 • 금지된 나라, 금지된 꿈

• Chapter 3 •
꿈꾸는 것이 사치일지라도
레바논 ★ 요르단 ★ 이스라엘 ★ 팔레스타인 ························· 117
살람알라이쿰, 메르하바 레바논! • 행복 코치의 레슨 • 외로워도 슬퍼도 나는 안 울어 • 성대 없는 가수의 콘서트 • 난민촌에서의 63년, 버리지 못한 열쇠 • 7번 죽을 고비를 넘기고 나서

• Chapter 4 •
0.001% 가능성이라도 있다면
인도 ··· 167

지금 이 순간 존재하라 • 때로는 슬프고 때로는 기쁘고, 그게 인생이지 • 샤룩칸 등 뒤에서 울다 • 소금 바다가 꿈꾸는 별 • 내 꿈은 당신과 평생 함께 하는 것

• Chapter 5 •
현실에 꿈을 맞추지 말고 꿈에 현실을 맞춰요
태국 ★ 미얀마 ★ 싱가포르 ★ 네팔 ·· 223

방콕의 노숙 청소년들과 함께한 일요일 • 쩌두의 공짜 장례식 • 하늘에서 펼치는 어린 시절의 꿈 • 이게 꿈이라면 깨어나고 싶지 않아요 • 48시간의 사투 • 세상의 꼭대기에서 꿈을 노래하다

• Chapter 6 •
진짜 삶을 살 준비가 되었나요?
중국 ★ 홍콩 ★ 대만 ★ 일본 ★ 한국 ·· 283

시대를 잘못 만난 할아버지의 꿈, 제가 대신 이룰 거예요 • 이 길의 끝, 당신이라는 나무 한 그루 • 접시닦이에서 골드만삭스까지 • 당신은 진짜 삶을 살 준비가 되었습니까? • 셔터를 누르는 마지막 순간 • 지진도 이겨낸 초밥 한 접시 • 남녘에서 꽃피운 꿈 • 혼자 꾸는 꿈은 단지 꿈일 뿐이지만, 함께 꿈을 꾸면 현실이 된다

EPILOGUE • 내 가슴에 뛰는 366개의 심장 ·························· 356
두 권의 책을 다시 펴내며 ··· 366
드림 파노라마, 그 특별한 기록 ··· 372
감사의 말 ·· 376

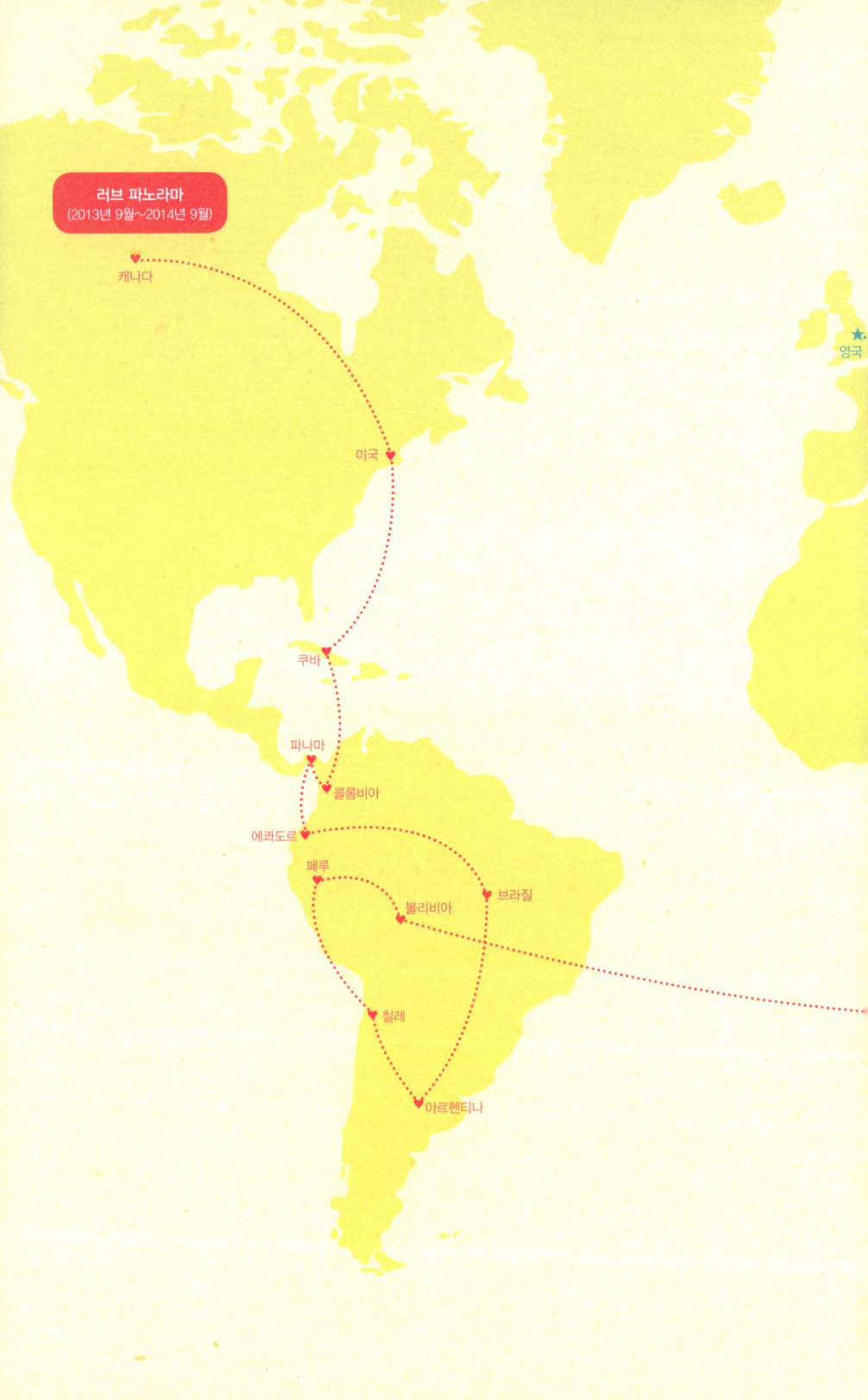

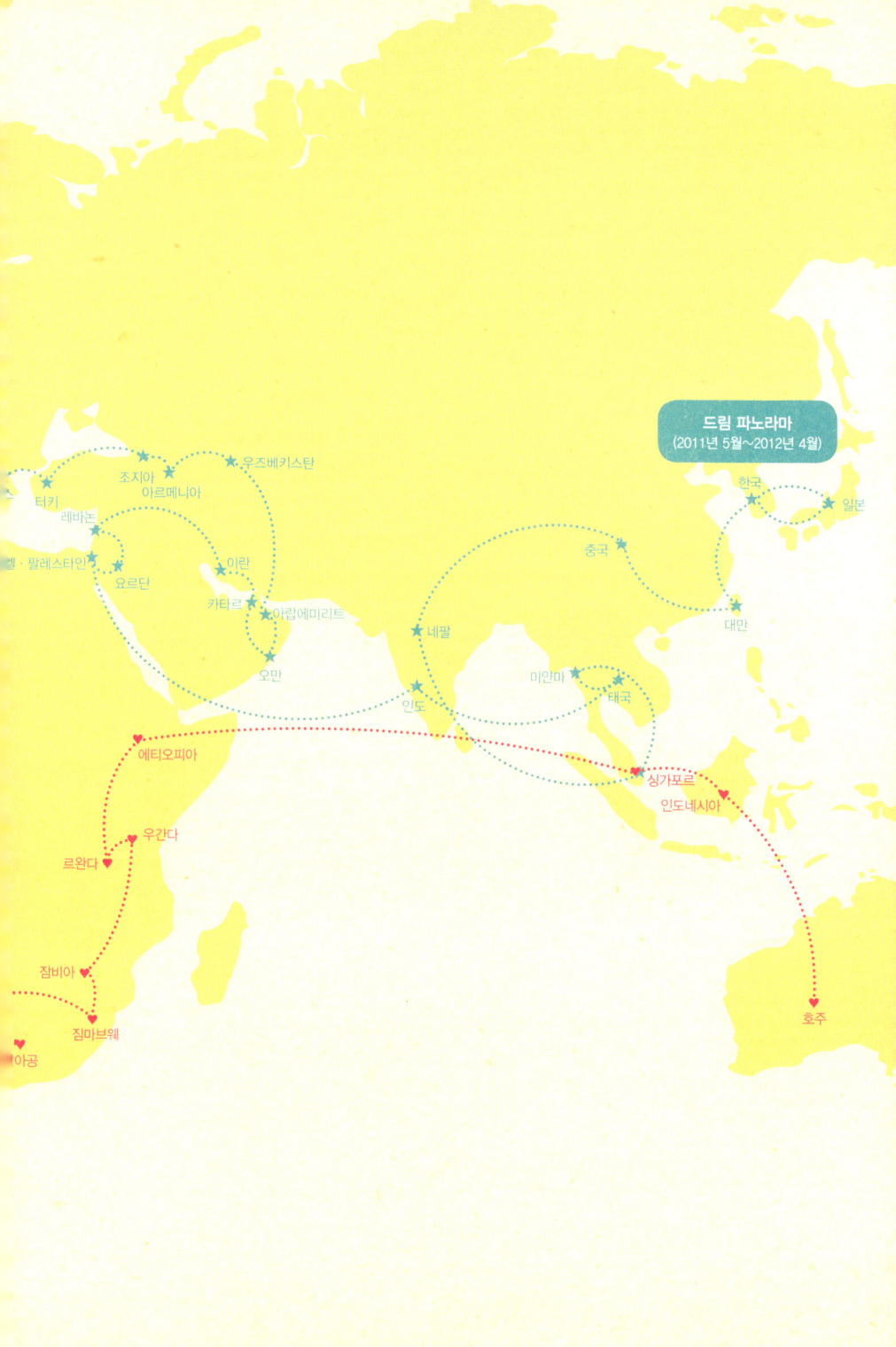

What's

your

DREAM?

INTRO

막막해도 불안해도,
하쿠나 마타타!

'내가 미쳤지! 킬리만자로에 오를 생각하다니!'

34번째 꿈을 이루겠다고 킬리만자로 산행을 시작한 지 2시간 만에 나 자신에게 욕을 퍼부었다. 산이라고는 동네 뒷산도 올라본 적이 없는 내가 아프리카의 가장 높은 산 5,895m 정상에 오르겠다고 결심을 했으니, 아무리 생각해도 미쳤다고 할 수밖에.

다리가 아프고 온몸이 쑤신 것은 아무것도 아니었다. 산행을 시작하자마자 폭우가 쏟아지는데, 2시간이 지나도 그치질 않는다. 돈 좀 아끼려고 탄자니아 모시에서 방수 등산화, 가방, 바지, 재킷을 빌렸는데 비가 내린 지 10분 만에 쫄딱 젖어버렸다.

곳곳에 웅덩이가 생겨 발이 푹푹 빠지고 진흙탕 때문에 몇 번이나 넘어질 뻔하고, 감기 기운이 있는지 계속 재채기를 한다. 몸이 좀 이상하다 싶더니만 마법까지 걸려 경악했지만, 지저분한 화장

20대의 마지막 날, 나를 위한 특별한 선물로 아프리카 최고봉인 킬리만자로 정상에 오르기로 했다. 하지만 산행을 시작하자마자 쏟아진 폭우로 10분 만에 쫄딱 젖어버렸다.

실에 경악했다. 벌써 한 커플이 등반을 포기하고 내려가고 있다.

'나도 그냥 포기하고 내려갈까?'

시작은 아주 로맨틱했다. 가을바람이 불던 10월 아침, 운전 중 클래식 FM에서 비발디의 〈사계-겨울〉이 흘러나왔다. 몇 달 뒤면 겨울이 오고, 나도 만 서른 살이 되는구나 하고 생각하자 갑자기 탄성이 나왔다. 누구보다 치열하게 살았던 내 20대에 특별한 선물을 주고 싶었다. 카리브해의 에메랄드 바다에 몸을 푹 담글까 생각도 해봤다.

'하지만 그건 그냥 쉬는 거잖아? 에이, 너무 쉬워. 킬리만자로 정상이라도 오르면 모를까. 그래! 20대의 마지막 날, 아프리카의 최고봉 킬리만자로 정상에 오르는 거야! 5박 6일간 걸으면서 지난 30년의 삶을 돌아보고 앞으로의 미래에 대해 고민해봐야지.'

불현듯 떠오른 계획은 친구들 5명이 같이 가겠다고 붙는 바람에 어느 순간 나는 킬리만자로 원정대(?)의 대장이 되어 있었다. 내가 저지른 일이니 내려갈 수도 없고, 후회가 막심하다.

사실 지난 몇 주간 나는 힘이 많이 빠져 있었다. '지구상에 존재하는 수만 가지 꿈을 파노라마로 펼친다'라는 '꿈의 파노라마' 아이디어가 떠올랐을 땐 흥분되어 잠도 못 이뤘다. 웹사이트 도메인을 등록하고, 몇 주간의 준비 과정을 거쳐 기획서도 만들었다. 컨설턴트, 변호사, 출판 기획자, IT 전문가, 창업가 등 다양한 분야에서 일하는 친구들을 집으로 초대해 준비한 자료를 발표하고, 몇 시간 동안 함께 브레인스토밍하며 생각을 정리해 기획서도 업그레이드했다. 하지만 방송국과 다큐멘터리 제작 프로덕션에 기획서를 보내자마자 쏟아지는 거절 메일들……. 내가 황당한 생각을 하는 걸까?

모두 한결같이 '해외 장기 프로젝트라 안 된다', '예산이 없어 힘들다', '일반인이 나오는데 시청률이 얼마나 되겠느냐'하는 반응이었다. 그들로선 그럴 수도 있을 것이다. 영상이나 사진이라곤 아무것도 모르는 평범한 직장인인 내가 1년간 365명의 꿈을 인터뷰하고, 그들의 이야기로 다큐멘터리를 만들고, 전시회를 열어 사람들에게 영감을 주겠다니.

그나마 한 프로덕션이 후원을 받아온다면 고려해보겠다고 해서 모든 인맥을 동원해 여기저기 대기업의 문을 두드렸다. 하지만 돌아오는 대답은 '방송이 확정된 것도 아닌데 뭘 믿고 후원을 하느냐'하는 시큰둥한 거절뿐이었다.

나는 블로그에도 열심히 내 계획을 정리해서 올렸다. 그런데 누군가 나에게 쪽지를 보내왔다.

"조니워커 킵워킹펀드에 지원해보세요."

킵워킹펀드는 꿈을 향해 멈추지 않고 자신의 길을 걸어가는 대한민국 성인 5명에게 1억 원씩을 지원하는 프로그램이다. 귀가 솔깃했지만 지원한 사람만 무려 1,450명이었다. 4달간 4번의 라운드를 거쳐야 하는데, 뽑힐 확률은 3.33%.

'최선의 결과는 그 5명 중 한 명이 되는 것이고, 최악의 결과는? 시간 낭비하는 것뿐이잖아. 그래, 큰 손해 볼 것도 없는데 한번 해보자.'

마감이 얼마 남지 않아 부랴부랴 지원서를 작성했고, 꿈의 발자국을 하나하나 남기며 사람들에게 투표를 부탁했다.

비는 그치지 않고 배낭 속까지 흠뻑 젖었다. 축축한 텐트에서 축축한 옷을 입고 잘 생각을 하니 벌써 오들오들 떨려오는 느낌이다.

'이렇게 가이드에 포터까지 대동하고 떠나는 산행도 힘든데, 난 무슨 배짱으로 혼자 1년간 여행하며 사람들을 인터뷰하고 그걸 다큐멘터리로 찍겠다는 거지? 그냥 마음 편하게 배낭여행이나 할까? 아니면 열심히 직장생활이나 할까?'

하지만 예전의 김수영을 떠올려본다. 내가 정말 영감을 주고 싶

힘들게 킬리만자로를 오르며 1년 동안 혼자서 많은 사람들의 꿈을 인터뷰할 수 있을지 걱정도 됐다.

은 사람은, 다시 꿈꾸게 만들고 싶은 사람은, 이미 책이나 인터넷 등을 통해 정보를 찾을 수 있는 의지와 여건이 갖춰진 사람이 아니다. 멘토는커녕 주변에 롤모델 한 명 찾아볼 수 없는 15년 전의 나 같은 사람이다. 시골 오지라도 텔레비전은 다 있으니 그들을 위해 방송을 만들고 싶었다.

하지만 첫 시작부터 이렇게 막히니 힘이 빠졌다. 거기다 이 프로젝트를 위해 휴직하겠다는 뜻을 밝히니 주변에서, 특히 가족들이 정말 난리가 났다.

"아니 그 좋은 회사를 왜 그만두려고 해?"

"돌아왔는데 네 자리가 사라지기라도 하면 어쩌려고?"

"1년의 커리어 공백을 어떻게 메울 거야?"

나 역시 내심 불안했다. 휴직 기간이 끝나고 복직할 때 즈음 빈

자리가 나야 하고 정해진 시간 내에 자리를 찾지 못하면 회사를 그만둘 각오를 해야 한다. 게다가 여행경비 고민도 만만치 않았다. 그동안 모아놓은 돈과 인세 수입이 있긴 했지만, 부모님 집을 지어드리느라 빚이 남아 있었다. 갔다 와서 빈털터리 실업자가 되는 건 아닐까 걱정이었다.

아니나 다를까, 텐트는 축축했다. 그 안에서 오들오들 떠느니 차라리 새벽이슬을 맞겠다는 생각으로 텐트를 나왔다. 완벽한 반구의 하늘을 채운 어둠 곳곳에서 수만 개의 별이 촘촘히 빛나기 시작했다. 혼자 감상에 젖어 '별빛으로 출렁이는 저 밤하늘에 홍수가 나서 지구로 별이 다 쏟아지지는 않을까?' 하는 엉뚱한 상상을 하는 순간, 별똥별이 은하수를 타고 미끄러진다. 우리의 삶도 언젠가는 저렇게 생을 달리할 텐데, 그것이 내일이 될 수도 있다. 순간 마음 한구석의 내가 나에게 물었다.

'만약 1년 뒤에 죽는다면 나는 어떤 선택을 할 것인가?'

생각해볼 것도 없었다. 킬리만자로에서 내려온 나는 기획서를 찢었다.

'까짓것 내가 다큐멘터리 만들어보지 뭐! 방송국에서 방영 안 해주면 어때. 인터넷에 올리면 되는 거지.'

당장 캠코더를 하나 장만했다. 열심히 계산기를 두드려보고 자금이 부족한 경우 마련할 방법까지 찾아본 뒤, 적어도 6개월간 굶어 죽지는 않겠다는 결론을 내리고 휴직을 결심했다. 휴직도 쉽게

아름다운 하늘을 바라보며 '만약 내가 1년 후에 죽는다면?'이란 질문을 던지자 금방 답이 나왔다.

주어지는 기회가 아니므로 상사에게 넌지시 얘기를 꺼냈다.

"평소 쑥스러워서 이런 말 못 했는데, 오늘은 고맙다는 말을 꼭 하고 싶어요. 원하는 결과가 생각만큼 빨리 나오지 않아 힘들었는데 재촉하지 않고 응원해주셨잖아요. 덕분에 매출 목표의 20% 이상을 달성하고, 제 역량이나 리더십 면에서도 정말 큰 성장을 할 수 있었어요. 올해도 참 기대가 되는데, 제가 여러모로 생각해본 끝에 한 가지 결단을 내렸어요."

입에 발린 아부가 아니라 진심에서 나온 말이었다. 내 계획을 얘기하고 휴직을 요청하자, 그 역시 자신이 나처럼 젊고 홀몸이었다면 똑같은 결단을 내렸을 거라며 내 선택을 적극적으로 지지해주었다. 감동과 고마움 그리고 아쉬움의 감정이 얽혀 우리 둘 다 눈가

킬리만자로 등반과 세렝게티 사파리 내내 내 마음은 킵위킹펀드를 꼭 받아야 한다는 생각뿐이었다. 그래서 스토리보드를 만들어 곳곳에서 사진을 찍었다.

에 눈물이 맺혔다. 휴직계가 수리되는 순간, 그가 어깨를 툭 쳤다.

"정말 18개월 뒤에 돌아올 거야? 세계 곳곳에서 다양한 경험을 하고 나면 회사로 돌아오고 싶은 생각이 안 들 텐데? 돌아오면 내가 1천 파운드(약 180만 원) 줄게!"

한편 킵워킹펀드 1450명 중에서 20명으로 선발이 되긴 했는데, 한 달간 계속되는 인터넷 투표에 순위가 고작 14등이었다. 보다 못한 어머니가 '김수영을 응원해 달라'는 전단을 만들어서 동네 이웃들에게 나눠주고, 하루에도 친지들에게 수십 통씩 문자를 보내며 응원을 요청했다. 나 역시 블로그와 SNS를 통해 힘을 보태 달라고 손가락 지문이 닳도록 외쳤다. 도전을 향한 내 진심이 통했던 것일까. 나는 최종 라운드 10인에 뽑혔다.

최종 라운드는 인사동의 한 갤러리에서 자신의 꿈을 전시하는 것. 될지 안 될지 모르지만, 일부러 회사에 휴가를 내고 100만 원에 가까운 비행기 표를 사비로 부담해 한국으로 날아왔다. 1주일간 잠 못 자며 구상하고 자르고 오리고 두드려 만든 재료들을 2평 남짓한 전시 공간에 하나하나 직접 손으로 장식했다. 고맙게도 많은 분이 '드림 갤러리'를 찾아주었다. 최종 7분의 발표를 마친 내게 시상식 사회자가 나를 보며 미소를 지었다.

"킵워킹펀드, 두 번째 우승자는 김수영입니다!"

내가 1억 원의 상금을 받게 되는 최종 5인으로 선발되었다니! 처음엔 어떻게 1,450명을 제치나 막막했는데, 포기하지 않고 노력한 보람이 있었다. 몇 달 전만 해도 불가능해 보였던 일이 이렇게 하나둘씩 착착 현실이 되고 있다니, 역시 꿈꾸고 도전하면 이루어진다!

킵위킹펀드 최종라운드 때 전시한 '드림 갤러리' 앞에서.

    2011년 6월 1일, '꿈의 파노라마' 프로젝트를 위해 런던으로 떠나는 날, 나는 지난 1년간 이날을 상상해왔다. 동료들에게 이 멋진 계획을 발표하고, 그 소식이 입에서 입으로 퍼지면서 자연스럽게 프로젝트가 알려져 협찬사들이 줄을 잇고, 이 프로젝트에 참여하고 싶다는 사람이 너무 많아서 정리하는 데만도 애를 먹는 모습……. 엄청난 규모의 사람이 인천공항으로 나를 배웅하고, 비행기 승무원까지 나를 알아보는 즐거운 상상. 하지만 현실은 조금도 그렇지 않았다.

    5년 반 동안 살아온 런던을 떠나면서 정말 정신이 없었다. 회사 일 마무리에 후임자 인수인계만으로도 할 일이 태산이었다. 살던 집을 정리하고, 짐을 챙기는 것 역시 틈틈이 해내야 할 일. 5년 반의 살림살이를 20kg의 배낭으로 줄이기가 쉽지 않아 아예 송별회 때 찾아온 친구들에게 물건을 다 나누어주었다.

한국에 오면 좀 쉬면서 프로젝트 준비를 해야지 하고 생각했지만 30여 명의 독자를 초대해 꿈의 파노라마 발대식을 했고, 제주대의 꿈 도전단 25명과는 내가 이 프로젝트를 진행하는 1년간 자신들도 목표를 하나씩 이루어 내년에 만나기로 약속했다. 보고 싶은 사람들도 일대일로 만날 짬이 전혀 나지 않아 서로 모르는 사람 10명을 한자리에 몰아서 봐야 했을 정도로 눈 깜짝할 사이에 한국에서의 한 달이 훌쩍 지나가 버렸다.

1년간의 여행을 시작하기 위해 런던행 비행기를 타자마자 곯아떨어졌다. 얼마나 잤을까. 어두컴컴한 비행기 안, 막막함이 밀려왔다. 너무 바쁘다 보니 결국 아무런 준비도 못 했던 거다. 당장 이번 주말에 파리에 가는 데 숙소 예약도 하지 않은 상태.

'1년간 365명을 인터뷰하겠다고 했는데, 꿈 10개를 이루겠다고 했는데, 그건 어떻게 하지?'

막막함이 외로움과 두려움으로 서서히 바뀌는 것을 느꼈다. 하지만 스멀스멀 올라오는 불안감을 애써 누르며 다시 생각하기로 한다.

'김수영! 넌 낯선 곳에서 아침을 맞고 매일 새로운 도전을 할 때 진짜 살아 있다고 느끼잖아? 이제부터 너는 네가 지금까지 살아온 인생 그 어느 때보다도 멋진 한 해를 살 거야. 평범한 의대생 에르

네스토가 1년간 오토바이를 타고 남미를 여행한 뒤 역사적인 혁명가 체 게바라로 다시 태어났듯, 이 여행은 너 자신을, 그리고 많은 사람의 삶을 바꿀 수 있는 엄청난 계기가 될 거라고!'

나는 킬리만자로에서 배운 스와힐리어로 나 자신에게 속삭였다.

"하쿠나 마타타(근심 걱정 모두 떨쳐버려)!"

Chapter 1

영국 + 프랑스 + 이탈리아 + 그리스

누구에게나
꿈은 있다

"한번뿐인 삶이잖아요.
가장 중요한 건 내가 행복해야 한다는 거에요.
그래야 다른 사람들까지 행복하게 할 수 있어요.
내가 주변 사람들을 위한 삶을 살면서 불행하다면
계속해서 그 사람들을 원망하게 되니까요."

런던,
꿈의 레이스를
시작하다

★

"오랜만이네요."

6월 3일, 꿈의 파노라마 프로젝트가 시작됐지만, 과거(?)와의 인연을 완전히 끊지 못한 채 회사 후임자에게 최종 인수인계를 하기 위해 사무실에 도착했다. 평소 바쁘게 드나들던 입구를 오늘은 조금 천천히 들어간 것뿐인데, 야광 조끼를 입은 한 경비원이 내가 한 달 동안 이 자리에 없었다는 것을 알고 있기라도 한 듯 인사를 건넸다.

그의 얼굴을 다시 쳐다봐도 누군지 도무지 기억이 나지 않는다. 아마도 평소 아무 생각 없이 '굿모닝' 하고 지나쳤던 수많은 경비원 중 한 명일 듯한데, 그에게는 나 또한 이 건물을 드나드는 3천 명 중 한 명일 터였다. 그런데도 나를 기억해주었다는 사실이 한때 내가 이 공간에 존재했다는 흔적 같아 흐뭇해졌다가 이런 생각이

들었다.

'이 사무실에서 일하며 내 주변을 스쳐 지나간 수많은 경비원과 청소부, 그들은 어떤 삶을 살며 무슨 꿈을 가지고 있을까?'

예전에 우간다에서 온 동료가 이런 얘기를 했다. 교사였던 그는 영국 정부로부터 장학금을 받아 석사과정을 밟으러 영국으로 유학을 왔는데, 생활비를 벌기 위해 청소일을 시작했다. 아르바이트하러 간 첫째 날, 그는 매니저가 "어이 청소부"라고 자신을 부른 데 대해 큰 충격을 받았다. 이제까지 이름 또는 '선생님'이라고 불려왔던 자신이 이름 없는 '청소부'라는 존재가 된 것에 대해. 그리고 자신 역시 관심 한번 주지 않았던 다른 수많은 이름 없는 청소부들이 이름도 사연도 꿈도 있는 한 명 한 명의 소중한 사람이라는 데에 대해. 그는 그 이후로 사람들을 함부로 부르지 않는다고 했다.

내가 그의 이름을 불러주기 전에는 그는 다만
하나의 몸짓에 지나지 않았다.
내가 그의 이름을 불러주었을 때
그는 나에게로 와서 꽃이 되었다

나는 나를 알아봐 준 경비원의 이름을 묻기로 했다. 4년 동안 한 번도 궁금해하지 않았던 그의 이름은 폴. 나이는 스물아홉 살. 군인 집안에서 태어난 그는 고등학교를 졸업하자마자 영국군에 입대했지만, 6개월간의 이라크 파병 기간 군인은 자신의 길이 아님을

"내 꿈은 상하이에 가서 사설 경호 사업을 하는 거예요."

깨닫고 돌아왔다. 이후 파견 업체를 통해서 8년째 경비일을 해왔다고.

"폴은 꿈이 뭐예요?"

"상하이에 가서 사설 경호 사업을 하고 싶어요."

"상하이는 왜요?"

"2008년에 상하이에 갔는데 중국 문화와 중국인들이 정말 좋았거든요. 그래서 틈틈이 중국어를 공부하고 있어요."

"사설 경호 사업은 어떻게 생각하게 된 거예요?"

"경비보다는 돈을 더 많이 벌 수 있기도 하지만, 좀 더 능동적인 일이니까요. 상하이는 부자 도시고 부자들은 사설 경호원이 필요하지 않을까요? 그래서 경호원이 되는 코스도 밟는 중이에요."

마치 사무실의 복사기나 전화기처럼 수년간 그의 존재를 인식하지 못했던 내게 그의 대답은 신선한 충격이었다. 그 역시 꿈을 갖고 있고, 그 꿈을 향해 한 걸음 한 걸음 나아가고 있는 것처럼, 이 지구별에 사는 70억 인구 모두는 누군가에게 특별한 사람이다. 그런데 나는 내 삶에서 만난 수만 명의 사람 중 과연 몇 명에게 관심을 주었을까. 과연 몇 명의 삶을 가슴을 열고 들여다보았으며, 과연 몇 명에게 꿈을 물었던가.

우리들은 모두
무엇이 되고 싶다.
나는 너에게 너는 나에게
잊혀지지 않는 하나의 눈짓이 되고 싶다.
— 김춘수, 꽃

늘 내 이야기를 하기에만 바빴고, 내 꿈을 이루느라 다른 사람의 꿈을 돌볼 겨를이 없었던 나. 이제 1년간 마음을 활짝 열고 다른 사람들의 삶과 꿈을 들여다보려 한다. 이 길에서 만나는 한 명 한 명에게 작게나마 어떤 존재가 되어보려 한다. 그들 역시 내게 특별한 존재가 되겠지.

지금은 돈을 모으고 있어 당장 중국에 갈 수 없다는 폴은 베이징에 가게 되면 만리장성 사진을 보내 달라고 부탁했다. 11개월 뒤에야 그 약속을 지킬 수 있었지만, 그렇게 꿈의 파노라마는 스타트를 끊었다.

첫 인터뷰 다음 날, 공원에서 멋진 모자를 쓴 경찰에게 가서 꿈 인터뷰를 요청하자 그는 흥미로워하며 자신의 꿈을 썼다. 하지만 그 종이를 들고 사진을 찍어야 한다고 하니 정색을 한다. 미래에 잠복 수사관이 될지도 모르니 신분 노출은 안 된다며 인터뷰를 거부했고, 심지어 종이까지 찢어버렸다. 정말 용기 내서 낯선 사람에게 말을 걸었던 것인데……. 찢어지는 종이처럼 내 가슴도 찢어졌다. 과연 1년 동안, 말도 안 통하는 수많은 나라에서, 살아온 배경이 완전히 다른 365명을 인터뷰할 수 있을까?

축 처진 몸과 마음을 이끌고 돌아오는 길, 지하철역 개찰구 앞에 서 있는 50대 직원을 본 순간 갑자기 호기심이 일었다. 하루 340만 명이 분주하게 걸음을 재촉하는 런던 언더그라운드, 그 수많은 인파가 스쳐 가는 풍경의 한구석에 있는 사람. 한 번도 관심을 가져보지 않은 그는 어떤 사연을, 무슨 꿈을 가지고 있을까? 그의 이름을 묻기로 했다.

"안녕하세요? 저는 한국에서 온 작가인데요, 전 세계를 돌며 사람들의 꿈을 취재하고 있어요. 혹시 자신의 꿈이 뭔지 저랑 이야기

나누실래요?"

피터 아저씨는 한 치의 망설임도 없이 자신의 꿈은 가수가 되는 것이라고 드림 보드에 적었다. 의아해하는 내게 그는 자신이 낮에는 역무원으로 일하지만, 밤에는 펍에서 공연을 한다며 그 자리에서 〈오즈의 마법사〉 뮤지컬에 나오는 노래 〈Somewhere over the rainbow〉를 부르기 시작했다.

Somewhere, over the rainbow, way up high,
저기 어딘가에, 무지개 너머에, 저 높은 곳에
There's a land that I heard of once in a lullaby.
자장가에 가끔 나오는 나라가 있다고 들었어.
Somewhere, over the rainbow, skies are blue,
저기 어딘가에, 무지개 너머에, 하늘은 푸르고
And the dreams that you dare to dream really do come true.
내가 감히 꿈꿔왔던 일들이 정말 현실로 나타나는 나라.

그의 노래를 듣자 어린 시절 〈오즈의 마법사〉에서 본 장면들이 머릿속에 펼쳐진다. 도로시와 일행은 위대한 마법사 오즈를 만나기 위해 온갖 역경을 딛고 에메랄드 시티로 찾아간다. 사실 평범한 사람인 오즈는 뇌를 갖고 싶어 하는 허수아비에게 왕겨로 만든 뇌를, 사랑을 느끼고 싶어 하는 양철 로봇에겐 비단으로 만든 심장을 주고, 용기를 얻고 싶어 하는 사자에겐 용기를 주는 약을 마시

피터 아저씨는 한 치의 망설임도 없이 "내 꿈은 가수가 되는 것"이라고 드림 보드에 적었다.

게 한다. 그래서 허수아비는 왕이 되고, 양철 로봇은 윙키의 나라를 다스리게 되고, 사자는 동물의 왕이 된다.

그다지 위대하지 않은 솔루션이지만, 받아들이는 사람의 믿음 때문이었을까? 아니면 역경을 이겨낸 뒤 강해졌기 때문일까? 그들은 원하는 것을 얻었다. 나 역시 평범한 사람이지만 내가 만나는 사람들, 앞으로 만날 사람들이 자신이 꿈꿔왔던 바람을 현실로 만들 수 있도록, 그들의 에메랄드 시티를 찾게끔 영감을 주고 싶다.

피터 아저씨의 노래가 끝날 무렵, 고개를 돌려보니 지하철역을 바쁘게 지나가던 서너 명이 멈추어 서서 그의 노래를 듣고 있었다. 나는 사람들의 시선을 아랑곳하지 않고 멋지게 노래를 불러준 피

더 많은 이들과 꿈을 나누기 위해 세계 도시 곳곳에서 '드림 파티'를 열었다. 런던의 드림 파티 현장.

터 아저씨에게 큰 박수를 쳐주며 '브라보'를 외쳤다.

'아……. 정말 누구에게나 꿈이 있고, 그래서 사람은 꽃보다 아름답구나. 그래, 난 이 세상에 흩어진 꿈들을 멋지게 하나의 파노라마로 이어볼 거야. 그렇게 반짝반짝 빛나는 꿈들을 모아 고민만 하는 이들에게 빛을 비춰주는 거야.'

그렇게 런던에서의 인터뷰를 성공적으로 마친 뒤 나는 런던과 진짜 이별을 하기로 했다. 피커딜리 서커스, 트라팔가 스퀘어를 거쳐 타워브리지까지 템스강을 따라 2시간 동안 돌아다니며 런던과 런던에서의 추억들과 작별 인사를 했다.

'지난 6년간 내 가능성을 열어준 도시, 누구보다 치열하게 살았던 내 20대 후반이여, 안녕'.

교황님!
김마리아가 여수에서 왔어요

"엄마는 꿈이 뭐야?"

"우리 자식들 건강하게 잘 사는 거지 뭐."

"에이, 그런 거 말고, 엄마 진짜 꿈은 없어?"

"죽기 전에 성지 순례 한번 갔으면 소원이 없겠네!"

"내가 이루어줄게."

"정말?"

"정말!"

20년간 독실한 가톨릭 신자로 살아오신 엄마에게 성지 순례는 인생에서 가장 간절한 꿈이었다. 10년 전 이 대화를 나눈 뒤 나는 엄마의 꿈을 이뤄주는 것을 내 꿈 중 하나로 꿈 목록에 적어두고 있었다. 내가 도전하는 37번째 꿈이자, 꿈의 파노라마 프로젝트를 진행하며 도전하기로 한 10가지 꿈 중 첫 번째는 바로 엄마에게 성지 순례 여행을 시켜 드리는 것!

샤를 드골 공항에서 초조한 마음으로 30분쯤 기다렸을까, 엄마 아빠의 모습이 보인다. 아빠는 도착하자마자 환한 웃음으로 나를 반겼다.

"아니, 여기가 어디여. 프랑스? 우리가 여기서 만나다니, 세상에 이런 일이……."

나는 두 분을 모시고 샹젤리제를 거쳐 에펠탑으로 향했다. 자정이 되면서 파란색 조명이 반짝반짝 빛나자 엄마는 황홀해 했다. 사이좋게 앉아서 에펠탑을 바라보는 두 사람의 모습이 마치 20대 연인처럼 다정해 보인다.

다음 날은 노트르담 대성당에서 많은 시간을 보냈다. 성당에서 기도할 때, 촛불을 밝힐 때 가장 편안해 보이는 엄마. 반면 아빠는 노트르담 성당 곳곳을 둘러보며 1163년에 이런 건물을 짓기 시작했다는 사실에 감탄하면서도 똑같은 말을 반복했다.

"이걸 짓는 데 얼마나 많은 노예가 동원되었을까……."

'노예'라는 단어에 문득 얼마 전 아빠 생일에 나눈 대화가 떠올랐다.

"아빠는 꿈이 뭐야?"

"이 일 좀 그만했으면 좋겠다."

"일 안 하면 심심하잖아."

"40년간 노예처럼 일했어. 이 생활만 끝나면 더 바랄 게 없다."

"노예라니, 아빠는 무슨 말을 그렇게 해?"

얼마나 많은 날 동안 엄마를 울게 했던가. 엄마의 간절한 꿈인 성지 순례를 하면서 가장 편안한 표정의 엄마를 보았다. 노트르담 성당에서.

"노예가 아니면 뭐냐? 온종일 남들이 이거 해라 저거 해라 시키는 대로 온몸이 부서지도록 일을 하는데······."
"······."

지지리도 가난했던 시절, 막 초등학교를 졸업한 아빠는 돈을 벌기 위해 나주의 공사 현장을 기웃거리다 공사 감독을 하던 외할아버지를 만나게 되었다. 무보수 도제로 시작한 막노동 일은 어느덧 40년이 지났다.

'노예'처럼 일해온 사람들이 어디 아빠뿐일까. 피라미드나 콜로세움은 말할 것도 없고, 이 노트르담 대성당을 지은 수많은 노동자의 땀과 눈물은 말라버렸어도 그들이 지은 건물들은 이렇게 굳건

비가 오는데도 마냥 좋아하셨던 엄마 아빠. 루브르 박물관 앞에서.

히 남아 매년 수십만 명의 관광객이 찾아오고 있다는 사실에 왠지 모르게 가슴이 아파졌다. 수많은 집과 건물을 지었으면서도 정작 자기 집 한 채 없었던 아빠.

부모님께 집을 지어 드렸을 때 아빠가 가장 좋아했던 것은 남의 지시를 받지 않고 일할 수 있다는 사실이었다. 자신이 직접 설계하고, 일하고 싶을 때 일하고, 오히려 다른 사람을 부릴 수 있다는 사실. 그래서 아빠는 매일 새벽이면 눈이 번쩍 떠지고, 샛별에 비친 공사 현장을 보며 스스로 되물었다고 한다.

'이게 내 집이란 말이여? 내가 평생 남의 지시를 받으며 남의 집이나 지었는데 이게 진짜 내가 살 집이란 말이여?'

그리고 그때부터 아빠는 '기적을 믿는다'라고 했다. 유럽에 온 지금 이 순간도 아빠는 기적이라 한다.

다음 날 우리는 보르도로 향했다. 당신은 천주교 신자가 아니지

부모님께 집을 지어 드렸을 때 아빠가 가장 좋아했던 것은 남의 지시를 받지 않고 일할 수 있다는 사실이었다.

만, 엄마를 위해 성지 순례를 함께하기로 한 아빠를 위해 준비한 와이너리 투어. 보르도 지방에 들어서자마자 사방이 포도밭이었다. 생테밀리옹에서 점심을 먹고 와이너리에 가서 골프 버기를 타고 포도밭을 돌았다.

난 엄마 아빠에게 특별한 경험을 선사하고 싶어 샤토를 호텔로 만든 곳을 예약했다. 아마도 이 1년간의 여행에서 가장 비싼 하룻밤이었을 거다. 호텔에는 향기로운 꽃들이 사방에 피어 있었고, 키 큰 나무들 사이로 분수가 솟구치며, 수영장 역시 눈부시게 빛났다. 창문을 열면 사방이 포도밭이라 호텔 문 앞에만 나가면 포도를 따서 먹을 수도 있는 곳.

내가 소믈리에와 포도 농장 농부를 대상으로 꿈 인터뷰를 하는 동안 샤토를 거닐던 아빠는 무척 고무된 모습이었다. 인근 레스토

천주교 신자는 아니지만 엄마와 성지 순례를 함께하기로 한 아빠를 위해 와이너리 투어를 준비했다.
문 앞에만 나가면 포도를 따먹을 수 있던 보르도의 호텔.

랑에서 메독 와인 한잔을 기울이면서 젊은 시절 건설 회사를 차린 얘기를 꺼냈다.

"수영이 네가 유치원에 들어갈 무렵만 해도 사업이 잘되었으야. 그때 광주에서 차 끌고 다니고, 한 달에 한 번씩 갈비 먹고, 주말에 교외로 놀러 다니는 사람이 몇 명이나 있가니. 근디 사업이 갑자기 손쓸 틈도 없이 커져브렀제. 그러다가 한 군데서 파산하니까 연속으로 돈을 막을 수가 없어블드라. 도저히 안 되겠다 싶어 돈을 빌린 친구한테 우리 살던 아파트 열쇠랑 서류를 주고 지금 나주댐이 있는 바위로 향했제. 그날따라 비가 얼마나 많이 오던지······. 장관이드만. 소주 한 병을 비우고 뛰어내리려고 했는데······. 빗방울에 느그들 얼굴이 강물에 동동 떠올라서 도저히 뛰어내릴 수가 없는 거야. 그때 안 죽고 살아 있었더니 이런 날도 오는구나."

아빠의 눈엔 눈물이 고였고, 나는 아무 말도 할 수가 없었다. 내가 가난과 아빠의 파란 작업복을 부끄러워했던 나날 동안 자식들 때문에 차마 죽지 못해 살아왔던 아빠는 얼마나 힘들었을까.

'아빠, 살아주셔서 고맙습니다. 참아주셔서 감사합니다.'

보르도를 떠나 성모 발현지 루르드와 아름다운 프로방스, 니스와 모나코를 거쳐 이탈리아 국경을 지나자마자 공중 곡예가 시작되었다. 베네치아와 산마리노, 성 프란체스코 성당으로 유명한 아시시로 가는 길 역시 굽이굽이 산길이 계속되었다. 유럽에서 운전을 해 보겠다며 신나 있던 아빠는 무섭다며 운전석 근처에도 오지도 않는 바람에 결국 나 혼자서 파리에서 로마까지 10일간 3,300km를 몰아야 했다. 험한 길을 긴 시간 혼자 운전하다 보니 스트레스가 극심해서 걸핏하면 짜증을 냈다.

물론 스트레스가 운전에서 오는 것만은 아니었다. 매일 계획을 짜야 하고, 계속 부모님을 챙겨 드려야 하며, 가이드와 운전에 통역 역할까지 했으니 신경이 바짝 곤두설 만도 했다. 24시간 부모님과 붙어 있다 보니 극도로 예민한 상태였다. 10여 년을 혼자 자유롭게 살았던 터라 누군가를 챙기는 일이 이렇게 힘든 줄 몰랐다. 그러다 보니 나도 모르게 엄마 아빠에게 짜증을 내는 일이 많아졌다. 효도한답시고 부모님을 이 먼 곳까지 오게 해서 신경질이나 부리다니 나 자신이 한심했다.

성모 발현지 루르드. 이곳의 샘물은 사람을 치유한다고 해 아픈 사람들의 발길이 끊이질 않는다. 엄마는 이곳에서 침수를 한 후 아팠던 무릎이 조금 나아진 것 같다며 미소를 지었다.

    어쩌면 엄마 아빠의 삶도 산길을 운전하는 것 같지 않았을까. 저 코너를 돌면 뭐가 나올지 모르는 불안 불안한 삶. 몇 달 일하다가도 한 번 다치면 다시 빚더미에 앉아야 하는……. 한 치 앞을 내다볼 수 없는 미래. 답답하고 불안해 참을성이 더 발휘되지 않는 상태. 그래서 아빠도 예전에 그렇게 소리를 질러댔나 보다. 그리고 오늘의 고통과 부끄러운 자신을 잊고 싶어 술을 마시고……. 그것을 받아주느라 상처투성이 영혼이 된 엄마에게 유일한 버팀목이 되어주었던 것은 신앙이었을 거다.
    성당 앞에는 내일 있을 콘서트를 위한 리허설이 한창이다. 서글픈 내 마음을 어루만지는 청아한 목소리가 아득한 창공으로 울려 퍼진다. 모든 재산을 버리고 이웃사랑에 헌신했던 성 프란체스코의 삶에 비하면 나는 얼마나 하찮은, 지극히 오만하고 이기적인 존재였던가.

"교황님! 여수에서 김마리아가 왔어요! 어디 계신가요? 얼굴 한 번 보여주세요!"

로마에 도착하자마자 바티칸을 향했지만, 야속하게도 교황님은 얼굴을 내밀지 않았다. 하지만 베드로 성당에서 한참을 울면서 기도를 한 엄마는 이제 속이 시원하다며 행복한 미소를 지었다.

로마는 참 무더웠지만, 로마 곳곳의 유적지를 보며 아빠는 입을 다물지 못했다. 곳곳의 분수와 화가들, 거리의 예술가들로 가득한 피아차 나보나에서 우리는 즐거운 마지막 밤을 보냈다. 그리고 산탄제세 성당에서 나는 장미향 묵주를 엄마에게 선물했다.

어느덧 엄마 아빠가 돌아가는 날. 수속을 마치고 도우미가 밀어주는 휠체어에 탄 채 보안 검색대로 들어가는 엄마를 보니 눈물이 주르륵 흘러내렸다. 가출했을 때 내 증명사진을 들고 목포, 순천, 광양의 파출소를 다 찾아다녔던 엄마, "나도 대학 가고 싶단 말이야!" 하며 문을 쾅쾅 닫던 나를 망연자실 바라보던 엄마, 이제는 온몸에 성한 곳 하나 없고 너무 많이 울어 얼굴이 쪼글쪼글해진 엄마, 나의 엄마······.

두 분을 보내고 짐을 정리하다가 나는 낯선 파우치를 하나 발견했다. 분홍색 공단으로 된 파우치 안에는 십자가상과 기적의 메달, 묵주 그리고 성수통이 담겨 있었다. 나는 성호를 그으며 엄마 아빠를 위해 기도했다.

인생의 바다를
항해하는 방법

여기는 그리스 케팔로니아섬. 나는 39번째 꿈을 이루러 여기에 와 있다. 여수에서 자란 나는 배를 타는 사람들을 보며 내 배를 타고 바다를 지배(?)하는 '바다의 여왕'이 된 모습을 상상하곤 했다. 프랑스 생트로페, 그리스 로도스, 크로아티아 자다르에 여행 갔다가 마리나에 정박한 수백 척의 하얀 요트를 보면서 온종일 행복해했던 나. 자동차는 없어도 내 요트는 꼭 있어야 한다고 꿈 목록에도 '세일링 배우기', '내 요트 마련하기', '전 세계 항해하기'라는 무려 3가지 꿈을 적었다. 그리고 여기 케팔로니아에 그 꿈의 첫 단계를 이루러 온 것이다.

단짝 친구 보니와 나는 우리가 1주일간 함께할 '마조파조'에 승선했다. 최대 5인 수용 가능한 이 배는 크지는 않지만 2개의 방과 미니 냉장고를 포함한 부엌 그리고 화장실도 있어 모든 걸 갖추고

일주일 동안 우리의 침실이자 교실이자 이동수단이 되어준 요트 '마조파조'.

있다고 할 수 있다. 무엇보다 슈퍼에서 장을 봐서 직접 요리를 하고 잠도 잘 수 있으니, 캠핑카와 마찬가지로 호텔이나 레스토랑에 쓸 돈을 아낄 수 있어 좋다.

자, 이제 본격적으로 항해를 배울 시간! 첫날은 요트의 모든 구성 요소 배우기! 웬 밧줄이 이렇게 많고, 밧줄을 묶는 법이 이렇게 중요할 줄이야! 그래서 영어에 '요령을 터득하다'라는 표현이 'learn the rope'인가 보다. 항해 강사인 줄리안을 따라 어설프게 시키는 대로 밧줄을 묶고 어찌어찌하여 바다로 향했다. 아직은 어리바리 무슨 말인지 하나도 모르겠지만, 바닷가에 닻을 내리고 먹는 점심은 그야말로 꿀맛이다.

둘째 날은 바람의 방향을 배우는 시간! 바람에 맞춰 돛과 제노아(배의 앞쪽에 있는 삼각 돛)를 올렸다가 내렸다가 하는 일은 어찌

항해를 할 때 바람을 피하지 않고 바람을 이용해야 새로운 곳으로 갈 수 있듯이 우리의 삶도 그래야 하지 않을까.

나 힘에 부치는지……. 항해를 생각했을 때 요트에서 우아하게 샴페인이나 마시는 것인 줄 알았는데 막노동이 따로 없다.

셋째 날은 내비게이션을 배우는 시간! 요즘은 배에도 다 GPS가 있지만, 위성 신호를 못 받으면 아무 의미가 없으니 스스로 현재 위치와 목적지를 계산해서 갈 줄 알아야 한다. 그러고 보면 수백 년 전에는 다들 지도와 컴퍼스, 나침반으로 항해하지 않았나? 콜럼버스가 아메리카를 발견한 것도 그렇게 항해한 성과이다.

드디어 넷째 날, 선생님 없이 우리끼리만 항해하는 날이다. 너무 긴장해서 전날 밤 책을 달달 외우고 나서야 잠들 수 있었다. 항구를 겨우 빠져나가긴 했지만 바람을 잘 파악하지 못해 속도를 전혀 내지 못하거나 너무 빠르거나 갈팡질팡하다가 결국 엔진을 켜서 운전하고 돌아오는 수밖에 없었다. 계속 바람의 방향을 이해하지 못하고 헤매는 나와 보니는 밤늦도록 머리를 맞대고 열심히 공부했다.

다섯째 날, 배의 방향을 바꾸는 것이 아직은 어렵다. 목이 빠져라 바람의 방향을 파악하다 보니 점점 감이 생긴다. 공부한 보람이 있는 것일까! 항구로 돌아오는 길에 6.5노트의 속도에 45도의 각도로 기울어진 상태로 15분쯤 항해하려니 그야말로 아드레날린이 폭발한다. 항구로 돌아오니 온몸이 뱅글뱅글 머리는 어질어질. 그날 밤 8시에 쓰러져 잤다.

여섯째 날, 자신감 충만! 가끔 실수는 하지만 자신 있다. 이제는 다른 배들과 함께 누가 누가 더 빨리 가나 경쟁할 정도이다. 돌아오는 배에서는 5노트의 속도감을 즐기며 바닷물에 발을 담그고 천연 풋 스파를 즐기는 이 짜릿한 기분이라니! 왜 이제야 세일링을 배운 건지 후회막급이다.

1주일간 태양 아래 바다에서 생활하다 보니 피부가 탄 정도가 아니라 토마토처럼 빨갛게 익고 껍질이 벗겨졌다. 비록 몰골은 추레하지만, 바다를 한 겹 더 이해할 수 있게 되어 가슴이 뿌듯했다.

세일링을 배운 것만큼이나 나에게 큰 영감을 준 이가 있었으니, 바로 우리의 항해 선생님 줄리안이다. 공인회계사 출신의 62세 영국인인 그는 스물세 살 때부터 회사의 재무 담당자로 승승장구해서 50세가 되기 전에 수천억 원을 책임지는 임원으로 일했다. 하

"나는 내 꿈을 이뤘어요. 죽을 때까지 이 섬에서 사는 게 꿈이죠."

지만 10년 전, 우연히 이 섬에 왔다가 아름다운 자연과 순박한 현지인들의 인심에 반해 케팔로니아에서의 삶을 꿈꾸기 시작했다. 고민하던 그의 마음을 움직인 것은 70대 지인의 한마디였다.

"나도 젊을 땐 참 꿈이 많았는데……. 사는 게 팍팍해 그냥 가슴에 묻고 지내다 보니 그 꿈들이 다 고스란히 후회가 되었소."

그 말을 들은 줄리안은 고민을 멈추고 쉰둘의 나이에 바로 회사를 그만둔 뒤 케팔로니아로 건너왔다. 영국의 집을 판 돈으로 이곳에 5,500㎡의 땅을 산 그는 거기에 포도밭을 만들어 연간 600ℓ의 포도주를 생산하고 있다. 최근에는 올리브나무를 심어 올리브유도 만들고 있다. 영국에 있을 때만 해도 농사라고는 전혀 몰랐지만, 여기 와서 하나하나 배워가며 스스로 일궈냈다. 몇 년 전부터는 여름철에 항해 강사로도 일하고 있다.

항해 마지막 날 인사를 하며 그에게 꿈을 묻자 그는 "나는 내 꿈을 이뤘어요. 죽을 때까지 이 섬에서 사는 게 꿈이죠" 하며 번쩍번쩍 빛나는 오토바이를 타고 사라졌다.

사람들이 도시의 삶을 숙명으로 받아들이고 나이를 핑계 댈 때 그는 자신이 원하는 삶으로 뛰어들었고, 도전을 두려워하지 않았다. 그래서 그토록 행복해 보이는가 보다.

인간이 다른 동물과 다른 점은 '선택 의지'가 있다는 점 아닐까? 자신이 태어난 자리에 엉덩이를 깔고 앉아서 열매가 떨어지길 기다리는 수동적인 삶이 아니라, 살고 싶은 곳을 선택하고 그곳에 씨앗을 뿌려 끝내 열매를 거두어내는 적극적인 삶. 그런 '선택 의지'가 지금 우리가 누리고 있는 문명을 만들었고, 앞으로 우리의 미래를 결정하는 것이리라.

누군가의 삶이
누군가에게 위안으로

　1주일의 세일링 코스에는 우리를 포함해 총 5척의 요트가 함께 했다. 그 중 한 척에는 마흔 살 동갑내기 브라질인 부인 마라와 영국인 남편 존이 있었는데, 그들은 신혼여행이라도 온 듯 행복해 보였다. 점심을 먹고 나면 같이 바다로 풍덩 뛰어들어 물장구를 쳤고, 노을이 질 때면 영화 〈타이타닉〉의 주인공처럼 서로를 껴안고 한참이나 시간을 보냈다. 마지막 날 그들은 우리를 저녁 식사에 초대했는데 대화를 나누면 나눌수록 참 사랑스럽고 행복한 사람들이라 느껴졌다.

　한참 대화를 나누던 중 대학에서 언어학을 가르치는 강사이자 번역가로 일하고 있는 마라가 과거에 치과의사였다는 얘기에 나도 모르게 소리를 지르고 말았다.

　"네? 치과의사 일을 포기하셨다고요? 왜요?"

"벌써 10여 년이 지난 일이지만, 사람들이 다 수영 씨 같은 반응을 보이네요. 전 치과의사가 정말 적성에 맞지 않았거든요. 인생 한 번 살지 두 번 사는 거 아니잖아요. 아무리 돈을 많이 벌 수 있어도 그게 제 길이 아니라면 소중한 시간을 낭비할 수는 없잖아요. 저희가 행복해 보인다고 하셨는데, 행복이나 평화는 그냥 주어지는 것이 아니에요. 수많은 선택과 노력 끝에 얻어낸 결과죠."

그로부터 며칠 뒤, 아테네에서 친구의 소개로 아테네 대학 의대생인 소피아를 만났다. 그녀는 어깨가 축 처져 있었고 표정이 좋지 않았다.

"요즘 그리스 경기가 안 좋아서 그런 거예요? 며칠 전엔 폭동도 일어났다던데……."

"그런 이유도 있지만, 지금 하는 공부가 너무 적성에 안 맞아서 하루하루가 힘드네요."

터키 근처 레스보스섬 출신인 그녀는 터키를 '소아시아'라고 부르던 시절에 태어난 조부모님이 그리스어를 터키식 억양으로 말하는 것이 늘 흥미로웠다. 그 호기심은 여러 나라의 언어와 그 차이에 대한 열정으로 발전했다. 세계 여러 나라를 다니면서 5개 국어를 능숙하게 구사하고, 4개 국어로 대화가 가능할 정도니 그녀는 총 9개 국어를 하는 셈이다.

"전 언어학자가 되고 싶은데 가족들에게 뭐라고 말해야 할지 모르겠어요."

"저희가 행복해 보인다고 하셨는데, 행복이나 평화는 그냥 주어지는 것이 아니에요. 수많은 선택과 노력 끝에 얻어진 결과죠."

평생 시골에서 농사만 짓고 살아온 소피아의 할아버지 할머니에게는 손녀가 의사가 될 거라는 믿음이 삶의 유일한 낙이다. 그렇다 보니 고군분투 끝에 최고의 의대에 간 그녀는 의사가 되고 싶지 않다는 말을 섣불리 하지 못하는 것이다.

　게다가 당시 그리스의 경제는 최악이었다. 실업률은 16%에 공무원인 그녀의 어머니를 비롯해 많은 이의 월급이 삭감되었다. 취업하지 못한 대학생들은 매일 신타그마 광장에 모여 시위를 벌이고 있다. 소피아의 한숨은 계속되었다.

　"의사가 된다고 해도 전망이 밝지만은 않아요. 전공에 따라 쿼터가 정해져 있는데 국내뿐 아니라 해외에서 의대를 마치고 온 사람들이 몰려 경쟁하니 어떤 전공들은 5년에서 15년을 기다려야 하기도 하죠. 그래서 독일이나 영국에 가는 경우도 많이 있어요. 저희 오빠도 의사지만 결국은 스웨덴으로 갔는걸요. 설령 그 쿼터 안에 들어간다고 해도 몇 년에 걸쳐 인턴에 레지던트에 박사까지 해야 하고요. 하루라도 빨리 언어를 공부하고 싶은데 어떻게 그 오랜 시간을 참을 수 있을까요?"

　내가 며칠 전 만난 마라의 이야기를 해주자 소피아의 눈이 반짝거렸다.

　"세상에 어쩜 저와 똑같은 고민을 한 분이 계셨네요. 그분은 어떻게 결단을 내리셨는지 정말 대단해요."

　"한 번뿐인 삶이잖아요. 주변 사람들을 실망하게 하는 게 쉽지 않다는 거 알아요. 하지만 가장 중요한 건 내가 행복해야 한다는 거예요. 그래야 다른 사람들까지 행복하게 할 수 있어요. 내가 주변 사람들을 위한 삶을 살면서 불행하다면 계속해서 그 사람들을 원망하게 되니까요. 하루라도 하기 싫은 일을 하면서 인생을 낭비

파키스탄에서 찍은 사진이 현지인처럼 자연스러워 보이는 소피아. 그녀의 꿈은 언어학자가 되는 것이다.

하지 말아요."

"네, 마라의 이야길 듣고 보니 의사의 길을 포기해도 세상이 끝나지 않을 것 같아요. 정말 큰 위안이 되는걸요?"

위대한 사람들만이 롤모델, 멘토가 되는 것은 아닌 것 같다. 때로는 누군가의 평범한 삶이 다른 누군가에게 큰 영감, 희망, 위안을 주는 걸 보면 말이다. 내가 지금 하려는 꿈의 파노라마 프로젝트도 그랬으면 좋겠다. 지구별 곳곳에 있는 평범한 이웃들의 이야기를 통해 독자들에게 꿈꾸어도 된다고 격려할 수 있기를 나는 꿈꾸고 있다.

세계 여행 경험이 많은 소피아는 이후에도 내가 가는 곳곳마다 이런저런 사람을 소개해주고 여행 팁을 주었다. 1년 뒤 의대를 마친 그녀는 엄지손가락 하나 치켜들고 히치하이크로 스페인으로 떠났다. 언제 돌아오겠다는 기약 없이.

아들을 가슴에 묻고
희망의 싹을 틔우다

"젊은 아가씨가 혼자 여행을 하다니, 음식은 잘 먹고 다니는 거예요? 내가 밥 사줄 테니 뭐 좀 먹어요. 잘 먹어야 건강하게 여행을 하지."

"저 너무 잘 먹고 다녀서 탈인걸요. 걱정해주셔서 감사합니다."

그리스 사람들이 정도 많고 가족 간의 유대가 끈끈하다고 하더니 디오니는 한국 아줌마들처럼 푸근하다. 흰머리에 동그란 눈이 참 선해 보이는 그녀는 처음 만난 나를 딸처럼 살갑게 대하며 팔짱을 끼고 한 카페로 데려갔다. 카푸치노 한 잔을 마시다 디오니를 소개해준 그리스 친구 엘리자베스의 얘기가 떠올랐다.

"자선 단체를 운영하신다던데, 이름이 '파노스 4라이프' 맞죠? 무슨 뜻인가요?"

"네……. 파노스는 죽은 제 아들 이름이에요."

"그렇군요."

파노스는 스물두 살 때 입 한쪽이 퉁퉁 부어있는 것을 본 의사 친척의 조언으로 병원에 갔다가 구강암이라는 충격적인 진단을 받았단다. 수술을 받고 완치가 된 듯했으나, 그 후에도 암이 끊임없이 재발해 8년간 지난한 투병 생활을 해야 했던 파노스. 그는 대학을 졸업하고 은행에서 이코노미스트로 커리어를 시작했지만, 계속되는 병원 출입으로 직장생활이 힘들었다. 그는 결국 회사를 그만두고 사진을 찍으며 많은 시간을 보냈고, 죽기 전에 첫 사진전을 열었다.

"죽는 그 순간까지 파노스는 '암 따위는 아무것도 아니야. 난 이 싸움에서 반드시 이기고 말 거야' 하면서 살아남겠다는 강인한 의지를 보여줬어요. 비록 세상을 떠났지만 난 아직도 내 아들이 자랑스럽고, 파노스가 29년간 내 아들이었다는 사실이 정말 행복해요."

자신이 투병 중임에도 병원에서 만난 형편 어려운 아이들을 위해 있는 돈 없는 돈 털어 병원비를 내주던 아들의 뜻을 기리고자 디오니는 '파노스 4라이프'라는 단체를 만들었다. 파노스가 찍은 사진들을 모아 이스탄불과 아테네 등에서 사진전을 열고, 브뤼셀의 지인들이 콘서트를 열고, 크리스마스 바자 등을 통해 얻은 수익금과 성금 등으로 5년간 약 17만 유로(약 2억 4천만 원)를 모금했다.

그렇게 모은 돈으로 케냐의 극빈층 어린이 150명이 공부할 수 있는 유치원을 짓고, 네팔 히말라야 오지에 교사를 위한 집을 지어주기도 했다. 또 그리스에서도 가장 멀리 떨어진 섬들의 아이들을

전 세계를 여행하며 세상의 아름다움을 담고 싶어 하던 파노스가 찍은 사진.

위해 농구장을 짓고, 장애아들을 위한 시설을 짓는 등 한 개인이 했다고는 상상하기 힘들 정도로 왕성한 활동을 벌여왔다.

많은 이가 이런 활동들이 오래가지는 못할 거라 했지만, 시간이 흐를수록 그녀는 점점 더 열정적으로 활동하고 있다.

"자식을 잃은 슬픔을 뭐라고 설명할 수 있겠어요. 저도 파노스를 잃고 베란다에서 뛰어내리고 싶은 적이 한두 번이 아니었으니까요. 하지만 계속 그렇게 살 수만은 없잖아요. 파노스는 좋은 교육을 받고 사랑하는 가족들에게 둘러싸여서 하고 싶은 것을 하다가 떠났지만, 세상에는 그런 행복은커녕 기본적인 권리조차 누릴 수 없는 아이가 많아요."

"디오니의 꿈은 뭐예요?"

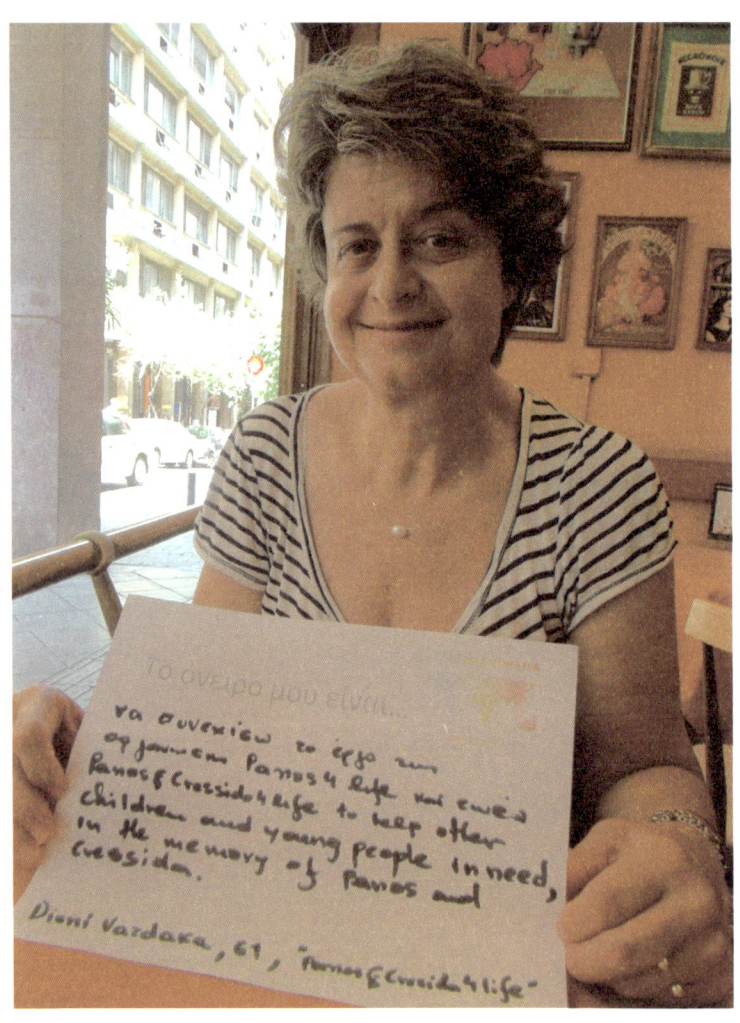

"파노스의 뜻을 기리며 어려운 환경의 아이들을 돕는 것,
그 자체가 제 삶의 전부이자 남은 삶의 꿈이에요."

"파노스의 뜻을 기리며 어려운 환경의 아이들을 돕는 것, 그 자체가 제 삶의 전부이자 남은 삶의 꿈이에요."

이야기하는 내내 디오니도 나도 눈물을 멈출 수 없었다. 자식을 잃은 어머니의 아픔은 당사자가 아니면 결코 이해할 수 없을 것이다. 그런 일을 겪은 뒤 세상을 저주하며 인생을 포기해버리는 사람도 있는데, 그녀는 이렇게 절망을 희망으로 승화시켰다. 한 생명을 잉태하고 한 인간으로 성장시킨 그 사랑을 이제 더 많은 이와 함께 나누는 것이다.

헤어지기 전, 나는 마지막 질문을 던졌다.

"파노스의 꿈은 무엇이었나요?"

"파노스는……. 수영 씨처럼 전 세계를 여행하고 싶어 했어요. 그리고 세상의 아름다움을 사진으로 담고 싶어 했고요. 그런데 계속 병원을 왔다 갔다 해야 해서 그 꿈을 다 이루질 못했는데 수영 씨가 그 꿈을 대신 이루고 있네요. 행복하세요, 그리고 건강해야 해요."

우리는 긴 포옹을 했다. 그녀의 가슴속 아직도 생생하게 살아 있는 파노스의 꿈이 내 가슴으로 전해지며 뜨겁게 피어났다.

히키코모리 청년의
꿈

★

"카드 승인 거부되었는데요."

한 달 사이에 카드 한도를 몇 번이나 초과하다니, 앞이 캄캄했다. 부모님과 함께 프랑스와 이탈리아에서 차를 몰고 다니고, 비싼 호텔에서 자고, 좋은 식당에서 밥먹고 했더니 1달 만에 돈을 엄청 써버린 것이다. 하지만 지난 몇 년간 출장 때마다 고급 호텔에서 지낸 게 익숙해져서인지 호스텔이나 민박집 같은 곳은 선뜻 들어가기가 망설여졌다. 마침 소피아가 여행지 곳곳마다 현지인들의 집에서 함께 지낼 수 있는 '카우치서핑' 웹사이트(couchsurfing.com)를 추천해주었던 것이 생각났다.

테살로니키에 있는 동안 시간이 좀 남아서 그 사이트에 계정을 만들고 대충 프로필을 작성했다. 그러자마자 디게니스라는 스물한 살 청년이 나를 만나고 싶다며 테살로니키로 오겠다는 메시지를 보내 왔다. 마침 할 일도 없고, 열 살이나 어린 청년이 나한테 흑심을 가질 리도 없고 해서 얼떨결에 그러자고 답장을 보냈다. 그런데 막상 약속을 잡고 보니 고민스러웠다.

'왜 알지도 못하는 사람이 2시간이나 버스를 타고 나를 만나러 온다는 걸까? 이걸 가야 하나 말아야 하나?'

약속 장소에 가니 덥수룩한 수염에 부스스 긴 머리의 디게니스가 나를 기다리고 있었다. 나를 똑바로 바라보지 못하는 그의 불안정한 시선을 보자 '이상한 사람 아냐? 괜히 만나기로 했나 봐'하는 후회가 잠깐 들었다.

"무슨 일 하세요?"라는 나의 단순한 질문에 그는 "제가 아테네 대학을 들어갈 때만 해도 300명 중에 37등이었는데……." 하더니 한참이나 횡설수설했다. 그는 학교생활에서 잘 적응하지 못하고 공부에서 겪은 어려움을 교수 탓으로 돌렸다.

대학을 그만두고 우연히 무용을 시작했다가 의외의 재능을 발견한 그는 춤에 몰입하다 못해 하루에도 12시간 넘게 춤을 추다 다쳤다. 게다가 절제된 스타일을 강요하는 스승과의 대립 끝에 결국 춤마저 그만두고 이제는 집에서 놀고 있다고 했다. 점점 이상한 사람이라고 느껴질 무렵, 그는 집에서 만화책을 보며 시간을 보내는 자신이 한심하고, 자신이 학교를 그만둔 사실을 부모님이 알게 될까 두렵다며 눈동자를 불안하게 굴렸다.

"전 사람들 만나는 게 두려워요. 그래서 뭐든지 정말 미친 듯이 빠져드나 봐요."

그리스 제2의 도시, 테살로니키. 이곳에서 '은둔형 외톨이' 디게니스를 만났다.

어린 시절 만화에 심취해 밖에 나가 놀지를 않았던 그는 시간이 흐를수록 다른 아이들과 자신의 관심사가 다르다는 것을 깨달았다. 사람들과 이야기를 할수록 거리가 느껴졌고, 그럴수록 그는 점점 다른 사람들과의 소통을 거부하고 혼자 방 안에서 시간을 보냈다. 지금도 용기를 내서 여기까지 왔지만 내 얼굴을 똑바로 보지 못하는 그는 전형적인 은둔형 외톨이 '히키코모리'였다. 그는 학교도 그만두고 춤도 그만둔 이 상황이 답답하고 두렵다고 했다.

나는 디게니스를 이상한 사람이라고 매도하기보다는 그저 자신을 표현하고 남들과 어울리기를 힘들어하는 '남다른' 아이로 이해하기로 했다. 일단 문제의 원인을 파고드는 것보다 긍정적인 생각을 해보도록 이끄는 게 낫겠다고 판단하고 디게니스에게 꿈을 물었다. 그러자 표정이 달라지기 시작했다. 계속해서 남 탓을 하거나 부정적인 어투를 사용했었는데, 단어 구사가 달라졌다. 미소를 머금더니 눈의 초점도 안정되기 시작했다.

"사람들과 잘 어울리고 싶어요. 만화도 만들고 싶고, 집에서 마음 편하게 지내고 싶어요."

"그러려면 어떻게 해야 하죠?"

"음, 사람을 더 많이 만나야겠죠? 그래서 요즘엔 카우치서핑 웹사이트를 통해서 외국인 손님들을 집으로 초대하거나 관광을 시켜줘요. 만화는 습작부터 해보면 될까요? 집에서는 아직 부모님과 관계가 좀 불편하고……. 사실 제가 학교를 그만둔 것도 모르셔요. 하지만 오늘 가서 얘기해볼래요."

누구나 자신의 문제에 대한 해결책을 알고 있다. 자신을 가장 잘 아는 것은 본인이니까. 하지만 많은 사람이 당장 문제 자체에만 집중해서 해결책을 생각해보려 하지 않는다. 애써 주변인들에게 어려움을 호소하거나 멘토를 찾곤 하지만, 그건 어쩌면 누군가가 자신의 고민을 알아주었으면 하는 외로움의 표현일지도 모르겠다. 디게니스 역시 누구보다도 자신의 문제를 잘 알고 있고, 해결책 또한 알고 있다. 그저 용기를 내보고 싶어서 이렇게 2시간이나 버스를 타고 낯선 사람 앞에서 자신의 다짐을 이야기하는 것이다.

4달 뒤 그가 이메일을 보내왔다.

수영 씨 잘 지내시죠? 꿈의 파노라마 프로젝트를 지켜보며 응원하고 있어요. (중략) 저는 지난 4개월간 26개국 출신의 71명을 초

"사람들과 잘 어울리고 싶어요. 만화도 만들고 싶고, 집에서 마음 편하게 지내고 싶어요."

대했어요. 그들을 데리고 아테네 구경을 시켜주면서 예전에 사람들을 대할 때 느끼던 불안감도 확실히 덜해졌고, 성격도 밝아지고 있어요. 가끔 저도 모르게 화를 내거나 우울해지는 감정을 숨기지 못해 어색한 상황을 만드는 등 아직도 이 모든 것이 100% 편안하진 않지만, 시간이 해결해주겠지요.

얼마 전엔 제가 호스트했던 스코틀랜드 친구가 저를 에든버러로 초대했어요. 그리스를 한 번도 벗어나 본 적이 없지만, 예전과 달리 큰 고민하지 않고 비행기 표를 끊어버렸죠. 솔직히 이렇게 즉흥적으로 결정을 내려본 것이 처음인데, 고민만 하다 보면 다시는 이렇게 용기를 내서 해외여행을 가지 못할 것 같아서 질러 버리기로 했어요. 이번에 한 번 다녀오면 더 많은 나라를 가 볼 수 있겠죠?

4달 간 71명이라니……. 거의 이틀마다 새로운 손님을 맞았다면 자기 삶을 완전히 포기했다는 얘기다. 게다가 똑같은 관광지를 71번쯤 갔다면 지겨울 법도 한데, 자신의 성격을 바꾸려는 그의 노력이 눈물겹다. 그가 이렇게 용기를 내는 모습에 나 역시 응원의 메시지를 보냈다.

그리고 다시 몇 달 뒤, 그는 이제까지 호스팅한 사람이 100명을 돌파했다며 소식을 보내왔다. 그렇게 사람들을 한 명 한 명 만나며 사교성과 자신감을 키운 그는 스코틀랜드 이후에도 프랑스와 아일랜드를 여행했고, 한국에도 와서 2주간 여행을 했다. 비록 시간이 맞지 않아 만나지는 못했지만, 그는 한국에서 많은 사람과 즐겁게 지냈다며 미소 아이콘을 날렸다. 그 미소처럼 밝고 당당한 모습으로 디게니스를 다시 만날 그날을 기대해본다.

Chapter 2

터키 + 조지아 + 아르메니아 +
이란 + 아랍에미리트 + 오만

꿈꿀 수 있어
아름다운 존재들

나는 자신의 미래에 대해 아무 그림이 없는 것과
밑그림이 있는 것은 큰 차이가 있다고 믿는다.
밑그림이 있으면 자신이 가지고 있는 물감들을
최대한 사용해 아름다운 그림을 그릴 수 있다.
비록 단순한 꿈일지언정 이렇게 미래에 대해
상상해 보는 것만으로도 굉장한 자극이 된다.

공사 현장의
행복한 상상

터키에서 가장 서쪽에 있는 섬 곡체아다에 와 있다. 인구가 만 명도 안 되는 자그마한 이곳에 내가 온 이유는 바로 벨리댄스 쇼 때문!

9개월 전, 런던에서 점심을 먹고 있을 때였다. 금융 관련 신문사에서 터키 뉴스를 담당하는 친구 치한(그에게 한국어로 '치한'의 뜻을 알려주었더니 한국에는 절대 가지 않겠다고 한다)이 이 섬에 땅을 샀다며 들뜬 기분을 드러냈다.

"여기 섬이 오랫동안 군사기지여서 개발이 제한되었다가 최근에야 풀렸거든. 앞으로 관광지로 발전할 가능성이 꽤 큰데, 제대로 된 호텔이 별로 없더라고. 그래서 내가 고급 호텔을 지어보면 어떨까 생각했어. 괜찮은 수영장도 만들고 해산물과 현지 와인도 판매하는 레스토랑까지 겸해서. 고민하다가 바로 땅을 사버렸어."

"어머머 웬일이야! 정말 축하해! 호텔 지어지면 내가 가서 마케팅이랑 홍보 도와줄게. 개업 기념으로 1주일간 벨리댄스 공연도 해줄게. 한국인 벨리댄서가 왔다고 하면 그 작은 섬에서 얼마나 소문이 많이 나겠어!"

"아주 좋은 생각인데! 언제든지 환영이야!"

그 약속을 지키려고 무거운 벨리댄서 옷을 바리바리 싸 들고 도착했는데 이곳은 아직도 건설 현장이다! 공사가 지연된다는 얘기는 들었지만, 개업 예정일로부터 무려 1달 반이 지났는데 아직도 공사 중이었다. 심지어 주차장, 정원, 수영장은 시작도 안 한 듯 보였다. 그나마 손님이 왔다고 내게 유일하게 완성된 방을 내주다니 그저 고마울 뿐이다.

오랜만에 만나는 치한은 무척이나 지쳐 보였다.

"건축이라는 게 이렇게 힘든 줄 몰랐어. 작은 섬이다 보니 자재는커녕 인부도 없어서 다 이스탄불에서 데려와야 했는데, 한번은 인부들과 오해가 생겨 인부들이 한꺼번에 일을 그만두는 사건까지 있었어. 이런저런 문제로 공사는 지연되고 돈은 계속 나가고 벌써 예산의 2.5배나 썼지 뭐야. 계속 은행 찾아다니면서 돈 빌리고 있는데, 여기저기 관청에서 요구하는 건 왜 그렇게 많은지. 거기다 회사 일은 재택근무를 하고 있으니, 하루에 두세 시간 자면서 산 지가 몇 달째야."

몇 달째 고생하는 사람은 치한뿐이 아니었다. 건축가인 치한의 부모님과 도시공학자인 동생까지 여기서 살다시피 한 지 6개월째.

터키에 호텔을 짓는 게 꿈이었던 치한은 드디어 땅을 사고 공사를 시작했다. 하지만 개업 예정일이 한참 지났는데도 여전히 공사 중이었다.

지금은 그나마 건물이라도 존재하지만, 그전에는 다들 텐트에서 생활했다고 한다. 공사 일정이 계속 늦어지며 압박감과 스트레스를 받아서인지 가뜩이나 마른 치한이 더 마른 것 같다. 잠을 못 자서인지 다크서클도 생기고 눈꺼풀이 푹 처져 있다. 하지만 그는 호텔 곳곳을 설명하며 다시 눈을 반짝였다.

"지금은 이렇게 먼지만 날리지만 여기 수영장에 파란 타일을 깔고, 저기에는 선베드를 놓을 거야. 여기는 레스토랑이 들어설 자린데, 아침 뷔페 메뉴는 저기에 일렬로 놓을 거고. 모든 식재료는 다 유기농을 쓸 거고, 이 섬에서는 찾아보기 힘든 프라푸치노 커피도 만들 거야. 저기는 와인 진열대를 놓을 건데, 이 섬에서 나는 와인도 여기 한 쪽에 둘 거야."

치한의 설명을 듣고 보니 지금은 엉망진창인 이곳이 아름다운 호텔이 되어 있는 모습이 상상된다. 모두가 그렇게 호텔이 완성된 모습을 상상하며 하루 12시간의 노동을 묵묵히 견디는 것이겠지.

　나 역시 벨리댄서 의상은 구석에 내려놓고 팔을 걷어붙이고 공사를 돕기로 나섰다. 치한과 그의 가족들은 말렸지만, 공사 현장에서 할 수 있는 것은 공사밖에 없지 않은가. 석조 건물이라 아직 정리되지 않은 돌의 표면을 사포로 다듬고, 업소용 대형 냉장고들을 안팎으로 닦고, 온갖 가구를 방마다 나르고, 수십 개의 가구를 직접 조립하고, 정원에 꽃을 심었다. 40도에 가까운 뙤약볕에서 익숙지 않은 육체노동을 하다 보니 몇 시간 일하다가 쓰러지기를 반복했다.

　며칠 있다 보니 인부들과도 손짓 발짓을 하면서 대화할 수 있게 되었다. 웬 동양 여자가 와서 일을 하나 싶어 신기한 눈으로 쳐다보던 인부 아저씨들은 수고한다면서 내게 음료수도 건네고, 점심시간엔 제일 먼저 내 식판을 챙겨주면서 그늘에 있는 자리를 내주었다. 특히 목수 아저씨 할릿은 자신의 가족사진을 보여주며 매번 나를 챙겨주었는데, 그를 볼 때마다 아빠가 생각나 가슴이 찡했다.

　열일곱 살에서 예순 살까지 다양한 연령대의 인부들은 터키 전역을 비롯하여 조지아와 아프가니스탄에서까지 왔다. 그들은 숙소도 따로 없이 허허벌판에 매트리스를 깔고 거기서 먹고 자는 생활을 벌써 몇 달째 했단다. 나로서는 상상하기 힘든 고된 일이지만, 인부들은 행복한 표정으로 열심히 일하고 있었다.

　공사 현장에서는 하루에도 몇 번씩 정전과 단수가 있었다. 한번 처음엔 신기한 눈으로 쳐다보던 인부 아저씨들과 곧 친해졌다.

은 단수가 24시간 지속되어 소방서에 고액을 지급하고 물탱크를 채웠는데, 정화되지 않은 물이라서 다 버려야 하는 일도 벌어졌다. 그렇다 보니 매일 새벽부터 밤늦게까지 물이 안 나올 때마다 분주히 뛰어다니는 앳된 얼굴의 소년이 눈에 띄었다. 그의 이름은 테킨, 이제 겨우 열아홉 살이지만 배관공 경력이 5년 차다.

'저 어린 소년이 무슨 사연이 있기에 여기까지 왔을까'하고 호기심 어린 눈으로 지켜보던 나는 바쁜 그에게 잠시 인터뷰를 청했다.

시골 마을 출신으로 5형제의 맏이인 테킨은 아버지의 계속되는 결혼과 이혼으로 인해 어린 시절부터 가장 역할을 하며 지냈다. 구

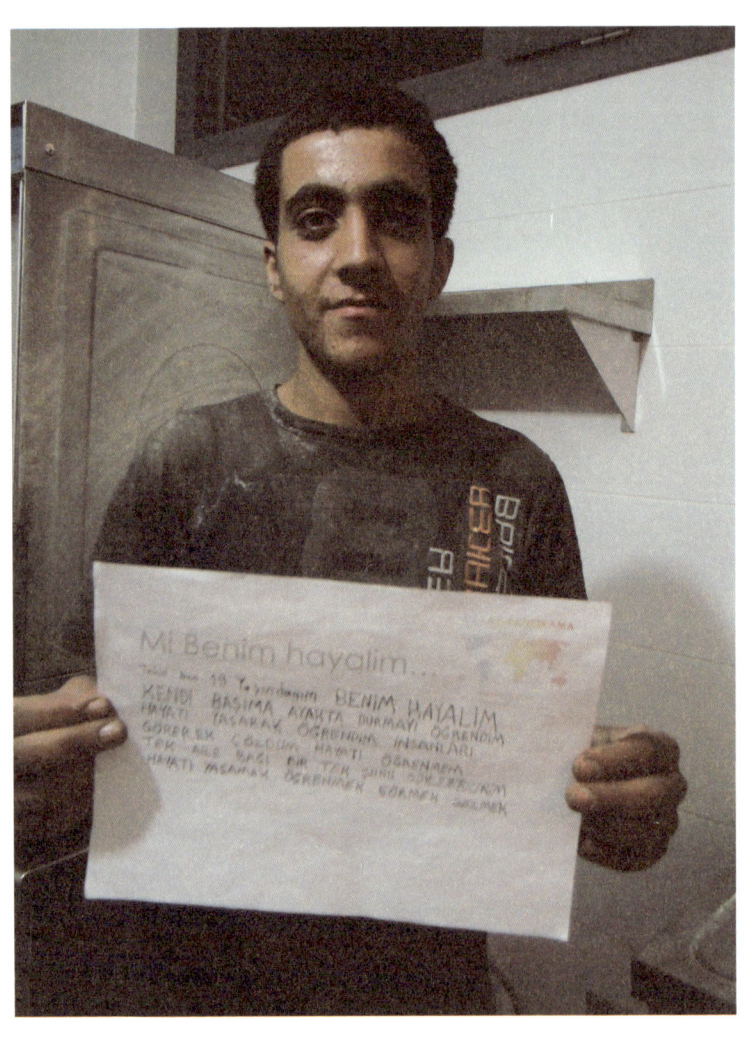

미래를 상상하는 것만으로도
행복한 표정을 지었던 대건.

두닦이, 빵장수 등 안 해본 일이 없다고 한다. 중학교만 마치고 열네 살 때부터 다른 배관공 아저씨들을 따라서 터키 전역을 돌며 일을 배웠다.

"그 나이에 여자친구도 사귀고 멋도 부리고 놀러도 다니고 싶지 않아요?"

"여자애들은 머리 아파요. 일하기도 바쁜데 여자애들까지 신경 쓸 틈이 있나요?"

"테킨은 꿈이 뭐예요?"

"미래를 위해 충분한 수입을 갖는 거요."

"어떤 미래를 갖고 싶은데요?"

"글쎄요. 그건 생각해본 적 없는데……. 적어도 내일 먹고살 것을 걱정하지 않았으면 좋겠어요."

지금은 어린 이 소년이 나중에 배관회사 사장이 될 수도 있지 않을까? 나는 좀 더 유도신문(?)을 해보기로 했다.

"내가 10년 뒤에 테킨을 다시 만난다면 어떻게 살고 있을까요?"

"그때쯤엔 경력이 많이 쌓였을 테니 돈도 잘 벌고, 집이랑 차도 있겠죠."

"차는 어떤 차?"

한참을 생각하던 그는 "BMW X5였으면 좋겠어요" 하며 수줍게 웃는다.

"집은 어떤 집? 어느 도시에 살고 싶어요? 이 호텔처럼 수영장이 있는 집은 어때요?"

상상한 것보다 더 멋지게 완성된 치한의 호텔.

"수영장은 없어도 되지만 정원이 있었으면 좋겠어요. 공사 때문에 페티예에 갔는데 좋더라고요. 거기서 살고 있지 않을까요?"

처음엔 경직되어 있던 그의 표정이 행복한 상상 덕분에 한결 부드러워졌다.

나는 자신의 미래에 대해 아무 그림이 없는 것과 밑그림이 있는 것은 큰 차이가 있다고 믿는다. 밑그림이 있으면 자신이 가지고 있는 물감들을 최대한 사용해 아름다운 그림을 그릴 수 있다. 물론 색칠을 하다 영감을 받아 전혀 다른 그림이 될지도 모른다. 하지만 설계도 없이 집을 지을 수 없는 것처럼, 백지에 무작정 색칠을 하다 보면 이도 저도 아닌 졸작이 될 수도 있다. 비록 단순한 꿈일지언정 이렇게 미래에 대해 상상해보는 것만으로도 굉장한 자극이 된다.

2주 뒤 치한의 호텔이 개업했다. 먼지가 날리던 벽에 액자가 걸리고, 여기저기 선과 자재들이 지저분하게 늘어져 있던 바닥에 아름다운 타일이 깔렸다. 내가 가구를 나르던 방들이 깔끔하게 장식되고, 수영장에 파라솔과 선베드가 놓인 모습을 보니 감동이었다. 치한의 호텔은 첫 달 내내 모든 객실이 100% 예약 완료였다. 10년 뒤, 터키 남부 바닷가의 아름다운 도시 페티예에 있는 테킨의 집은 어떻게 생겼을까?

이웃 나라에서
배달된 꿈

터키에서 3주를 보내고 옆 나라인 조지아로 넘어갔다. 알려져 있지 않지만, 조지아는 와인의 원산지! 와인 마스터의 꿈을 가지고 있는 나는 동부 카헤티 지방의 한 와이너리를 운영하는 바자 할아버지 가족의 집에서 하룻밤 신세를 졌다. 바자 할아버지의 며느리 쇼레나가 저녁 식사를 내오자 우리는 눈이 휘둥그레질 수밖에 없었다. 모두 이 집에서 재배한 채소로 만든 건강식인데, 정갈하고 컬러풀하게 장식된 데다 어찌나 맛있는지!

감동적인 식사의 화룡점정은 와이너리에서 직접 담근 와인으로 나눈 건배였다. 조지아에서는 건배사를 무척이나 중요하게 생각하는데 바자 할아버지 역시 약 10여 분에 걸쳐 손님으로 찾아와준 우리에게 감사 인사를 한 뒤 조지아의 번영, 심지어 한국과 조지아의 협력까지 기원하는 건배사를 했다. 날이 저물어가면서 코카서스의 하늘 위로 흩어진 별들을 감상하며 맛있는 음식과 와인, 바자 할아버지의 계속되는 건배 제안에 그날 밤 얼마나 와인을 많이 마셨는지 모른다.

다음 날 아침, 의외로 숙취 하나 없이 깨끗한 정신으로 바자 가족과 함께 아침을 먹으며 그들의 꿈을 물었다. 바자 할아버지는 조지아가 평화롭고 영향력 있는 나라가 되는 것, 티나 할머니는 자식들과 손자들의 행복, 아들 니코는 호텔을 건립하는 것, 쇼레나는 수도인 트빌리시에서 사는 것, 그리고 다섯 살 된 손자 니쿠샤는 큰 인형을 갖는 것이라고 썼다. 나는 그들의 꿈이 이루어지기를 기원하며 작별 인사를 했다.

조지아를 떠나 아르메니아로 향했다. '아르메니아 대학살', '아르메니아 디아스포라' 외에는 딱히 들어본 적이 없는 나라, 아르메니아. 하지만 이름조차 생소한 수도 예레반에 도착했을 때 나는 큰 충격을 받았다. 아름다운 건물들과 도시 곳곳의 분수들, 여기저기 펼쳐진 유럽 스타일의 노천카페들에는 굉장한 미녀들이 커피를 마시고 있었다. 매일 밤 2시간씩 열리는 공화국 광장 분수 쇼의 화려함은 기대 이상이었고, 흰 계단을 따라 하늘 높이 솟은 4층의 분수 위에서는 예레반의 아름다운 야경이 한눈에 보였다.

아르메니아인들이 유독 친절한 건지, 동양인이 없어서 그런지 그곳에서 나는 거의 연예인 대접(?)을 받았다. 현지 친구와 바에 갔다가 텔레비전 광고 출연 제안도 받았고(그러나 안타깝게도 일정이 맞지 않아 못 찍었다), 러시아어로 된 신문에 나오기도 했고, 아르

마자 할아버지 가족의 꿈들.
그중 다섯 살 된 손자 니쿠샤는 큰 인형을 갖는 게 꿈이라 썼다.

메니아 공영 방송 뉴스에 소개되기도 했다.

하루는 내가 묵는 숙소의 리셉션에서 처음 보는 남자가 정장을 입고 나를 기다리고 있었다.

"안녕하세요, 김수영 씨죠? 저는 아르메니아 리더십 스쿨에서 근무하는 삼벨이라고 합니다."

삼벨은 다음 해 신입생들을 뽑는 면접이 진행되는데 면접관으로 참여해줄 수 있냐며 정중히 요청했다. 리더십 스쿨은 아르메니아의 미래를 짊어질 차세대 지도자를 양성하기 위한 학교라고 한다.

국제적인 리더를 양성하기 위해 선발 면접에서부터 외국인이 있었으면 하던 차에 한국에서 온 '드림 메이커'에 대한 얘기를 듣고 이렇게 무작정 찾아왔다고 했다. 갑작스러운 요청에 당황하기도 했지만 좋은 기회가 될 것 같아 흔쾌히 응했다.

다음 날 아침, 모처럼 원피스에 하이힐, 메이크업까지 깔끔하게 치장한 뒤 면접 장소에 갔다. 면접관은 리더십 스쿨의 삼벨, 바르단과 핀란드 출신의 사업가, 영국문화원 프로그램 디렉터와 나 이렇게 다섯 사람. 며칠간의 면접 마라톤 중 오늘 우리가 인터뷰할 지원자는 20명. 각각 20분이 주어지니 약 7시간에 가까운 면접이다. 드디어 첫 번째 지원자가 들어오고 면접이 시작되었다. 주요 질문은 자기소개에서 시작하여 자신의 장단점, 리더의 자질, 아르메니아의 미래를 위한 제안 등 다양했는데 나는 주로 꿈을 물었다.

단정한 정장을 입은 통신회사 직원이 들어왔다.

"꿈이 뭔가요?"

"3년 내로 부장이 되고 10년 내로 임원이 되고 싶습니다."

"아, 커리어 플랜 말고 꿈 말이에요. 꿈이 뭔가요?"

"네? 꿈이요? 그 질문에 대한 답변은 준비를 못 했는데……."

"그냥 본인이 원하는 것을 편하게 얘기하면 돼요."

"저는 사랑하는 사람과 결혼해서 아이 낳고 행복하게 살고 싶은데……." 하던 그녀는 우리의 눈치를 보더니, "그렇지만……. 리더로도 성공하고 싶습니다!"하고 대답을 바꾸었다. 사랑하는 삶과 결혼해서 행복하게 사는 것만큼 중요한 게 어디 있단 말인가!

리더십 스쿨 면접관이 되어 아르메니아의 미래를 이끌어갈 지원자들을 만났다.

나는 크게 미소를 지었다.

UN 총재가 되고 싶다는 대학원생, 농촌혁명을 이루겠다는 스무 살 청년, 국제적인 커리어우먼이 되겠다는 은행원, 엄마가 되고 싶다는 IT 회사의 간부 등 살아가는 모습은 다양해도 꿈은 보편적이었다. 가장 인상적인 경우는 여성 문제에 관심이 많다는 한 지원자였다.

"이런 얘기를 해도 될지 모르겠지만 아르메니아의 많은 여성이 순결 강박주의와 남자 친구의 압력 사이에서 원치 않는 유사 성행위를 하고 괴로워하는 경우가 많습니다. 저는 그들이 안전하고 즐거운 섹스를 할 수 있도록 성교육을 전파하고 싶습니다."

1인당 GDP 3천 달러밖에 되지 않는 개발도상국이지만 진취적인 지원자들을 통해 아르메니아의 미래를 볼 수 있어 흐뭇했다. 아침부터 오후까지 마라톤 면접을 마치고 피곤한 몸을 이끌고 근처 이탈리안 식당에서 피자를 먹으며 우리는 많은 이야기를 나누었다. 리더십 스쿨의 직원인 예쁜 아가씨 아누쉬가 꿈의 파노라마 프로젝트에 대해 이런저런 질문을 했다.

"이제까지 들은 꿈 이야기 중에 가장 황당한 건 뭐였어요?"

"황당한 건 아닌데 조지아에서 내가 묵었던 민박집의 다섯 살 아이는 큰 인형을 갖는 게 꿈이래요. 정말 귀엽죠?"

"어머! 저에게 큰 테디베어가 있는데 방이 점점 좁아져서 버릴까 하다 그 인형과 함께한 추억 때문에 차마 못 버리고 있었거든요. 그래서 누군가 이 인형을 아껴줄 사람이 있다면 선물하고 싶었어요."

"우와 잘됐다! 우리 니쿠샤에게 인형을 보내요!"

조지아와 아르메니아 둘 다 우리나라처럼 택배나 해외 우편이 잘 구축된 게 아니고, 니쿠샤의 집이 시골에 있다 보니 부피가 큰 인형을 보내는 것이 생각보다 쉽지 않았다. 그래서 예레반에서 트빌리시로 가는 사람에게 부탁하고, 트빌리시에서 니쿠샤 집 사이의 가장 가까운 도시를 이동하는 소형 버스 기사에게 부탁하고, 그 도시에서 니쿠샤네 동네에 사는 사람을 통해 무려 1주일에 거쳐 인형이 배달되었다. 쉽지 않은 과정이었지만 아누쉬는 불굴의 의지(!)로 며칠에 걸쳐 이 모든 사람에게 전화해가며 니쿠샤에게 인형을 전달했다.

니쿠샤의 엄마는 니쿠샤가 인형을 받았다며 사진을 보내주었다.

아누쉬의 인형은 여러 사람의 손을 거쳐 무려 일주일 만에 니쿠샤에게 도착했다. 꿈을 말하면 그 꿈을 이룰 수 있는 기회를 끌어당기게 된다.

생각지도 못한 선물에 놀란 것인지, 진짜 곰처럼 커다란 인형 옆에서 니쿠샤는 눈을 동그랗게 뜨고 있다. 꿈이 이루어진 모습이 담긴 이 소중한 사진을 나는 아누쉬에게 전달했다. 아누쉬는 누군가의 꿈을 이루어주었다는 사실에 감격한 모양이다. 겨우 몇 시간을 함께했지만, 아누쉬는 크리스마스와 내 생일에도 잊지 않고 축하 메시지를 보내왔다.

　니쿠샤의 인형은 아주 작은 예일지 모르지만, 나는 꿈을 말한다는 것은 그 꿈을 이룰 기회를 끌어당기는 것이라고 생각한다. '관계의 6단계 법칙6 Degrees of Separation'에 따르면, 세상 모든 사람은 최대 6단계 이내에서 서로 아는 사람으로 연결된다. 내 꿈을 자꾸 이야기하다 보면 그것이 전해지고 전해져서 내 꿈을 이루는 데 도움을 줄 수 있는 누군가와 연결될 수도 있다. 마치 내가 아르메니아에서 뉴스에 나오자 리더십 스쿨 면접관도 하고. 그러다가 니쿠샤의 꿈을 이루어준 것처럼.

한번은 강연 중 청중에게 종이를 나눠주며 3분간 꿈을 써보라고 했다. 청중석을 돌아다니다 보니 어떤 사람들이 그냥 팔짱을 끼고 가만히 있기에 왜 꿈을 쓰지 않냐고 묻자, 펜이 없어서 옆 사람이 다 쓰면 빌리려고 기다리는 중이란다. 그냥 "펜 남는 분 저 좀 빌려주세요!"하고 소리 지르면 펜을 많이 가진 누군가 빌려주었을 텐데 자신의 3분을 그냥 낭비해버린 셈이다. 세상에는 유용하게 쓰이기를 기다리고 있는 자원과 기회가 넘쳐난다. 우리가 애써 찾지 않을 뿐.

아무리 불가능해 보이는 꿈이라 할지라도 세상 어딘가에는 나의 꿈을 기쁜 마음으로 이루어줄 사람이 분명히 있을 테니 용기 내어 그것을 말하는 것이 중요하다. 우리는 팔짱을 낀 채 3분을 흘려보낼 수도 있고, 니쿠샤가 될 수도 있다.

70억 명의 삶
70억의 꿈

아르메니아를 떠나 우즈베키스탄을 거쳐 친구들이 있는 두바이로 향했다. 두바이에 있는 사람 중 80%가 외국인이다 보니 여러 국적의 친구들과 어울렸다. 하루는 수영장에 갔다가 이집트 친구 이스마엘의 옆구리에 있는 흉터가 눈에 띄었다.

"이게 뭐야?"

"총에 맞았어."

카이로의 명문 대학을 졸업한 그는 지긋지긋했던 이집트를 떠나 두바이에서 회계사로 일하며 고액 연봉을 받으며 편하게 살아왔다. 하지만 5만여 명이 카이로의 타흐리르('해방'이라는 뜻) 광장을 점령한 2011년 1월 25일 분노의 날, 뉴스를 보던 그는 처음으로 조국을 위해 뭔가를 해야겠다는 생각에 회사에 휴가를 신청했다. 곧바로 카이로로 날아간 그는 수많은 시위자와 함께 거리에서 먹고 자며 3주간 시위에 동참했다.

"이 영상을 봐. 내가 총에 맞기 전에 찍던 거라고."

스마트폰 속의 동영상은 당시의 격렬한 상황을 말해주고 있었다. 팽팽히 대치한 시위대와 경찰들 사이의 몸싸움 끝에 총소리가 요란하게 울리고, 갑자기 카메라가 마구 흔들리며 동영상이 끝났다.

"내 앞에 있던 사람이 먼저 총에 맞아 쓰러지기에 나는 그를 부축하려고 했어. 그런데 사람들이 내게 와서 괜찮냐고 묻더군. 내 옆구리에 흐르는 피를 본 순간 정신을 잃었어."

그의 몸에서 총알을 제거한 의사는 총알이 3cm만 오른쪽에 박혔어도 심장을 관통할 뻔했다고 말했단다. 총상을 치료하며 행운을 되새기는 동안 뉴스에서는 무바락 대통령의 하야 소식을 알렸다.

그는 또 다른 동영상을 보여주었다. 다리에서 평화롭게 기도하며 행진하는 시위대에게 경찰이 무자비하게 총을 쏘고, 사람들이 하나둘 총에 맞아 쓰러지는 모습이 충격적이었다.

"수천 명의 사망자는 말할 것도 없고 부상자만 수만 명이야. 보험도 없는 가난한 사람들에겐 병원비 부담이 심해서 제대로 치료받지 못해 죽는 사람도 많아. 그래서 두바이에서 일하는 다른 이집트인들과 힘을 모아 단체를 만들어서 이런저런 행사로 기금을 모아 부상자들의 의료비를 지원하고 있어."

이어서 그는 단체가 하는 행사의 사진과 동영상들도 보여주었다.

"이스마엘은 꿈이 뭐야?"

"이집트가 1950년대처럼 과학, 산업, 무역에서 세계 일류 국가

두바이에서는 다양한 국적의 사람들에게 꿈을 들었다.

가 되었으면 좋겠어. 아무리 늦어도 2020년까지 이집트가 부정부패 없는, 사회적 정의와 자유가 존중받는 선진 문명국이 되었으면 하는 게 내 꿈이야. 모든 사람이 의료와 교육 혜택을 받는 게 당연한 나라, 빈부 격차 없는 그런 나라. 나 역시 언젠가 이집트에 돌아가 거기에 조금이나마 보탬이 되어야지."

나라 밖을 떠나면 다들 애국자가 되는 걸까? 민주주의를 갈구했던 수만 명 시위대의 바람대로 무바락은 하야했지만, 이집트의 유혈 사태는 계속되었고 각종 문제는 산재해 있다. 하지만 자신의 목숨을 걸고 자유와 민주주의를 외친 수많은 이스마엘이 있기에 작금의 현실에도 그의 꿈이 허황된 꿈 같지가 않다.

며칠 뒤, 나는 기사가 운전하는 차를 타고 바스마가 사는 왕궁으로 향했다. 바스마는 오만 출신의 셸 동료가 소개해준 왕족이다. 파란색 드레스를 입은 그녀가 "날도 더운데 오느라 수고 많으셨어요" 하며 나를 로비로 안내했다. 황금 장식이 된 크림색의 푹신한 소파에 앉자 유니폼을 입은 필리핀 하녀 두 명이 다과와 음료를 준비해온다.

"이 집에 방이 몇 개나 되나요?" 하고 묻자 바스마는 자신도 모른다고 한다. 오만의 술탄 카부스 빈 사이드의 친척인 그녀는 사촌과 결혼해 세 살인 딸과 쌍둥이 아들을 키우며 대학병원에서 정신과 의사로 일하고 있다. 어릴 때부터 친구들 상담해주길 좋아했다는 그녀는 자신의 꿈을 좇아 호주와 영국에서 석사와 박사를 거쳐 정신과 전문의가 되었고, 하버드에서 연수를 마쳤다고 한다.

"저의 오랜 꿈은 저만의 클리닉을 여는 거였어요. 그 꿈이 다음 달에 이루어진답니다. 흔히 생각하는 정신병원이 아니라 몸과 마음 모두 해독하는 일종의 스파 콘셉트예요.* 일반적인 상담과 치료뿐 아니라 요가, 태극권 등을 통해서 몸과 마음이 건강해지는 곳이죠."

나는 조심스럽게 질문을 던졌다.

"왕족이시고 엘리트 코스를 밟아왔는데, 일반인들의 고충과 아품을 이해할 수 있으세요?"

"저희 오만의 왕족들은 일반인들과 함께 어울려서 생활하며, 다들 똑같은 교육을 받고 자기 직업을 가져요. 저 역시 공립학교에 다녔고, 요르단에서 대학을 다닐 때는 다양한 출신의 친구들과 기숙사 생활을 했어요. 호주에서는 이민자들을 대상으로 상담을 많이 했고, 지금도 다양한 사람을 매일 직접 상담하고 있는 걸요. 전 제 직업을 사랑해요. 환자들이 나아지는 모습을 보면 얼마나 보람이 있는데요."

그녀는 진심으로 행복해 보였다. 똑 부러지면서도 따뜻하고 상냥한 그녀는 "오만 커피 한번 마셔볼래요?" 하며 직접 커피를 따라준다. 그러자 커피를 따라주러 온 하녀가 민망해한다. 나는 문득 저 하녀의 꿈이 무엇일지 궁금해졌다.

바스마의 '마음 스파' 다음 꿈을 물었다.

"제 다음 꿈은 정신적인 문제를 겪고 있는 여성들과 아이들을 위한 쉼터를 만드는 거예요. 가정불화, 우울증, 학대, 유전적인 문제 등 원인이 무엇이든 그들의 마음이 다시 건강해질 수 있도록 돕고 싶어요. 가정의 중심인 여성이 건강해야 사회 전체가 건강해지거든요. 그게 왕족으로서 제게 주어진 특권들을 사회에 보답하는 길이기도 하고요."

다음 날 아침, 내가 묵고 있는 친구 집에서 매일 생글생글 웃으며 커피를 만들어주는 스리랑카 출신의 가정부 지타와 인사를 나

 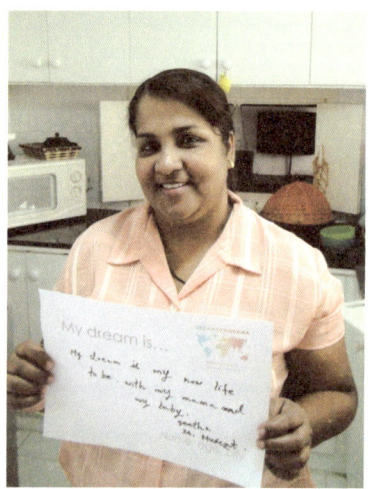

몸과 마음을 치유하는 정신과 의사이자 오만의 왕족인 바스마(왼쪽)와 스리랑카로 돌아가 새 삶을 시작하는 것을 꿈꾸는 가정부 지타(오른쪽).

누었다. 어제 바스마의 집에서 하녀에게 호기심을 가졌던 점도 있고 해서 그녀의 사연을 물었다.

"스물한 살에 딸을 낳았어요. 그런데 전남편은 무직자에 툭하면 술을 마시고 주먹을 휘두르곤 했어요. 딸을 위해서라도 이혼했어야 했고, 8년 전인 스물여섯 살에 두바이로 가서 가정부로 일하기 시작했죠. 두바이에서 4년간의 계약이 끝나고는 여기 무스카트로 왔어요. 하루에 세 집을 돌면서 청소일을 한답니다."

"행복하세요?"

"행복하죠. 이렇게 내 힘으로 일할 수 있고, 큰돈은 아니지만 제가 번 돈으로 우리 딸이 학교에 갈 수 있으니까요."

"지타는 꿈이 뭐예요?"

"스리랑카로 돌아가서 엄마와 딸과 함께 새 삶을 시작하는 거요. 셋이서 함께 살 수 있다면 신에게 감사하며 매일 행복할 수 있을 것 같아요."

이 지구에 사는 사람은 70억 명. 생김새도, 살아가는 모습도 저마다 다르다. 왕족으로 태어난 사람도 있고, 부패한 권력에 저항하다 총을 맞은 사람도 있다. 가족을 위해 머나먼 타국 땅까지 와서 막노동하는 사람도 있고, 자기 집에 방이 몇 개인지 모르는 사람도 있다. 몸이 아파도 돈이 없어 병원에 가지 못하는 사람이 있지만, 마음이 아파서 '마음 스파'를 찾아가는 사람도 있다.

그 70억 명을 일렬로 줄 세워 누가 더 잘났고 못났는지 따진다면 어떨까? 나보다 더 잘난 사람, 더 좋은 형편에 있는 수억 명과 나를 비교하기 시작한다면? 아마도 인생이 괴로워서 살 수가 없을 것이다.

중요한 것은 사람들이 살아가는 모습과 인생의 크기는 달라도 모두에게 공평하게 하루 24시간이 주어진다는 것, 그 시간을 더 나은 미래를 꿈꾸는 기회로 삼을 수 있다는 것이 아닐까. 지배계층에게도, 저항 계층에게도, 노동자에게도 꿈은 있고, 그 모든 꿈은 아름답고 우리는 꿈꿀 수 있어 아름다운 존재들이다.

* 바스마의 이야기는 제게 한국에 '마음스파'를 차리고 싶다는 영감을 주었습니다. 실질적인 공간은 아니지만 〈마음스파〉라는 제목의 책을 통해서 사람들의 마음을 치유하는 가상의 공간을 만들었으니 꼭 찾아주세요.

마음스파

차도르 속
섹시한 그녀들

이란을 부르는 수많은 명칭 중의 하나는 바로 '대조의 나라'. 세계 유일의 이슬람 공화국으로 종교경찰이 옷을 비롯한 사람들의 행동 양식까지 간섭하는 나라. 하지만 상당수 사람의 마인드는 웬만한 유럽보다도 개방적인 나라. 사람마다 말이 다르고, 모든 것이 모순적인 나라.

처음엔 아무 생각 없이 그냥 런던에서 서울까지 가는 길에 있는 나라니까 가보자고 생각했다. 그런데 이란 비자 받기가 얼마나 힘든지 터키에서 우즈베키스탄까지 2개월간 시간 낭비, 돈 낭비, 마음고생을 잔뜩 하게 되면서 오기로라도 가고 싶어졌다.

두바이 주재 이란 대사관에 비자를 받으러 가던 날. 경비원이 얼굴과 손을 제외한 모든 부위를 가리지 않으면 입장할 수 없다 하여 울며 겨자 먹기로 근처 가게에서 까만 망토 아바야를 하나 사서 쓰고 들어가야 했다.

이란에 입국하는 비행기에서부터 여자들은 옷차림을 다시 한번 확인해 달라는 방송이 나온다. 사뭇 긴장되는 마음으로 머리에는 스카프를 두르고 긴 팔에 헐렁한 옷을 입었지만, 공항 직원들이 자꾸 쳐다보는 것에 마음이 편하지 않다.

'내가 복장 불량인가? 아니면 외국인이라서?'

쉬라즈 공항에서 택시를 타고 내 카우치서핑 호스트가 되어줄 아미르와 나심의 집으로 향했다. 12평 남짓한 방 한 칸의 작은 아파트에는 온갖 사진이 벽을 채우고 있었는데, 흥미롭게도 섹시한 의상과 메이크업을 한 모델들의 사진이 여럿 있었다. 아니, 이란에서 이렇게 입고 다니는 여자들이 있단 말이야?

조그마한 인터넷 회사를 운영하는 스물아홉 살의 아미르와 병원에서 연구원으로 일하는 스물여덟 살의 나심은 자기들 먹고살기만도 바쁠 텐데 낯선 손님을 3박 4일간 지극정성으로 보살펴 준 참 인심 좋은 커플이다. 나심은 나의 옷차림을 보더니 상의가 엉덩이를 완전히 덮어야 하고 몸매를 드러내면 안 된다며 내 손을 이끌고 시장으로 갔다. 나는 그녀가 추천하는 대로 무릎 위까지 오는 재킷 겸 셔츠인 만투를 몇 벌 샀다.

막연히 이란 사람들이 보수적일 거라 생각했지만, 아미르와 나심과 함께 지내며 그들의 자유로운 사고방식에 신선한 충격을 받았다. 그도 그럴 것이 이란의 국영 방송은 온갖 종교적인 내용만 틀어대지만, 외국에 기반을 둔 이란 채널들에서는 해외에서 자유

아름다운 도시 이스파한에서 만난 소녀들.

롭게 살아가는 이란인들의 모습을 담은 드라마와 〈아메리칸 아이돌〉 같은 다양한 리얼리티 쇼가 연일 방영되고 있었다.

그래서인지 굳이 외국에 나가본 적이 없어도 그들의 사고방식은 서구적인 것에 가까웠다. 물론 정부에서 종종 위성 접시를 떼어버리는 행패(?)를 부리지만, 사람들은 그걸 또 사고 또 사며 계속 그런 채널들을 봤다. 그러다 보니 사람들은 바깥에서보다는 집에

온몸을 꽁꽁 싸맨 이란의 여성들.

서 즐기는 것을 선호했다. 법적으로 알코올이 금지되어 슈퍼에서는 무알코올 '이슬람식 맥주'만 살 수 있다지만 암시장을 통해 온갖 종류의 술을 살 수 있고, 집에서 하는 파티에서 술을 진탕 마시는 것 역시 흔한 일이다.

내가 가장 궁금했던 것은 여성들이 꽁꽁 싸맨 차도르 속에 무엇을 입고 있나 하는 것이었다. 나심은 집에서 보기 민망할 정도의 핫팬츠를 입고 다녔는데, 여기저기 하우스 파티에 따라다녀 보니 다들 웬만한 유럽 여성들보다도 더 화려하고 섹시하게 입고 있었다. 아마도 밖에서 미모를 뽐낼 수 없다 보니 하우스 파티에 입을 의상에 더더욱 신경을 쓰는 듯했다.

사진에 큰 열정을 가지고 있는 아미르와 나심은 부업으로 비밀 스튜디오를 운영한다. 주로 개인 소장용으로 여성들의 섹시한 화보를 찍는 경우가 많았는데, 내가 거기서 지내던 중에도 촬영이 하나 잡혀 있었다. 차도르를 입고 스튜디오에 들어선 여성 고객은 들어 오자마자 차도르를 벗어 던졌고 가슴골과 몸매를 강조하는 섹시한 드레스가 드러났다.

아미르가 카메라를, 나심은 반사판을 들고 모델의 포즈를 지도하면서 촬영 내내 둘의 호흡이 척척 맞았다. 촬영이 끝나고 서비스로 내 사진도 몇 장 찍어주었는데, 그다지 섹시하지는 않지만 몇 장만 찍었는데도 꽤 마음에 드는 사진이 나왔다.

쉬라즈에서의 마지막 밤, 며칠간 먹여주고 재워준 아미르와 나심에게 감사의 뜻으로 저녁 식사를 대접하기로 했다. 식당의 뒷마당에 자리를 잡은 내가 편하게 히잡을 풀려고 하자 그들은 정색하며 말린다.

"경찰들이 곳곳에서 사람들을 감시하고 있으니 조심해요. 유니폼을 입은 경찰뿐 아니라 사복 경찰들도 많아서 어디든지 안심하면 안 된다고요. 또 심하게 보수적인 사람들이 우리가 잠깐이라도 히잡을 벗은 모습을 본다면 바로 경찰에 신고할 수도 있어요."

평소에는 자유롭고 유쾌한 이들이지만 이때만큼은 경직되어 있었다. 그러잖아도 궁금했던 차, 나는 그들의 생각을 묻기로 했다.

"히잡에 대해 어떻게 생각해요?"

"사람의 복장을 법적으로 규제한다는 게 말이 되나요? 물론 좋

차도르 안의 그녀들은 누구보다 열정적이었다.

아서 입는 사람도 있어요. 하지만 그걸 선택하게끔 해야지 억지로 입게 한다는 건 인간의 자유 의지에 어긋난다고요."

"고대 이란, 아니 페르시아는 고도로 발달한 문명사회였어요. 그런데 아랍인들이 이슬람 종교를 전파하면서 자신들이 사막에서 살던 습관을 마치 종교적 의례인 양 강요한 것이 여기까지 온 거죠. 이슬람 혁명 이전에 이란은 중동이나 중앙아시아 국가보다 훨씬 더 자유로운 나라였는데, 그놈의 골수파들이 이렇게 만들어버린 거예요. 이란 국민의 80%는 온건주의자인데, 나머지 20%의 극단주의자들 때문에 숨을 쉴 수가 없어요."

두 사람은 한숨을 내쉬었다. 히잡 이야기를 시작으로 그들은 팟대를 세워가며 정부에 대해 열변을 토했다.

"우리의 선택은 하나뿐이에요. 어떻게든 외국으로 나가서 자유롭게 사는 것."

'그래서 두 사람이 외국에 한 번도 나가본 적이 없으면서 완벽한 영어를 구사하고, 해외 소식을 훤히 알고 있었구나.'

함께 지내는 4일 내내 그들은 나의 호주 교환학생 프로그램과 영국의 석사 경험에 대해 속사포처럼 질문을 쏟아냈다. 내가 굳이 얘기해주지 않아도 그들은 이미 서구권의 비자와 유학 정보를 꿰뚫고 있었다. 그들의 표정은 결연했다. 특히 나심의 꿈은 내가 이 프로젝트 중 만난 누구의 꿈보다도 구체적이었다.

"제 꿈을 이루기 위한 첫 번째 단계로 호주 그리피스 대학에 박사과정을 지원했어요. 거기 재직하시는 닐 해리스라는 교수님 밑에서 공부할 수만 있다면, 특히 장학금을 받을 수 있다면 바랄 게 없을 것 같아요!"

버스 터미널까지 배웅 나온 그들에게 나는 꼭 그들의 꿈이 이루어졌으면 좋겠다며 몇 번이고 포옹했다.

4개월 뒤, 아미르가 그들의 스튜디오에서 찍었던 내 사진과 함께 반가운 소식을 전했다. 나심이 그토록 원하던 그리피스 대학으로부터 입학 허가를 받아 호주로 가게 되었다는 것이다. 그것도 전액 장학금을 받고, 닐 해리스 교수님 밑에서 박사과정을 하는 조건으로. 놀랍게도 그녀가 말한 모든 것이 이루어진 것이다! 그들은 골드코스트에 자리를 잡았고, 그들의 인터넷 사진 앨범에는 해변에서

"우리의 선택은 하나뿐이에요.
어떻게든 외국으로 나가서 자유롭게 사는 것."

비키니를 입은 모습이나 당당하게 야외에서 섹시한 옷을 입고 찍은 사진들로 가득하다. 다시는 차도르 입을 필요도 없고, 사진도 더는 숨어서 찍을 일도 없고……. 자유의 꿈은 그렇게 이루어졌다!

...

나는 2014년 골드코스트에서 그들을 만나 또다시 하룻밤 그들의 집에서 머물렀다. 나심은 박사과정 중이었고 아미르도 호주회사에 취업해서 행복한 일상을 누리고 있었다. 그들은 호주사회에 완벽하게 적응했고 그들이 간절히 원했던 자유는 숨 쉬는 것처럼 당연한 일이 되었다.

금지된 나라,
금지된 꿈

    이란의 수도 테헤란은 어느새 가을이었다. 낮에는 27도의 완벽한 온도였지만 밤에는 바람이 쌀쌀해졌고, 오랫동안 더운 나라만 돌아다니던 나는 밤바람에 감상에 젖곤 했다.

    테헤란에 가기 전 다큐멘터리 감독이자 뮤지션인 콘도르를 카우치서핑을 통해 알게 되었다. 촬영에 관해 메시지를 수십 통 주고받다가 그는 아예 자신의 집에 와서 지내라며 초대했다. 그래서 방송국 PD인 아빠와 유리공예가인 엄마, 콘도르, 그래픽 디자이너를 꿈꾸는 열일곱 살의 여동생 제이란 이렇게 네 식구가 사는 집에서 1주일간을 머무르며 다큐멘터리 촬영 방법을 배웠다.

    콘도르의 집에서는 가만히 있어도 예술적인 영감이 피어올랐다. 한참 미뤄두었던 글도 미친 듯이 썼고, 매일 밤 그들의 즉흥 기타 연주에 맞춰 노래를 부르고 영상 편집도 배웠다.

그렇게 함께 어울리는 속에서 콘도르의 친구 마지드를 알게 되었다. 그는 밤마다 기타를 들고 와서 콘도르 부자와 기타를 치곤 했다. 딱히 곡을 정하지 않고 마지드가 기타의 선율을 잡으면, 콘도르가 간주하고 콘도르의 아버지가 기타를 뒤집어 드럼처럼 두드리며 즉석 콘서트가 열렸다.

음악가의 꿈을 위해 콘도르 집 건물 지하 창고에서 살고 있는 마지드. 그는 외국에 한 번도 나가본 적이 없지만, 한때 호텔 식당에서 웨이터로 일하며 배운 완벽한 영어로 이야기했다.

"이슬람 혁명 이후부터 이란에선 공공장소에서 음악을 연주하는 게 금지되어 있어요. 이슬람의 원칙에 어긋난다는 거예요. 코란엔 그런 구절이 없는데 해석을 그렇게 하는 사람이 있어서, 하하. 전통 음악이나 종교 음악 외의 음악은 할 수가 없으니, 뮤지션의 삶이라는 건 존재하지도 않죠. 그래서 부모님은 음악가의 꿈을 반대했어요.

열여덟 살 때 제가 꿈꾸던 기타를 발견했는데, 무려 300달러(약 34만 원)나 했어요. 당시 우리 아버지 한 달 월급이자 우리 가족 6명을 먹여 살리던 돈이죠. 하지만 도저히 그 기타를 포기할 수 없어서 악기점 사장님한테 내가 그 기타 꼭 살 거니까 절대로 다른 사람한테 팔지 말라고 했죠. 아무 대책도 없이. 제가 자란 남부 지방에는 석유가 풍부해서 집 근처에 유정이 많았는데, 그곳에 막노동꾼으로 취업을 했어요. 100달러(약 11만 원)의 월급을 받았고, 5달 뒤에 그 기타를 살 수 있었죠."

콘도르의 집에서는 가만히 있어도 예술적인 영감이 피어올랐다. 한참 미뤄두었던 글도 미친 듯이 썼고, 매일 밤 그들의 즉흥 기타 연주에 맞춰 노래를 불렀다.

마지드는 잠시 생각에 잠기는 듯하더니 계속 말을 이어갔다.

"음악을 배우기 위해서 수십 가지 일을 거쳤지만, 정작 일에 치여 레슨을 받을 시간이 없었어요. 모순이지요. 이란의 많은 사람의 상황이 그래요. 꿈은 있는데 그 꿈을 이루기 위해서 먼 길을 돌아가야 해요. 그런데 그 길이 너무 멀어서 어느 순간 내가 왜 여기에 있는지도 모른 채 아무 생각 없이 그냥 그 길을 걷고 원래의 목적지인 꿈을 잊게 되죠. 저 역시 10여 년간 음악 하나를 위해 수십 가지 일을 해왔는데, 이러다가는 제 꿈도 인생의 목적도 잊어버릴지 모른다는 생각에 정신이 번쩍 들었어요. 그래서 음악에 모든 걸 전념하고자 이렇게 테헤란으로 왔어요. 뭐가 됐든 음악에 관련된 일을 해보겠다고."

그는 기타를 치며 밥 딜런의 'Knocking on Heaven's Door'를 부르기 시작했다. 기타를 치는 것은 그의 손가락이 아니라 그의 인생과 열정과 꿈이었고, 노래를 부르는 것은 그의 목소리가 아니라 삶의 애환과 눈물이었다.

"가끔 그런 생각도 들어요. 음악가가 되고 싶다는 거, 지극히 평범한 꿈이잖아요. 이란만 제외하고요. 왜 하필 내가 이란에서 태어났을까, 왜 하필 이토록 가난한 집안에서 태어나 이렇게 고생해야 하나 한탄스럽기도 해요. 하지만 내가 이란에서 태어난 것도, 우리 가정에서 태어난 것도, 이슬람 혁명이 일어난 것도, 이미 일어난 일이니까 바꿀 수 없잖아요. 그러니까 내가 할 수 있는 것에 집중해야죠. 다행히 콘도르 가족의 배려 덕분에 이 건물의 지하 창고에 무료로 방을 마련할 수 있었어요. 먼지 풀풀 나던 창고를 청소하고 벽지를 바르고 카펫을 깔고 전기를 연결해서 내 방을 만들었죠. 적어도 방값 걱정은 하지 않고 음악에만 전념할 수 있어 정말 행복해요."

내가 이란을 떠난 뒤에도 마지드는 수차례 이메일을 보내왔다. 음악을 할 수 있는 다른 나라로 떠나겠다고. 하지만 서구권은 비자를 받기도 힘들고 돈도 많이 드니 일단 인도에 가겠다며 돈을 모으는 중이라 했다. 그와의 마지막 대화가 그가 부르던 노래와 함께 가슴속에 맴돈다. 마치 어둠 속에서 천국의 문을 두드리듯…….

"마지드는 10년 뒤 어디서 무엇을 하고 있을까요?"

"나는 음악으로 세상을 바꾸고 싶어요. 아마 10년 뒤에 나를 만

"음악으로 세상을 바꾸고 싶어요."

났을 땐 이미 앨범을 낸 뮤지션이 되어 전 세계를 여행하고 있을 거예요. 아프리카 어딘가에서 한 부족의 음악을 들으며 그걸 메모하고, 그렇게 지구 곳곳에서 받은 영감을 바탕으로 더 훌륭한 음악을 만들고 있겠죠. 내 삶이 녹아든 그런 음악, 사람들을 치유할 수 있는 그런 음악을……"

"행복하세요?"

"행복해지려고 노력해요, 최대한."

Chapter 3

레바논 + 요르단 + 이스라엘 + 팔레스타인

꿈꾸는 것이
사치일지라도

오스카 피스토리우스는 다리가 없어도 달린다.
아후바는 성대가 없어도 노래를 한다.
과연 우리는 무엇을 핑계로 꿈을 포기하고 있는가.

살람알라이쿰,
메르하바 레바논!

ON AIR 사인이 켜졌다. 나는 초조한 마음을 가라앉히고 "아에 이오우"하며 입 근육을 풀어주었다.

"살람 알라이쿰, 메르하바 레바논! 이스막 수영, 아나 멩 코레아(안녕하세요 레바논! 제 이름은 수영이고요, 저는 한국에서 왔어요)."

지금은 레바논 VDL 라디오의 〈BE YOUR OWN BRAND(당신 스스로 브랜드가 되세요)〉 프로그램 생방송 중. DJ인 밀라드는 대본도 없이 즉흥적으로 내가 준 자료만으로도 아랍어와 영어를 섞어가며 재치있게 나를 소개한다.

한국이 한류의 중심이라면 레바논은 '중동의 파리'라고 불릴 만큼 문화와 예술의 중심지이다. 레바논의 인기 연예인은 중동 전체에서 인기를 얻는다고 해도 과언이 아닐 정도로 레바논의 미디어는 아랍어권에서 막강한 영향력을 행사하고 있다. 그래서 레바논에 도착하기 전 꿈의 파노라마에 관심 가져줄 만한 매체가 없는지 수소문했다. 그렇게 알게 된 다큐멘터리 영화감독 모하마드는 내 프로젝트가 흥미롭다며 언론에서 일하는 다양한 친구들에게 나를 소개해주었고, 내가 레바논에 도착하기도 전에 인터뷰를 잡아주었다.

첫 번째 인터뷰는 Future TV의 〈나스 우 나스(사람과 사람)〉 토크쇼. 스튜디오에서 메인 쇼가 진행되지만, 나는 5분 정도 짧게 쉬어가는 코너에 소개되는 터라 무하마드의 사무실에서 편안한 분위기로 리포터 차디와 인터뷰를 했다. 온갖 조명과 카메라 앞에 서니 긴장되었지만, 차디의 유창한 영어와 매끄러운 진행 덕분에 NG 없이 20분 내로 인터뷰가 끝났다.

이후 〈나스 우 나스〉의 메인 진행자 밀라드가 그 인터뷰를 보고 자신이 진행하는 라디오 프로그램에도 초대한 것이다. 넉넉한 몸집에 유머 감각이 뛰어난 그와의 방송은 무척이나 유쾌했다.

"이제까지 한 인터뷰 중에 제일 황당한 게 뭐예요?"

"황당이라고 하기는 그렇지만 우즈베키스탄의 사막에서 고속도로를 건설하는 노동자에게 꿈을 물어봤는데, 우즈벡어도 모르고 통역해줄 사람도 없어서 그냥 그가 하는 말만 촬영했거든요. 나중에 알고 보니 저 같은 여자와 사랑에 빠지고 싶다고 했더라고요. 그땐 너무 늦었지 뭐예요."

깔깔 웃는 그는 내 이야기를 아랍어로 통역한다.

"수영 씨의 꿈은 뭐예요?"

꿈의 파노라마 프로젝트를 여러 곳에 소개해준 모하마드와 〈나스 우 나스〉의 스태프들.

"제 꿈은 사람들이 꿈을 찾고, 그 꿈을 이룰 수 있도록 영감을 주는 것이에요."

방송 주제에 맞게 '꿈'에 관한 영어와 아랍어 노래를 번갈아 선곡하던 밀라드가 혹시 레바논 대중문화에 관심 있냐고 물었다. 벨리댄스를 배우면서 아랍어 노래를 많이 들었는데, 특히 레바논 출신의 가수 낸시 아즈람의 팬이라고 답했다. 그러자 그가 갑자기 그 가수의 노래 '라운 오유낙 (lawn oyunak)'을 틀면서 불러보라기에 당황스러워 얼굴이 빨개진 채로 조용히 후렴 부분만 불렀더니 더욱 깔깔 웃었다.

1시간의 방송 끝에 ON AIR 사인이 꺼졌다. 중간중간 광고가 나갈 때마다 아이폰으로 같이 찍은 사진을 바로 페이스북에 올린 그는 방송이 끝날 때쯤 코멘트가 수십 개 달렸다며 보여준다. 토크쇼 진행자, 라디오 DJ뿐 아니라 다른 토크쇼의 콘텐츠 프로듀서이자 이미지 컨설턴트로 자신의 회사를 갖고 있다는 밀라드는 다음 방송 때문에 급히 이동해야 하지만, 다시 만날 일이 있을 거라며 명함을 주고는 빨간색 컨버터블 벤츠를 타고 사라졌다.

다음 날, 그는 전화를 걸어왔다.

"하비비! 이번 주 목요일 오후에 시간 돼요?"

"그럼요! 메이아, 메이아(100%, 100%)!"

"레바논에서도 가장 유명한 여자 진행자인 라비아 알 자얏의 토크쇼에 내가 콘텐츠 프로듀서로 일하는데, 거기에 수영 씨를 초대하고 싶어요. 출연해줄 수 있어요?"

"어머나, 함둘라(신에게 감사)! 당연히 출연해야죠."

밀라드는 알라딘의 램프에 나오는 지니처럼 끝도 없이 새로운 기회를 가져다준다. 인터넷으로 라비아의 이름을 검색해 보니 레바논의 오프라 윈프리라고 할까. 자신의 이름을 건 토크쇼를 성공적으로 진행하고 있는 유명 방송인이었다.

배낭여행자라 예쁜 옷이 없지만, 그나마 가장 근사한 까만 원피스를 입고 열심히 화장하고 산꼭대기에 있는 Al Jadeed 방송국에 도착했다. 〈나스 우 나스〉처럼 사람들 살아가는 이야기를 하는 프로그램인 줄 알았는데, 화려한 스튜디오에서 대여섯 명의 연예인이 출연해 다양한 주제로 대화를 나누면서 중간중간 밴드의 간주에 맞춰 노래도 부르는 버라이어티쇼였다.

레바논의 오프라 윈프리라 할 수 있는 라비아의 토크 쇼.

여기저기 녹화장, 작은 스크린이 수십 개 있는 편집실과 상황실, 분장사와 미용사가 대기하고 있는 대기실 등 방송국의 풍경은 한국이나 레바논이나 비슷하다.

때가 되자 내가 출연할 차례라며 누군가 나를 불렀다. 5~10분 정도의 짧은 인터뷰라서인지 딱히 대본도 없이 바로 방송에 투입되었다. 스튜디오에 입장하는 장면에서 카메라 각도를 잘 맞추지 못해 NG를 내기는 했지만 바로 녹화가 시작되었다.

"365일 동안 365명의 꿈을 인터뷰한다니, 참 멋진데요. 어떻게 레바논에 오시게 되었어요?"

"레바논은 참 매력적인 나라예요. 작은 나라지만 대중문화가 중동 전체에서 사랑받고 있고, 음식은 전 세계적으로 유명하며 미남

"2년 후 은퇴해서 가족들과 함께 시골에서 살고 싶어요."

미녀도 많지요. 한편으로 무려 18개의 종교가 있고, 내전을 비롯한 아픈 역사가 있어 레바논 사람들은 어떤 사연과 꿈을 갖고 있을까 궁금해서 오게 되었답니다."

다른 패널들 역시 질문을 쏟아냈다.

"꿈이 83개나 있다면서요? 어떤 꿈을 이루셨어요?"

"가장 기억에 남는 꿈이 뭐예요?"

"가장 황당한 꿈은요?"

"아랍어 노래를 좋아한다고 하셨는데, 혹시 가수가 되고 싶은 꿈은 없어요? 낸시 아즈람 같은?"

라비아의 미소 띤 질문에 나는 이제야 밀라드의 작전(?)을 파악했다. 그러면 그렇지. 괜히 버라이어티 토크쇼에 출연한 것이 아니었다. 라디오 출연 후 한(?)이 맺혀 가사를 열심히 외웠길 망정이지 이번엔 절대 부끄러워하지 않겠다!

"그럼요. 제가 낸시 아즈람의 노래를 한번 불러볼까요?"

라비아와 패널들 모두 기대 가득한 눈빛으로 바라보는 가운데 밴드가 간주를 시작했다.

너무 긴장해서 노래를 어떻게 불렀는지 기억이 안 난다. 노래를 부르고 몇 마디 더한 뒤 내 코너가 끝났고, 스태프들이 커다란 과일 바구니를 선물로 가져다주었다.

과일 바구니를 들고 산꼭대기에 있는 방송국에서 내려오는 길. 아래로 내려다보이는 베이루트가 내게는 마법의 도시처럼 느껴졌다.

'별처럼 총총 빛을 밝힌 수많은 집에서 텔레비전을 통해 사람들이 내 얼굴을 본단 말이지? 먼 나라에서 온 김수영이 아랍어로 노래 부르는 모습을? 인생, 참 재밌다.'

나는 레바논에서만 약 한 달 동안 텔레비전, 라디오, 신문을 통해 총 6개 미디어에 소개되었다. 그뿐 아니라 아르메니아, 에미리트 연합, 인도, 싱가포르, 네팔, 중국, 대만 등 8개국의 30여 개 매체에서 꿈의 파노라마 프로젝트가 소개되었다. 사람들이 생각하는 것은 다르면서도 다들 비슷한지 질문도 비슷비슷했고, 기사의 콘셉트도 비슷했다. 북한 식당에서 기자와 밥을 먹으며 인터뷰했던 네팔 최대 신문 〈칸티푸르〉가 다소 엉뚱하게 '남북통일'에 초점을

126

둔 것을 제외하고는 말이다(이 신문은 기사 제목도 '한 미녀의 꿈의 여행'이라고 달았다. 기자님이 대동강 맥주 몇 잔에 취하셨던 걸까?).

물론 내가 가만히 있는데 그들이 찾아와 언론에 소개한 것은 아니다. 매번 새로운 나라에 갈 때마다 카우치서핑을 통해 미디어 계통에 있는 사람들에게 보도자료를 보내면 열에 하나쯤은 관심을 보였고, 그것이 언론 소개로 이어졌다. 그러다 보니 이렇게 토크쇼도 출연하고, 뭄바이에서는 우연히 친구 소개로 패션쇼에서 워킹도 하였으며 '모델'로서 신문에 실렸다. 또 한 사진작가가 365일 동안 365명의 트위터리안을 소개한다는, 다소 비슷한 콘셉트의 프로젝트가 있어 서로 인터뷰를 하다가 〈뭄바이타임스〉에 내 트위터 계정이 소개되는 등 재미있는 일이 많았다. 이렇게 김수영의 '들이대 작전'은 세계에서도 먹혔다.

내가 이처럼 홍보 활동을 적극적으로 하는 이유는 단 한 가지이다. 지금 이 순간 절망하고 있을 그 누군가 한 명이라도 다시 꿈에 대해 생각해보기를 바라는 마음에서다. 그리고 그 마음이 전달되었는지 세계 곳곳의 많은 사람으로부터 연락을 받았다.

유독 열정적이던 레바논의 한 자매는 꿈의 파노라마 페이스북에 수시로 자신의 꿈을 밝히더니 전액 장학금을 받아 프랑스에 박사과정을 밟으러 가는 등 꿈을 이루는 과정을 공유하며 함께 행복을 나눴다. 싱가포르 〈스트레이트 타임스〉 기자와 인터뷰하며 "싱가포르 사람들은 살기가 편해서 그런지 3C(car, condo, country club membership)에만 신경 쓰고, 특별히 인상 깊은 꿈이 없던 것 같아요"했다가 여러 사람에게 항의 메일을 받기도 했고, 싱가포르에도 이렇게 고생한 사람이 있다며 자서전에 가까운 이메일을 보내온 사람도 있었다.

인도의 신문에 소개된 뒤 한국 드라마를 사랑하는 인도인 소녀들의 한류 팬클럽이 내 웹사이트에 대거 '성지 순례' 와서 응원 메시지를 남겨주는 행복한 일도 있었다. 심지어 탄자니아의 빈민 학교에서도 편지가 날아오고, 한국 여자에게 프러포즈를 앞둔 러시아 총각이 편지를 보냈기에 응원 동영상을 보내주었더니 두 사람이 결혼을 결정했다는 행복한 소식도 들렸다.

꿈이란 언어와 문화를 초월하는 것인지, 이렇게 다른 삶을 살아온 다양한 사람들로부터 열렬한 지지를 받으니 가슴이 벅찼다. 〈칸티푸르〉 신문 기사에 실린 한 구절 "친구야, 네 꿈을 좇아봐. 그러면 인생은 완전히 달라질 테니까 "처럼 나는 더 많은 이에게 꿈을 말하고 나눌 것이다.

행복 코치의
레슨

베이루트를 떠나 요르단 암만에 도착한 지 몇 시간도 채 되지 않아 '행복 코치' 자피라의 집을 찾아 주택가를 헤맸다. 한참을 헤매던 중 잘 정돈돼 보이는 정원에 다소곳하게 피어 있는 꽃들에 왠지 모르게 느낌이 꽂혀서 주소를 확인해보니 이 집이 맞는 것 같다. 벨을 누르니 히잡을 두르지도 않고 캐주얼한 반소매 남방에 청바지를 입은 자피라가 나를 맞아준다. 그녀를 만나자마자 궁금했던 질문을 던졌다.

"행복 코치란 무엇인가요?"

"라이프 코치와 비슷한 개념인데, 사람들의 행복에 초점을 맞추어서 불행한 사람들이 다시 행복해질 수 있도록 도와주죠. 그들이 불행한 근본 이유를 찾아 극복하게끔 도와주고, 행복해지는 습관과 기술을 가르쳐 주며, 미래의 비전을 다시 찾도록요."

"사람들이 행복의 과학을 배울 수 있는
행복 재단을 만들고 싶어요."

    기존의 심리학은 문제가 있는 사람을 정상인으로 만드는데 초점을 맞추었다. 이로 인해 정신병의 분류가 가능해지고 우울증을 비롯한 몇몇 정신병은 치료에 효과를 보는 성과를 냈지만, 이런 심리학이 정상인을 더 행복하게 만드는 데는 아무런 역할을 할 수 없다는 점에 회의를 가진 학자들이 있었다. 우리에게도 잘 알려진 칙센트 미하이, 조지 베일런트, 마틴 셀리그먼 같은 학자들은 심리학의 새로운 역할을 집중적으로 모색했다. 그들이 1990년대 중반 확립한 분야가 바로 '긍정 심리학', 즉 '행복의 과학'이다.

어렸을 때부터 히잡을 거부하며 기존의 전통과 가치에 부단히도 반항해 문제아 취급을 받았다는 자피라. 나이가 들수록 다른 사람의 시선에서 벗어나지 못하고 자신을 억압하며 불행해 하는 주변 사람들을 보며 라이프 코치가 되기로 했단다. 그러다가 행복의 과학에 관심을 가지게 되어 이를 집중적으로 공부하였고, 이후 일대일 코칭뿐 아니라 그룹 워크숍과 독서 클럽, 시네마 클럽 등을 통해 다양한 방식으로 사람들의 행복을 돕는다.

"코칭을 통해서 사람들이 변하나요?"

"대부분은 변하지만, 결국은 자신의 마음가짐에 달린 문제인 것 같아요. 어떤 사람은 자신의 온갖 문제에 대해 불평불만을 하고 누군가 자신의 이야기를 들어주기 원하지만, 막상 비참한 삶에서 벗어나려고 하지 않아요. 예를 들어 어떤 사람이 과거에 자신에게 상처를 주었다면 그 사람을 용서하는 것이 최선이죠. 하지만 그걸 알면서도 용서하지 않으려 한다면 계속 그 상처와 미움 속에서 살아가게 돼요. 그게 쉽지 않다는 걸 알면서도 그런 사람들을 보면 안타까워요."

내게 이메일을 보내는 사람들 중에는 자신이 세상에서 가장 불행한 사람인 양 호소하는 이들이 있다. 그들의 상황이 안타까워 정성 어린 조언을 해주면 그들은 또 다른 불행들을 들먹이며 끝도 없이 신세 한탄만 하니 도와주려는 사람까지 기운 빠진다. 계속 그러다 보면 주변 사람들까지 하나둘 멀어지면서 외로워지고 더 큰 불행의 구렁텅이로 빠지게 되지 않을까.

"사람들이 불행하다고 느끼는 주된 이유가 뭘까요?"

"행복의 과학에서는 사람이 행복하거나 불행하다고 느끼는 이유는 50%가 유전적, 10%가 상황적, 40%가 스스로의 생각과 행동에서 비롯한다고 봐요. 유전적이라는 부분은 부모가 느끼는 행복의 정도가 아이에게 영향을 미치고, 그것이 사고방식을 컨디셔닝 한다는 얘기죠. 최근의 이론은 인간 스스로 유전자까지 조절할 수 있다고 보지만요. 중요한 건 40%는 스스로 통제 가능하다는 점이죠."

"그럼 행복해지기 위해 어떻게 그 40%를 바꿀 수 있나요?"

"사람마다 행복의 공식은 달라요. 하지만 행복해지는 습관은 가질 수 있어요."

나는 귀를 쫑긋 세우고 노트와 펜을 꺼냈다.

"건강은 행복의 첫 번째 조건이에요. 한마디로 잘 먹고 잘 자고 잘 쉬고 잘 싸야 하는데, 특히 일찍 자고 일찍 일어나는 게 중요해요. 새벽에 자고 낮에 일어나는 건 몸과 마음에 별 도움이 되질 않죠. 그다음으로 중요한 것은 운동이에요. 하루에 최소 20분 이상 운동하면 세로토닌과 엔도르핀이 돌아 행복해지는 느낌이 들어요. 의학적으로 우울한 사람들을 세 그룹으로 나눠서 실험한 결과가 이를 증명해요. 첫 번째 그룹엔 항우울증 약을 주고, 두 번째 그룹은 항우울증 약 처방과 함께 운동을 시키고, 세 번째 그룹은 운동만 시켰죠. 6개월 뒤 세 그룹 다 진전이 있었지만, 특히 마지막 그룹이 다시 우울해지는 정도가 가장 많이 줄었죠."

"또 다른 행복한 습관은 '감사'하는 거예요. 매일매일 사소한 것 감사하는 습관을 들이는 것만으로 행복도가 25퍼센트 증가한다.

부터 큰 것까지 감사하는 습관을 들이면 행복도가 25%는 증가한다고 하죠. 친절을 베푸는 일도 중요해요. 내 주변 사람이든 낯선 사람이든 의무감에서가 아닌 마음에서 우러나온 친절을 베푸는 거죠. 이걸 하루에 5번 이상 하면 행복은 보장됐다고 해도 과언이 아니에요. 특히 친절을 베풀면 그걸 받는 사람 역시 행복해지고 그 행복이 전염되니 윈윈(win-win)이죠."

"긍정적인 시각도 중요하죠. 많은 사람이 99가지가 완벽해도 1가지 잘못된 부분에 집중해 불평불만을 하는 경향이 있어요. 이는 인간이 동굴에서 살던 원시인 시절 어둠과 동물, 자연재해로부터 자신을 보호하기 위해 위협을 파악하는 능력을 길러왔기 때문이에요. 그래서 부정적인 면에 먼저 시선이 가고, 거기에 집중하는 건 너무나 자연스러운 일이에요. 하지만 특별한 생존의 위협이 없는 현대 사회에서는 의식적으로 긍정적인 면에 집중하는 훈련이 필요해요."

많은 사람이 부모 탓, 학교 탓, 사회 탓을 한다. 나 역시 내게 주어진 환경을 받아들이지 못해 수도 없이 방황하고 세상을 원망했었다. 하지만 그럴수록 불행한 것은 결국 나 자신이었고, 주변 사람들까지 불행하게 만들었다. 하지만 우리가 모두 완벽하지 않은 것처럼 완벽한 가정, 완벽한 교육, 완벽한 사회가 얼마나 있겠는가. 특히 많은 나라를 여행하면서 전쟁과 가난을 겪는 사람들을 보고 난 뒤 나는 이렇게 사지가 멀쩡한 것만으로도, 가족이 살아 있다는 것만으로도, 자유롭게 하고 싶은 일을 할 수 있다는 것만으로도 행운이라는 생각을 하게 되었다.

마음에 들지 않는 것이 있으면 그걸 바꾸고, 바꿀 수 없다면 받아들이는 것이 행복의 지름길 아닐까? 부족한 면을 최대한 메워가는 것이 부족한 면을 탓하는 것보다 나은 태도일 것이다. 중요한 것은 나 자신을 변화시키고, 그다음 주변 사람들을 변화시키고, 그렇게 조금씩 세상을 변화시키는 것이리라.

자피라의 '행복 레슨'은 내가 막연하게 생각해왔던 것들을 말끔히 정리해주었다. 물론 모든 사람이 행복 코치의 코칭을 받을 수는 없지만 사실 최고의 행복 코치는 자기 자신이 아닐까.

외로워도 슬퍼도
나는 안 울어

요르단 암만에서 카우치서핑을 통해 알게 된 스물두 살의 아담이라는 청년과 만났다. 반짝이는 눈빛, 긴 속눈썹이 아름다운 미소년인 그는 나를 '자프라'라는 한 식당으로 안내했다. 아담은 식당에 들어서기가 바쁘게 웨이터들과 손님으로 온 다른 친구들과 껴안고 볼에 키스하면서 인사하느라 정신이 없었다.

"어쩜 그렇게 친구가 많아요?"

"제가 원래 사람들에게 말도 못 걸고, 친구 하나 없었다면 믿겠어요? 제가 이렇게 된 건 다 한 사람 덕분이에요."

요르단 출신인 아담의 아버지는 사업차 이라크에 갔다가 이라크 여인과 사랑에 빠져 결혼한 후 함께 요르단의 수도 암만으로 돌아왔다. 하지만 아담의 형이 열두 살의 나이에 교통사고로 죽자, 그 아픔을 견딜 수 없어 가족을 데리고 다시 이라크 바그다드로 갔다.

새로운 나라에서 사업을 시작한 부모님 모두 일하느라 정신이 없어 어린 아담은 많은 시간을 혼자 보냈다. 친구 하나 없던 아홉 살의 아담에게 다가온 열아홉 살의 아우스는 형이자, 제일 친한 친구자 롤모델이 되어주었다.

"아우스는 성격이 정말 쾌활하고 유머 감각이 넘치고 배려심이 깊어서 모두가 좋아했어요. 컴퓨터 수리 일을 하던 그를 따라다니면서 저 역시 이 사람 저 사람 만났고, 성격도 변했죠. 제가 디지털 애니메이션을 꿈꾸기 시작한 것도 아마 그때부터였던 것 같아요."

사담 후세인 치하에서 일어난 이란-이라크전쟁, 쿠웨이트와 벌였던 걸프전쟁 때만 해도 사는 데 문제가 없었다. 그러나 2003년 이라크전쟁 후 미국에 의한 경제 봉쇄가 시작되면서 상황은 바뀌었다. 곳곳에서 약탈과 폭동이 일어났고, 돈 때문에 사람을 납치하는 일이 종종 일어났다. 당시만 해도 잘살았던 아담의 가족을 노린 이들 때문에 아담 역시 무려 5번에 걸쳐 납치당할 뻔했고, 결국 아담의 가족은 안전한 요르단으로 돌아왔다.

"요르단으로 돌아와서도 아우스와 종종 연락을 주고받았어요. 그러던 중 아우스가 요르단으로 온다더라고요. 모처럼 아우스를 볼 생각에 신이 나 있었는데…… 요르단 국경쯤 왔을 때 마스크를 쓴 무장 괴한들이 아우스와 친구가 함께 탄 차를 멈춰 세웠죠. 아우스의 친구가 미군에 물자를 조달하는 사업을 해서 전부터 그들의 협박을 받아왔는데, 그 친구에게 AK47 소총을 겨냥했고 아우스와 운전기사까지 무자비하게 총을 쏴서 그 자리에서 죽였어요.

저는 인생에서 가장 소중한 친구를 잃고 말았죠."

"……"

"그런데 비극은 거기서 끝이 아니었어요. 이후에 어머니가 암으로 돌아가셨어요. 어머니를 진심으로 사랑했던 아버지에게는 견디기 힘든 고통이었죠. 이라크에서 사업을 성공적으로 하던 아버지는 요르단에 돌아온 뒤 한 회사에 간부로 취직을 했지만, 사내 정치 문제로 강등당하셨어요. 평생 보스 노릇을 하던 아버지에게는 견딜 수 없는 사건이었죠. 그것 때문에 회사를 고소하고 지리한 법정 다툼이 계속되면서 점점 가세가 기울었는데 어머니마저 돌아가시니 완전히 넋을 놓았어요. 아버지가 그렇게 지내신 지도 몇 년째이고 제가 대신 가장 노릇을 하고 있어요. 전 열여덟 살에 귀금속 사업을 시작해서 하루 14시간씩 일했어요. 열심히 일한 덕분에 몇 달 만에 언론에 소개되었고, 사우디아라비아와 카타르, 두바이 심지어 미국에서까지 주문이 들어왔죠. 그런데 동업자인 친구가 욕심을 부리더니 결국은 수를 써서 사업을 가로채버렸어요."

세상에……. 어린 나이에 이렇게 기구한 사연이 많은 사람도 처음이다.

"그때 너무 충격을 받아서 지금은 그냥 회사에서 월급을 받으며 일하고 있죠. 제가 월 350디날(약 56만 원)을 버는데, 월세를 제외하고 나머지 100디날(약 16만 원)로 아버지와 저 그리고 열세 살 여동생이 먹고살아야 해요. 사는 게 참 팍팍해요. 왜 스물두 살밖에 안 된 내가 가족을 부양해야 하나 화도 나고, 그래서 아버지와 많이 싸우기도 해요."

하지만 아담의 표정은 전혀 화난 사람답지 않게 선하고 밝았다. 나는 그에게 내 가족 이야기를 해주었다. 골드만삭스를 그만두고 영국으로 떠날 때, 자신들은 어떡하라고 이렇게 무책임하게 떠나느냐며 엄마는 원망 섞인 눈물을 보였다. 나는 "매달 월급을 받아 엄마 아빠에게 보내고 나면 밑 빠진 독에 물 붓는 것처럼 가난을 벗어나지 못해. 몇 년만 기다려줘. 내 꿈을 이뤄서 크게 성공하면 이 가난의 고리도 자연스럽게 끊어질 테니까" 하며 부모님을 설득했다. 그러고 서른 살이 되기 전에 부모님께 집을 지어 드리겠다는 나 자신과의 약속을 지켰다.

한평생 "송충이는 솔잎을 먹고 살아야 한다"며 꿈이 사치라고 말하던 아버지는 이제 누구보다도 나를 응원해주는 팬이 되셨다. 만약 내가 그때 부모님 때문에 내 꿈을 포기하고 한국에 머물렀다면, 나는 지금까지 부모님을 원망하며 살았을 텐데 말이다. 결국, 내가 행복해야 남들과 행복을 나눌 수 있다.

나의 이야기를 들은 아담의 표정이 한결 밝아졌다.

"그래도 최근에 아버지가 인터넷을 통해서 루마니아의 한 아줌마와 열심히 채팅하더니, 그분이 지금 우리 집에 와서 1주일째 지내고 있어요. 1년 넘게 보지 못했던 아버지의 활기찬 모습이 정말 보기 좋아요. 두 사람이 잘되면 루마니아에 갈 비행기 표도 사야할 테니 아버지도 다시 일해야겠다는 동기부여를 받겠죠?"

어쩌면 이렇게 기특할까. 나 역시 아버지가 그 아주머니와 잘되

"디지털 애니메이션을 공부하고 싶어요.
이라크로 가면서 1년을 까먹고, 요르단으로 오면서 1년을 까먹고,
어머니 병수발하느라 1년을 까먹고…… 결국,
중3까지만 공부하고 학업을 포기해야 했거든요."

었으면 하고 바라본다. 아담의 꿈은 무엇일까?

"귀금속 일도 좋지만 전 공부를 정말 하고 싶어요. 이라크로 가면서 1년을 까먹고, 요르단으로 오면서 1년을 까먹고, 어머니 병수발을 하느라 또 1년을 까먹고……. 결국, 중3까지만 공부하고 학업을 포기해야 했거든요. 다행히 애니메이션 학교들은 학벌을 많이 따지지 않아서 캐나다와 미국의 애니메이션 학교에 원서를 보낸 상태예요."

"돈이 많이 들지 않을까?"

"아까 말했듯이 제가 친구 복 하나는 좋거든요. 미국과 캐나다에 가 있는 친구들이 당장 오라고 난리에요. 자기들이 다 챙겨줄 테니까 돈 한 푼 들고 올 필요 없다고…… 저 참 행운아죠?"

어린 나이에 견디기 힘든 비극을 여러 번 겪어서인지 아담은 전혀 스물두 살답지 않게 성숙했다. 그토록 불운한 사람도 없을 텐데, 그는 자신을 행운아라고 한다. 그를 보면서 사랑하는 가족과 친구들이 살아 있다는 것만으로도 얼마나 고마운 것인지도 생각해 본다.

태양이 태양계에 혼자 존재한다면, 그 빛과 온기를 나누어줄 곳 없이 활활 타오르는 열덩어리의 외로운 행성에 불과할 것이다. 그러나 이를 지구에 존재하는 수억 개의 생명체에 나누어줄 수 있기에 태양의 존재 역시 더욱 빛나는 것 아닐까. 사랑하는 사람들과 함께 존재하기에 이 우주가, 이 삶이 더욱 소중하고 감사하다.

성대 없는 가수의
콘서트

★

　이스라엘에 도착해 종교적인 분위기의 예루살렘을 지나 유럽처럼 자유로운 텔아비브로 갔다. 역시 카우치서핑으로 만난 텔아비브의 친구 야론은 남아도는 게 시간이라며 나를 여기저기 파티와 크고 작은 콘서트로 안내했다.
　"오늘 예멘 출신의 유명한 가수가 콘서트를 하는 데 갈래? 아주 특별한 사연이 있는 사람이야."
　토요일 오후, 야론의 문자를 받고 뭐가 특별하다는 건지 호기심이 생겨 콘서트가 열린다는 유명한 펍 '테데르'로 향했다. 펍에는 무대가 설치되고 한 밴드가 사운드 테스트 중이었다. 키가 크고 웨이브 진 빨간 머리를 길게 늘어뜨린 미녀 보컬을 쳐다보고 있는데, 야론은 옆에서 건반을 잡은 짧은 머리의 안경 쓴 여인을 가리켰다.
　"저 사람이 내가 말한 특별한 사람이야. 이스라엘의 유명한 뮤지션, 아후바 오제리."

"저기 흰 남방에 노란 스웨터 걸친 사람? 평범한 아줌마 같은데?"

그도 그럴 것이 화장기 하나 없고 깊이 팬 주름 가득한 얼굴에 대충 빗은 듯한 헤어스타일이 유명한 뮤지션과는 거리가 멀어 보였기 때문이다. 하지만 야론의 설명을 듣고는 고개를 끄덕일 수밖에 없었다. 그들이 사운드 테스트를 마치고 휴식을 취하러 갈 때, 나는 그녀에게 다가가 인터뷰를 요청했다. 갑작스러운 요청에 당황할 법도 한데, 그녀는 사람 좋은 미소를 지으며 같이 커피를 마시러 가자고 한다.

텔아비브에서 예멘계 유대인 부모님 사이에 태어난 아후바는 네 살 때부터 노래를 해왔다. 아후바가 노래를 부르면 마치 우는 것처럼 들린다면서 그녀의 어머니는 그녀를 장례식으로 보내 조문객들이 펑펑 울 수 있도록 구슬프게 노래를 하게끔 했다. 처음엔 그저 빨리 노래를 끝내고 축구공을 차러 가고 싶었던 철없는 소녀는, 시간이 흐르며 특유의 깊고 거친 목소리로 자신만의 음악 세계를 일구며 많은 사람의 사랑을 받는 가수로 성장했다.

특히 '내 군인은 어디에 있는가'라는 노래는 자식을 전쟁터에 보낸 수많은 어머니를 눈물짓게 했다. 자기 아들의 이름을 넣어 노래를 불러 달라는 어머니들의 요청을 거절하지 못한 아후바는 한 명 한 명의 이름을 넣어 노래를 부르고 녹음해서 어머니들에게 보내주기도 했단다. 그렇다 보니 이 슬픈 노래가 군기를 해이하게 한다며 정부로부터 연주 금지 조치를 당하는 일까지 있었다고 한다.

그녀의 음악 인생 59년간 이스라엘의 음악계에도 많은 변화가 있었다. 홀로코스트 전후로 유럽의 유대인들이 이스라엘로 대량 이주하면서 예전의 주류 음악은 이제 '오리엔탈' 음악이라 불리며 변방으로 사라졌다. 마치 우리나라 트로트가 대중가요에 묻혀버린 것처럼, 그녀의 음악 역시 비주류가 된 것이다. 대중의 사랑과 외면 속에서도 변하지 않고 예나 지금이나 자신이 자라온 텔아비브 예멘 지구의 소박한 집에서 사는 그녀는 꾸준히 세계 곳곳의 민속 악기를 배우고 연주하며 자신의 음악 세계를 펼쳐왔다.

하지만 2000년 어느 날 아침, 수년간 목의 통증을 느껴온 그녀는 더는 목소리를 낼 수 없게 되었다. 수년간의 흡연으로 인한 성대 암이라는 충격적인 진단 결과, 병원에서는 성대 제거 외에는 방법이 없다고 했다.

"암 선고를 받았을 때 어떤 생각이 드셨나요?"

"누구에게나 목소리를 잃는 것은 비극적인 일이지만 나 같은 뮤지션에게 목소리를 잃는다는 것은 말로 설명할 수가 없죠. 내 인생의 비샤다(유대인 달력에서 가장 슬픈 탄식의 날)였어요."

의사는 그녀가 다시는 노래할 수 없을 거라고 했지만, 그녀는 성대가 있건 없건 평생 노래를 할 거라고 했다. 그녀는 쉰 소리로 속삭이는 정도의 소리만 낼 수 있는데, 그래서인지 목 부위를 손으로 쥐며 애써 소리를 낸다. 인터뷰 중에도 카페의 배경 음악에 그녀의 목소리가 들리지 않아 야론조차도 여러 번 다시 말해 달라고 그녀에게 부탁해야 했다.

"내 꿈은 건강하게 사는 것과
음악을 계속 하는 거예요."

"그럼 이제 악기만 연주하시는 건가요?"

"악기도 연주하고 노래도 하지요. 아마 전 세계에 성대 없는 가수는 나밖에 없을걸요?"

"어떻게요?"

그녀는 옆에서 조용히 인터뷰를 지켜보고 있던 자신의 밴드를 소개했다. 드러머, 프로듀서, 매니저 그리고 내가 아후바라고 착각했던 빨간 머리의 예쁜 아가씨 엘리노어. 엘리노어는 아후바의 노래를 대신 불러 그녀의 잃어버린 목소리 역할을 한다. 그뿐 아니라 아후바는 이제 힙합, 재즈 등 다양한 장르의 뮤지션들과 협업을 하고, 그들의 콘서트에서 반주하는 등 다양한 시도를 멈추지 않는다.

콘서트가 열리는 펍으로 돌아가자 어느덧 수백 명이 몰려와 기다리고 있었고, 곧이어 콘서트가 시작되었다. 아후바가 불불타랑이라는 건반 악기를 연주하고 엘리노어가 노래를 부른다. 깊고 거친 아후바의 목소리와 달리 엘리노어의 음색은 좀 더 구슬프면서도 여성스럽다. 매력적인 엘리노어는 가벼운 춤까지 추면서 아후바의 음악을 부활시키며 누구보다 훌륭히 그녀의 목소리를 대신해낸다. 젊고 평키한 관객들은 함께 몸을 흔들고 때로는 다 함께 한 목소리로 후렴을 부르며 아후바의 손짓에 열광한다.

거리가 꽉 차서 근방 건물들의 계단과 옥상에까지 사람들이 올라가 콘서트를 감상할 정도로 아후바는 전설적인 뮤지션이자 상징적인 존재이다. 아후바의 콘서트는 한 시간여 동안 이 텔아비브 거리의 공기를 뜨겁게 채우고 끝났다. 이 멜로디가, 이 뜨거운 거리

이 멜로디가, 이 뜨거운 거리가, 이 관중의 함성이, 세상에 불가능한 것은 없다는 사실을 증명해주고 있다.

가, 이 관중의 함성이, 세상에 불가능한 것은 없다는 사실을 증명해주고 있다.

그녀의 꿈을 물었다.

"건강만큼 중요한 게 없죠. 세상 모든 재산을 다 준다고 해도 건강을 잃는다면 무슨 소용이에요."

"10년 뒤 아후바는 무엇을 하고 있을까요?"

"그때까지 살아 있다면 당연히 음악을 하고 있겠지요? 내가 지팡이에 의존해서 걷고 있더라도……"

그녀는 '건강과 음악'이 꿈이라고 쓴 드림 보드를 들고 카메라 앞에서 편안한 미소를 지었다. 유명 뮤지션임에도 그녀와의 대화는 유독 편안했다. 인생 최대의 비극에 관해서 이야기할 때도 그녀의 표정엔 변화가 없었고, 대화 내내 온화한 미소를 지었다. 콘서트가 끝나고 그녀에게 다가가 최고였다며 엄지를 추켜올리자 그녀는 아이처럼 좋아하며 나를 꼭 안아주었다.

'의족 스프린터' 오스카 피스토리우스는 다리가 없어도 달린다. 아후바는 성대가 없어도 노래를 한다. 과연 우리는 무엇을 핑계로 꿈을 포기하고 있는가.

난민촌에서의 63년,
버리지 못한 열쇠

팔레스타인…… 머리에 두건을 두른 테러리스트, 자살 폭탄, 이스라엘군 납치, 버스 테러 등 부정적인 모습으로 종종 신문과 뉴스에 비치는 나라. 하지만 나는 팔레스타인만 생각하면 눈물이 난다. 압제하에서 자신이 살던 땅과 집을 뺏기고 난민촌에서 살아가는 사람들이 가득한 곳. 어디를 갈 때마다 체크포인트에서 이스라엘군에게 심문을 당하는 수모를 겪어야 하고, 가족이나 일가친척 중 한 명이라도 이스라엘 감옥에 있지 않은 집이 없을 정도로 아픔이 많은 이곳.

하지만 역설적으로 팔레스타인은 내가 꿈을 꾸는 계기가 된 나라이기도 하다. 계속되는 가출 끝에 집에 돌아온 나는 1년 늦게 실업계 고등학교에 들어갔다. 막연히 대학에 가고 싶다는 생각은 했지만, 이끌어주는 사람이 없어 너무나 막막했다. 그때 신문에서 우연히 접한 팔레스타인 기사는 우물 안 개구리였던 내게 충격이었다. 극단의 대립 속에서 이렇게 생존의 위험을 겪으며 살아가는 사람들이 있다니. 그때 나는 처음으로 이 세상에 관심을 갖게 되었던 것 같다. 그리고 생각했다. 이 세상의 변화를 알리는 사람이 되고 싶다고. 그래서 기자가 되고 싶다는 꿈을 처음 갖게 되었고, 내 삶은 달라졌다.

나를 이곳에 오게 한 결정적인 계기는 두바이에서 만났던 〈에미리트 투데이〉 신문기자 올라였다. 흰색 티셔츠에 펑키한 청바지, 자연스럽게 흘러내린 긴 머리의 이 미녀 아가씨는 호기심 많은 표정으로 내 프로젝트에 대해 이런저런 질문을 쏟아냈다.

"어느 단체에서 운영하는 캠페인인가요?"
"오, 혼자 하신다면 자금은 어떻게 마련하셨어요?"
"인터뷰이는 어떻게 선정하세요?"
"왜 하필 10년이에요?"

이런저런 설명을 하고 예를 들면서 나는 스치는 말로 그녀에게 "기자님은 꿈이 뭔가요?" 하고 물었다. 그러자 그녀는 망설임 없이 "팔레스타인 여권을 갖는 것, 그리고 전 세계가 우리를 주권 국가로 인정해주는 거요." 하고 대답했다. 이번에는 내가 인터뷰어가 되어 그녀의 사연을 물었다.

"제 아버지는 팔레스타인에서 태어났지만, 1948년 아랍-이스라엘 전쟁 후 평생 고향 땅을 밟아보지 못했어요. 이제 70이 다 되시

"혹시 알아요? 10년 뒤 올라가 텔레비전 뉴스에서 팔레스타인 독립을 보도하고 있을지?"라는 내 말에 그녀는 눈물을 보였다.

는데 언제쯤 고향에 돌아갈 수 있으려나. 저 역시 요르단에서 태어나 자랐지만, 신분상의 문제로 취업도 할 수 없었죠. 제 아들만큼은 팔레스타인 여권을 가지고 당당히 세계를 여행했으면 해요."

그녀의 부모님은 팔레스타인 가자 출신으로 1948년 아랍-이스라엘 전쟁 때 요르단으로 건너왔다. 요르단에 복속된 서안 지구의 팔레스타인인들은 자연스레 요르단 국민으로 편입되었지만, 가자 출신인 그녀의 가족은 종이로 된 신분 허가증만 가질 수 있었고, 교육이나 취업에서 많은 제한을 받았단다. 그래서 5년 전 혼자 두바이로 온 올라는 2년 전 요르단인 남편과 결혼하고 나서야 요르단 국적을 갖게 되었다고 한다.

"10년 뒤에 다시 만나면 팔레스타인 여권을 가지고 팔레스타인에서 가족과 함께 살고 있을지도 모르겠네요?"

"그러면 정말 얼마나 좋을까요!"

"그때도 기자로 일하고 계실 건가요?"

"사실 제 꿈은 텔레비전 아나운서가 되는 거예요."

"그렇다면……. 혹시 알아요? 10년 뒤 올라가 텔레비전 뉴스에서 팔레스타인의 독립을 보도하고 있을지?"

"맙소사……."

그녀는 말을 잇지 못했다.

"정말 생각만 해도 꿈같은 일이네요."

그녀의 눈에 눈물이 고였다.

"정말 저뿐 아니라 모든 사람이 염원하는 꿈이에요. 고맙습니다."

촬영하는 내 눈에도 눈물이 고였다. 3대에 걸친 그 한, 아니 전 세계에 뿔뿔이 흩어진 2천만 명 팔레스타인의 그 간절한 꿈은 언제쯤 이루어질까? 우리는 서로 꼭 안아주며 헤어졌다. 며칠 뒤 〈에미리트 투데이〉에는 무려 2.5면에 걸쳐 내 기사가 실렸다. 인터뷰 중 그녀가 물었던 질문 "왜 10년인가요?"에 대한 나의 답변이 더욱 의미심장하게 느껴졌다.

이집트나 튀니지처럼 아랍 국가들에서 온 한 해 있었던 변화들을 보면 10년은 한 나라가 무너지기도, 생겨날 수도 있는 충분한 시간이라고 봅니다. 마찬가지로 많은 사람이 꿈을 이룰 수 있고, 세상을 바꿀 수도 있는 시간이지요.

아이다 난민촌 아이들은 하나같이 팔레스타인 독립을 꿈이라 썼다.

　　10년……. 소녀가 어머니가 되고, 아이가 어른이 되고, 사람이 죽고 태어나며, 평범한 사람도 인생의 희로애락을 한 번 이상 겪을 수 있는 시간. 그리고 이 세상의 수많은 꿈이 이루어지기도, 사그라지기도 하는 시간. 그 기사가 나온 신문을 손에 들고 나는 팔레스타인에 가야 한다고 중얼거렸다. 그곳에 있는 꿈과 사연을 놓칠 수가 없어서, 그들의 10년을 놓칠 수가 없어서…….

　　팔레스타인 기사를 보고 꿈을 갖게 된 지 14년이 흐르고, 올라를 만난 지 한 달 반이 지난 현재, 나는 이곳 팔레스타인에 와 있다. 사실 여기 도착하기 전까지 새삼 긴장이 되었다. 특히 이스라엘 친구들은 "정말 팔레스타인에 갈 생각이야? 납치라도 당하면 어떡해?"하며 잔뜩 겁을 주었다. 하지만 꼭 팔레스타인 사람들을 만나 그들의 이야기를 직접 들어보고 싶었다.

베들레헴 근처에 있는 아이다 난민촌에 도착한 나는 비장함이 느껴지는 합창 소리를 따라 한 건물에 들어갔다. 일곱 살에서 열다섯 살 사이의 10여 명이 팔레스타인 독립에 관한 노래를 부르고 있었고, 나는 한참을 서서 감상했다. 합창단에서 만난 수줍은 열한 살 소녀 자밀라는 내 손을 이끌고 난민촌 곳곳을 구경시켜주었다.

한 집에 들어가자 휠체어에 앉아 있는 할머니가 눈에 띄었다. 병원복 같은 흰옷에, 흰머리를 하얀 스카프로 두르고 파란 담요를 덮고 있는 할머니는 손녀들에게 둘러싸여 있었다. 깊은 주름이 파여 있는 여든 살의 바데아 할머니 얼굴의 검버섯에서 그녀의 건강이 상당히 좋지 않다는 걸 짐작할 수 있었다. 갑자기 찾아온 이 낯선 외국인 손님의 등장에 당황한 듯한 할머니. 어떻게 여기 난민촌으로 오게 되었고, 어떻게 살아왔는지 얘기를 듣고 싶다고 하자 차분히 들려주었다.

"우리 집은 지금 이스라엘 땅인 데라반에서도 유명한 부잣집이었어요. 무려 45만m^{2}의 넓은 농장에 식당, 가게 둘, 양계장에 올리브유 공장까지 있었지요. 유대인 무장군이 쳐들어왔던 1948년 나는 결혼을 앞둔 열일곱 살 소녀였는데, 그들이 권총을 발사하면서 우리를 집에서 내쫓았지. 겁에 질린 사람들이 도망가면 그들을 칼로 찌르고……. 4번에 걸쳐 그런 약탈을 자행했고, 우리 동네에서만 수십 명이 죽었어요. 우리 가족 역시 너무 급하게 도망 나오느

60년이 지나도 여전히 예쁜 할머니의 드레스.

라 귀중품도 제대로 못 챙기고 열쇠와 부동산 문서들만 겨우 챙겼어요."

충격으로 말을 잃은 내게 같이 간 친구 사바는 이런 사연을 정말 많이 들었다며 바데아 할머니의 사연은 아무것도 아니라고 했다. 무장군이 칼과 총으로 위협하며 남편 앞에서 부인을 강간하는 등 정말 끔찍한 일들도 숱하게 일어났다고.

"갈 곳 없는 사람들을 위해 적십자에서 천막을 마련해주었는데 그해 겨울 눈이 엄청나게 왔지. 눈의 무게에 천막이 무너져 사람들이 압사당하는 일이 있었고, 삼촌과 내 남편도 겨우 죽을 고비를 넘겼어요. 고향으로 돌아가서 결혼식을 하려고 기다렸던 우리는 언제 죽을지 모른다는 생각에 천막에서 결혼식을 올렸다오. 그 일만 아니었다면 동네 사람들을 전부 불러 며칠에 걸쳐 성대한 결혼식을 올렸을 텐데……."

할머니가 며느리에게 귓속말하자 며느리는 할머니의 웨딩드레스를 가져왔다. 어두운 바탕에 금빛으로 화려한 자수가 들어가 있는 드레스는 60년이 지났음에도 여전히 새것처럼 잘 손질되어 있었다. 할머니는 그 옷을 입어보라며 권했다. 내가 드레스를 입어보자 할머니는 "나도 이렇게 예뻤던 시절이 있었는데……."하며 우리의 뺨에 입을 맞춰주었다. 결혼식 날 이 드레스를 입은 바데아 할머니는 얼마나 고왔을까? 천막 결혼식 후 10년이 흘러도, 20년이 흘러도, 할머니는 고향에 돌아갈 수 없었다. 한때 고향에서 제일가는 부자였던 할머니 가족들도 남자 형제들이 쿠웨이트나 사우디아라비아에서 막노동해서 벌어온 돈으로 생계를 유지할 수밖에 없었다.

할머니의 며느리는 낡디낡은 큼직한 열쇠를 가져왔다. 할머니는 한 뼘 크기의 열쇠를 두 손으로 소중히 받아들고는 입을 맞췄다. 예전에 팔레스타인 사람들은 이렇게 다들 커다란 열쇠로 집을 잠갔다고 한다. 바데아 할머니처럼 하룻밤 사이에 강제로 그 집을 떠난 사람들 대부분은 이제 열쇠 하나만을 품고 난민촌에서 사는 것이다. 그래서 아이다 난민촌에서는 세계에서 가장 큰 열쇠 동상을 만들어 설치한 뒤 이를 기네스북에 올리려고 했지만, 이스라엘의 방해로 좌절되었다.

"첫 번째 인티파다(1987년에 있었던 반이스라엘 저항 운동)가 있었을 때 이스라엘 군인들이 이곳에 쳐들어와서 현관문 열쇠와 부동산 서류를 싹 가져가 버렸어요. 언젠가 그곳에 돌아가서 우리 땅을 찾으려고 고이 간직했는데 그걸 가져가다니…… 그나마 이 대문 열쇠가 내게 남은 전부라오. 전에 힘겹게 이스라엘 방문 허가증을 받아서 딸을 예전 우리 집으로 데리고 갔지요. 태어나서 한 번도 우리 땅을 본 적이 없는 딸은 충격을 받다 못해 심장마비로 쓰러질 뻔했소. 우리는 모든 것을 뺏겼는데, 어마어마한 부를 앗아간 이스라엘 사람은 백만장자로 떵떵거리며 사는 모습에…….."

열일곱 살, 결혼을 앞둔 순진한 부잣집 소녀가 하루아침에 모든 것을 잃고 난민촌에서 살아온 63년의 삶이란…… 그리고 아직도 그 열쇠를 고이 간직하고 있는 그녀의 모습에서 형용할 수 없는 허탈함을 느꼈다.

"할머니의 꿈은 뭐예요?"

"데라반의 우리 집과 올리브 나무로 돌아가는 것이오."

어쩌면 내가 꿈의 파노라마 프로젝트를 하는 것은 바데아 할머니 같은 사람 때문일지 모른다. 이 세상의 거대한 정치적·사회적 담론, 전쟁과 압제, 독재 같은 불합리와 모순의 쟁점들은 때로 너무나 거대해서 '단순히 몇 명이 죽었다더라'하는, 인간성을 잃어버린 통계적인 사실로 우리에게 다가올 뿐이다. 그럼 대부분 사람은

"데라반의 우리 집과 올리브 나무로 돌아가고 싶어요."

독재자가, 침략자가 나쁜 놈이구나 하고 순간적으로 안타까워하며 잊어버릴 뿐이다.

하지만 나는 그 통계나 정치적 담론 뒤에 가려진, 진짜 사람들의 이야기를 전하고 싶었다. 누군가의 첫사랑, 누군가의 자식, 누군가의 부모, 누군가의 은인, 누군가의 친구이자 제자인 바로 우리들의 파란만장한 삶의 이야기 말이다. 10년 뒤, 어른이 된 자밀라의 손을 잡고 바데아 할머니를 부축한 채 텔레비전으로 올라의 팔레스타인 독립 보도를 보고 싶다. 그들의 지난 10년은 어느 10년보다 소중한 것이었노라고 함께 감격의 눈물을 흘리고 싶다.

7번 죽을 고비를
넘기고 나서

 오늘은 팔레스타인 자치 정부의 임시 행정수도 라말라로 가는 날. 인터넷을 통해 이스라엘-팔레스타인의 평화 단체 원보이스의 커뮤니케이션 오피서로 일하는 스물일곱 살의 아마드에게 인터뷰 요청을 했고 그는 흔쾌히 응해주었다.
 예루살렘에서 불과 15km 떨어져 있지만, 이스라엘과 팔레스타인 사이에는 거대한 장벽이 있고, 거기에는 검문소가 있다. 외국인인 나는 장총을 든 이스라엘 군인들에게 신분증을 보여주기만 하면 되지만, 팔레스타인 사람들은 버스에서 내려 좁은 철창 같은 통로에 줄을 서서 검문을 받아야 한다. 팔레스타인 사람들도 안타깝고, 저 어린 나이에 총을 들고 있는 이스라엘 군인들도 안타깝다.

 여기서 잠깐 이스라엘과 팔레스타인의 역사를 간단하게 짚어보

자. 2천여 년 전 로마제국에 패망한 유대인들은 전 세계에 뿔뿔이 흩어져 살면서 서유럽 곳곳에서 박해를 받았다. 특히 제2차 세계대전 중 히틀러의 인종 대학살로 600만 명이 희생되면서 유대인들은 자신들만의 국가 건립을 위해 더욱 절실하게 노력했다.

오스만튀르크 제국의 몰락 이후 지금의 이스라엘 땅을 위임 통치하던 영국 정부는 이스라엘 지도자들에게는 건국을, 팔레스타인 사람들에게는 독립이라는 이중 약속을 했다. 영국 정부의 약속을 믿고 전 세계의 많은 유대인이 팔레스타인 땅으로 이주한 결과, 원주민들과 유대인들 간의 갈등이 심화하였다.

2천 년간 이 땅에서 살아온 팔레스타인 사람들은 유목민인 탓에 조직적으로 대응하지 못하고 유대인들에게 삶의 터전을 뺏기고 난민으로 전락했다. 그 후 4번의 중동전쟁을 거쳐 이스라엘이 요르단령의 서안지구와 이집트령의 가자지구를 차지했다. 하지만 팔레스타인 해방기구의 대이스라엘 투쟁과 민중봉기 등 계속되는 대립 끝에 1994년 팔레스타인 해방기구의 자치 정부가 수립되었다.

아직 팔레스타인은 국제 사회에서 정식 국가로 인정받지 못하고 사실상 이스라엘의 점령하에 있다. 이에 대한 저항 운동이 계속되면서 이스라엘과 팔레스타인 사이에는 무력 충돌이 끊이지 않은 채 오늘날에 이르렀다.

라말라에 도착하자 번화한 밤거리가 눈에 들어왔다. 곳곳에 깨끗하고 반듯한 건물들과 활기찬 시장의 모습이 요르단 암만보다도

압제 속에서도 미소를 잃지 않는 팔레스타인 소녀들.

훨씬 좋아 보인다. 버스 정류장으로 나를 데리러 온 아마드는 마늘과 칼리플라워, 달걀을 쓱쓱 볶더니 빵과 함께 곁들일 올리브와 피클, 호무스와 토마토소스를 내왔고, 저녁을 먹으며 살아온 이야기를 털어놓았다.

팔레스타인이 이스라엘 손에 넘어간 뒤 그의 부모님은 쿠웨이트로 이주했고, 아마드는 쿠웨이트에서 태어났다. 사담 후세인의 이라크가 쿠웨이트를 침공하는 걸프 전쟁이 일어나면서 당시 팔레스타인 해방기구PLO 지도자 야세르 아라파트가 이라크 대통령 사담 후세인의 지원을 받았다는 이유로 많은 팔레스타인인이 쿠웨이트에서 쫓겨났다.

아마드의 가족도 그렇게 미국으로 망명을 했고, 회계사였던 아마드의 아버지가 자동차 딜러로 일하면서 그들은 캘리포니아에서 곧 자리를 잡는 듯했다. 하지만 자식들이 미국 문화에 물들어 무슬림의 가치를 잃을까 우려했던 아마드의 아버지는 미국 영주권이 나오기 6개월 전, 가족들을 데리고 팔레스타인으로 돌아왔다. 요르단 여권만을 가지고 있던 아마드의 어머니는 팔레스타인 신분증이 없어 사실상 불법 체류를 했는데, 그로 인해 16년간 요르단에 있는 가족들을 보러 갈 수도 없었다.

"아버지를 원망하진 않았나요? 미국에서 편하게 살 수 있었을 텐데."

"수도 없이 원망했죠. 팔레스타인에 돌아와서 이스라엘군에 의해 7번이나 죽을 뻔했고, 절친한 친구 셋을 눈앞에서 잃었으니까요. 하지만 결국은 그 모든 경험이 지금의 나를 만들었으니, 이제 더 이상 누구를 원망하지 않아요."

2004년 한 체크포인트에서 러시아계 이스라엘 군인이 그를 멈춰 세웠다. "넌 왜 이렇게 수염이 많아? 누가 너를 만들었니?"라는 질문에 그는 퉁명스럽게 "글쎄요……. 신이라고들 하죠"하고 대답했다. 그 군인은 조소가득한 표정으로 "내가 알기로 나도 신이 만들었는데, 나는 왜 수염이 없고 너는 수염이 많아? 똑같은 신의 창조물이라면 동등해야 하는 거 아냐?" 하며 비웃었다. 그리고 옆에 있던 동료들에게 아마드의 몸을 잡으라고 지시를 내린 뒤 아마드의 수염을 한 올 한 올 뽑기 시작했다.

"말도 안 돼……."

충격에 빠진 나와 달리 아마드는 "그들이 팔레스타인을 다루는 태도는 마치 홀로코스트 때 나치가 유대인들에게 한 짓과 별반 다를 게 없죠." 하며 아무렇지도 않은 표정으로 계속 저녁을 먹었다.

그가 대학생일 때는 이스라엘군이 테러리스트를 수색 중이라며 기숙사로 들이닥쳤다. 그들은 기숙사 안에 있던 모든 학생을 지하실에 몰아 넣고 무릎을 꿇게 하고는 그들의 눈을 가리고 팔을 등 뒤로 묶었다. 이스라엘군은 아마드에게 칼을 비롯한 모든 무기를 숨긴 곳을 말하라며 팔레스타인 학생들을 다그쳤고, 계속 아마드를 발로 차며 실토하라고 했단다. "우리한테 있는 거라곤 부엌의 과도뿐이에요. 그것도 오래되어 이가 다 빠졌는데요."라고 아마드가 답하자, 결국 아무것도 찾지 못한 그들은 그 과도로 아마드의 옆구리를 찌르고 자리를 떴다. 그는 움직이지도 못하고 앞이 보이지도 않는 상태에서 4시간 동안 피를 흘리면서 고통을 참아내야 했다.

"팔레스타인에도 자유가 곧 올까요?"

"매일매일 투쟁하듯 살다 보면 낙천주의자가 되기는 힘들죠. 하지만 우린 어떻게든 독립을 이뤄낼 각오가 되어 있어요."

팔레스타인 국제공항

그는 노트북을 열어 '팔레스타인 국제공항'이라는 제목의 3분짜리 단편영화를 보여주었다. 그가 일하는 원보이스는 2008년 '평화 협정이 맺어진다면 팔레스타인의 10년 뒤 모습은 어떨까요?'라는 주제로 청소년들에게 수필 대회를 열었고, 최우수상을 받은 수필을 바탕으로 이 영화를 만들었다고 한다.

삼엄하기 짝이 없는 검문소, 팔레스타인 사람들을 태운 소형 버스가 오자 총을 든 이스라엘군이 차를 멈춰 세우고 검문에 들어간다. 차 안에 있는 어린 소녀는 잠시 꿈을 꾼다. 꿈속에서 세련된 옷을 입은 소녀와 엄마는 깔끔한 공항에서 에스컬레이터를 타고 체크인 데스크로 향한다. 미소 가득한 공항 직원은 그들의 여권에 도장을 찍어주고, 그들은 4번 게이트로 향한다. 그들 뒤로 '팔레스타인 국제공항'이라는 로고가 선명하게 보인다. 공항에서 볼 수 있는 너무나 일상적인 풍경이 나라를 잃은 이들에게는 꿈속에서나 가능한 일이다.

"아마드의 꿈은 뭐예요?"

"팔레스타인의 400만 명이 자신의 선택이 아닌 타의에 의해 전 세계에 뿔뿔이 흩어져 고통 속에 살고 있는데, 내가 어떻게 개인적인 영달에 무게를 둘 수 있겠어요? 그래도 굳이 꿈을 말해보라면, 팔레스타인 사람 모두의 꿈과 제 개인적인 꿈으로 나눠볼 수 있겠지요. 모두의 꿈은 이 고통을 끝내고 언젠가 전 세계가 우리를 테러리스트로 매도한 것에 대해 반성할 날이 오기를…… 왜냐하면 전 세계 누구와도 다를 바 없이 우리 모두 따뜻한 인간이고, 인간답게 살고 인간다운 대접을 받을 자격이 있거든요. 제 개인적인 꿈은……."

그의 표정이 새삼 부드러워지더니 입가에 미소가 지어졌다.

"자유로운 팔레스타인에서 신경의학자가 되고 싶어요."

"신경의학자가 되는 거예요. 쉽지 않은 일이지만 정말 도전하고 싶은 일이거든요. 하지만 여러 가지 상황 때문에 의대를 가지 못하고 직업치료를 공부하는 데 만족해야만 했지요. 언젠가 그 꿈이 이루어질 날이 올 거예요."

많은 얘기를 나누다 보니 어느새 자정이 넘어 있었다. 다음 날 아침 출근을 해야 하니 그만 자야 하는 거 아니냐고 묻자, 그는 자신이 불면증 환자라고 한다.

"전 하루에 3시간도 못 자요. 여러 번 죽을 고비를 넘기면서 그렇게 됐어요. 언제 죽을지 모르니까 잠자는 시간도 아까워서 몸이 본능적으로 그렇게 반응하는가 봐요. 깨어 있는 시간이 내 인생의 대부분이고, 그 순간을 최대한 충실히 살려고 해요. 당장 내일 죽더라도 후회하지 않도록요."

"10년 뒤 아마드는 무엇을 하고 있을까요?"

"제 의대 졸업 파티를 하고 있지 않을까요?"

"그때쯤 팔레스타인은 자유 독립 국가가 되어 있겠지요? 전 아마드의 졸업 파티에 참석하러 팔레스타인 항공 비행기를 타고 라말라 국제공항에 도착할 거예요."

"와우……. 전 그때 공항에서 기다리고 있을게요. 지금이 2011년 10월 17일이니까 정확히 2021년 10월 17일에 보는 거예요."

손가락을 걸고 약속하는 우리 둘 다 눈에 눈물이 맺혔다. 팔레스타인 질곡의 역사가 절절히 느껴지는 인생을 살아온 아마드. 언제쯤 이 억압의 역사가 끝나 아마드가 그저 신경의학을 공부하는 것만으로도 힘들다며 행복한 투정을 부릴 그날이 올까?
2021년 10월 17일, 그를 만날 날을 기대해본다.

Chapter 4

인도

0.001% 가능성이라도
있다면

"상처로부터 완전히 자유로울 수는 없지만,
한 번뿐인 삶인데 누군가를 미워하기엔 시간이 너무 아깝잖아요.
전 누군가를 미워할 시간에 사랑하기로 했어요."

지금 이 순간
존재하라

마하트마 간디에 대한 뉴스를 본 알베르트 아인슈타인은 그가 두 손을 모아 사람들에게 뭐라고 인사하는지 궁금했다(당시 텔레비전은 소리가 나질 않았다). 아인슈타인이 간디에게 무슨 말을 했냐고 묻자 간디는 "나마스떼"라고 짧게 대답했다. 그 말이 무슨 뜻이냐고 다시 묻자 간디는 이렇게 대답했다. "나는 당신 속에 있는 우주를 존중합니다. 나는 당신 속의 빛, 사랑, 진리, 평화와 지혜를 존중합니다. 당신과 나 두 사람만이 존재하는 그 공간을 존중합니다."

중동에서의 숨 가쁜 나날들을 뒤로한 채 인도로 향하는 비행기에 올랐다. 요가 강사의 꿈을 이루기 위해 이미 몇 달 전에 인터넷으로 인도 남서부 고아의 작은 요가센터에서 열리는 한 달짜리 요

침대 하나, 모기장 하나, 서랍장 하나가 전부인 오두막 내부.

가 강사과정을 찾아 등록해뒀다.

새벽 4시에 도착한 고아 공항은 시골 버스 터미널처럼 허름했다. 이마 사이에 빨간 빈디를 한 입국 심사원이 하품하며 도장을 찍어준다. 1시간 반쯤 어둠을 헤치고 요가센터에 도착해 잠자고 있던 리셉셔니스트를 깨우자 눈을 비비며 내 오두막을 안내해준다.

대나무로 만든 오두막엔 달랑 침대 하나, 모기장 하나, 서랍장 하나. 콘크리트 바닥에 꽂힌 수도꼭지를 틀어 줄줄 새는 물을 두 손바닥에 받아 겨우 샤워를 했다. 인터넷은커녕 화장실에 화장지도 없는 이 원시적인 곳에서 한 달간 어떻게 살아야 하나 막막하기만 하다. 마음을 다잡고는 한 달간 요가 강사과정을 함께할 24명의 동기생을 만났다. 스물한 살부터 쉰여덟까지, 나이도 살아온 배경도 다르지만, 요가를 위해 전 세계에서 이곳으로 날아온 요기들과 함께 이 생활에 적응해 보기로 했다.

나의 하루는 매일 아침 6시쯤 오두막에서 눈을 뜨고 해변을 산책하는 것으로 시작한다. 생강차 한 잔을 마시고 아침 7시 반부터 린다 선생님과 함께 2시간 동안 아사나. 이후 과일 샐러드, 뮤즐리, 요거트, 죽, 토스트와 생과일주스가 제공되는 아침 식사를 한다. 1시간 정도의 휴식 시간에는 글을 쓰고, 10시 반부터 교장 선생님인 크리스가 이끄는 요가의 역사, 철학, 정신 등 이론 시간이 이어진다.

내가 가장 좋아하는 시간은 'celebrate or meditate 축하하거나 명상하거나' 시간. 춤의 양식에 구애받지 않고 자유롭게 리듬을 타며 몸을 움직임을 즐기는 시간이다. 그리고 이어지는 인도식 달과 밥, 구운 채소, 샐러드가 제공되는 점심은 꿀맛이다.

오후에는 주로 워크숍이 열린다. 첫 번째 주에는 해부학 개론과 더불어 요가의 동작이 신체에 미치는 영향을 배웠다. 두 번째 주부터는 린다 선생님과 함께 각종 동작에 대해 세부적으로 공부했다. 요가의 동작이 몸에 어떤 영향을 미치는지, 학생들이 주로 하는 실수는 무엇인지, 어떻게 학생들을 지도할 것인지에 집중했다.

저녁 식사를 마치고 나면 야무나 선생님이 이끄는 '사랑과 헌신'

매일 아침 일출과 일몰을 보고, 자연의 소리를 들으니 새벽 호수처럼 평화로워지는 것을 느낀다.

이라는 뜻의 샥티 시간이다. 그녀가 이끄는 대로 우리는 공중 부양(?)을 하기도 하고, 서로를 마사지해주기도 하고, 아름다운 이야기를 속삭이기도 했다가, 노래하기도 하고, 달밤에 해변에서 춤을 추기도 하고, 서로에게 꽃을 바치는 의식을 치르기도 했다. 매시간이 즉흥적이었지만, 그녀 특유의 신비롭고도 고요한 카리스마는 모든 이를 침묵하게 했다. 이렇게 샥티 시간까지 마치고 하루를 보내고 나면 아주 흥미롭거나 신나는 일이 있는 것도 아닌데 나도 모르게 늘 미소를 짓고 있을 정도로 내 안에 행복이 충만해졌다.

술, 담배, 소음, 교통 체증 같은 유해 자극들에서 벗어나 매일 아침 일출과 일몰을 보고, 시끄러운 음악이 아닌 새소리 벌레소리 같은 자연의 소리를 들으며, 온갖 향신료나 향수가 아닌 천연향을 피워놓고, 저 멀리 농부들이 농사짓는 모습을 한참이나 바라보다 보면 마음이 새벽 호수처럼 평화로워지는 것을 느낀다.

이 요가센터에서의 생활 중 가장 내 마음에 드는 것은 저녁 7시부터 다음 날 아침 10시까지가 침묵의 시간이라는 점. 억지로라도 말을 못 하게 되니까 쓸데없는 잡념들도 줄어들고, 다른 사람들의 수다에 귀 기울여줄 필요도 없다. 침묵 속에서 온전히 내가 되는 것이다. 그러고 보면 세상은 얼마나 쓸데없는 잡음들로 가득한가? 얼마나 많은 불필요한 말들로 다른 이들에게 상처를 주고 자신을 파괴하고 시간을 낭비하는가를 새삼 깨닫는다.

나의 옆집(?) 오두막에는 호주 출신의 서른한 살 동갑내기 커플이자 함께 요가 강사로 일하는 나타샤와 루카가 산다. 얼굴에서 광이 날 정도로 사랑과 행복이 묻어나는 이 커플과 여느 때처럼 미소 인사를 하던 아침, 문득 그들의 비밀이 궁금해져 인터뷰를 요청했다.

"호주에서 회사에 다닐 때 매일 밤늦게까지 일하고 주말이면 온갖 정크푸드와 술로 스트레스를 푸는 생활을 계속하다 보니, 중년의 위기 mid-life crisis도 아닌 청년의 위기 quarter-life crisis가 왔어요. 그래서 1년간 세계 일주를 떠났고, 인도의 한 아쉬람에서 3개월 동안 지냈어요. 그때 돈보다 영성 spirituality이 더 중요하다는 것을 깨달았고, 삶의 방식을 완전히 바꾸기로 마음먹었죠. 그래서 전 재산을 처분해 5년간 이렇게 세계 곳곳을 돌아다니며 요가 강사와 기치료사로 활동하고 있어요."

예전에 루카는 은행에서, 나타샤는 라디오 앵커와 홍보 담당자로 일했단다. 그래서인지 나타샤는 감탄스러울 정도로 말을 논리 정연하게 한다.

"루카의 꿈은 뭐예요?"

"우리 모두 단순하게 살아서 다른 사람들도 단순하게 살 수 있도록 상생하는 것이요."

"단순하게 산다는 게 무슨 뜻이죠?"

"내 한 몸 누울 잠자리와 입을 옷, 먹을 음식이 있음에 감사하고 다른 이들과 사랑, 열정 그리고 연민을 함께 나누며 사는 것이죠. 그런데 너무 많은 사람이 큰 집, 고급 차, 비싼 옷을 사기 위해 혈안이 되어 있어요. 그렇다 보니 기업들은 끊임없이 최신 기술과 트렌드를 만들어내고, 사람들은 그 유행을 따라잡기 위해 돈을 더 많이 벌려고 하죠. 그로 인해 똑똑한 사람들이 컨설팅 회사에 들어가서 소수의 기업 간부들과 투자자들을 위해 조언을 하고, 그 결과로 제3세계에 공장을 지어 기존에 일하던 사람들을 내쫓고, 개발도상국의 노동자들을 착취하고, 생태계를 파괴하는 일이 일어나요. 그렇게 번 돈으로 그들은 개인 전용기를 사거나 비싼 요트 등을 사죠. 극소수의 호사를 위해 많은 사람을 희생시키는 것이나 다름없어요. 만약 우리 모두 단순하게 살면서 서로를 공평하게 대한다면 그런 일은 없을 거예요."

분홍색 민소매 티셔츠를 입고 머리를 단정하게 묶은 나타샤가 말을 이었다.

"우리가 지난 3년 반 동안 여행을 하면서 느낀 것은 잘사는데 필요한 물질이 그렇게 많지 않다는 거예요. 우리는 지금 집도 없고 가진 것이라곤 배낭 하나뿐이지만, 그 덕분에 자유롭게 어디든 갈 수 있어요. 휴대전화도 없고, 그 흔한 페이스북도 하지 않고, 이메일만 아주 가끔 확인하지만 사는 데 전혀 지장이 없던걸요?"

호주에 가서 사는 게 꿈이었지만 25년간 갚아야 하는 주택담보대출 때문에 그 꿈을 포기했던 영국인 동료가 생각이 났다. 그냥 그 집을 팔면 될 것을⋯⋯ 얼마나 많은 사람이 스스로 물질의 노예를 자처하면서 자유롭지 못하다고 투정하고 있을까?

"나타샤는 꿈이 뭐예요?"

"제 꿈은 모든 생명체가 평화롭고 하나 되어 공존할 수 있는 비건vegan 세상에서 사는 거예요."

"비건이라면 달걀, 우유도 안 먹는 것 맞죠? 채식주의만으로도 충분하지 않을까요?"

"전 이 우주는 하나라고 생각해요. 그래서 우리가 먹는 것이 우리 자신이 되는 거죠. 동물은 도살당하기 전에 심한 공포를 느끼는데 우리가 고기를 먹을 때 그 공포도 우리 것이 돼요. 채식주의는 비건이 되기 위한 한걸음에 불과하죠. 달걀도 식용 가축에 들어가는 엄청난 항생제와 호르몬으로부터 안전하진 않기 때문에 스테이크를 먹건 오믈렛을 먹건 그리 큰 차이가 나지 않거든요. 평화롭게 살고 싶다면 이 대지에서 난 자연 그대로를 먹으면 되는 거죠."

"그렇게까지 철저하게 식생활을 조절하기 어렵지 않나요?"

"처음엔 힘들었죠. 그전엔 이 세상에 걷고 뛰고 날고 기고 헤엄치는 모든 것을 먹었으니까요. 그래서 처음에는 유제품까지는 섭취하는 채식주의를 하다가 서서히 비건으로 바꾸었어요. 지금 저희가 먹는 것의 60%는 조리하지 않은 날것이라고 보면 돼요. 전 이 세상의 모든 동물은 우리의 입맛을 충족시키기 위한 노예가 아니라, 자유롭고 행복하게 살 권리가 있는 창조물이라고 생각해요. 비건의 식생활은 생명과 환경을 보호하는 것뿐 아니라 우리의 건강과 정신에도 정말 큰 도움이 돼요. 술, 고기, 스트레스에 절어 있던 시절에 우리는 늘 여기저기가 아파서 약을 먹곤 했어요. 비건이 된 뒤로 몸무게의 20%가 줄었고, 건강이 엄청나게 좋아져서 보험까지 취소했는걸요."

"육식주의자에서 비건이 되고 나서 어떤 변화가 있었어요?"

"열정적이고, 영감이 충만해지고, 자연과 하나 된 느낌이랄까요? 요가에서 가르치는 것 중에 남을 해치지 않는 '아힘사'가 있잖아요. 그건 사람에게만 해당하는 것이 아니라 만물에 해당해요. 비건적인 식생활은 요기로서 기본이죠."

요가 수련 중인 나는 말문이 막혔다. 그리고 반년 가까이 고기를 입에 대지 않았다.

"두 사람은 10년 뒤에 만나면 무얼 하고 있을까요?"

"어쩌면 내일 아침 우리는 눈을 뜨지 않을지도 몰라요.
그러니 오늘을 충실히 살아가는 게 가장 중요한 거 아닐까요?"

루카가 미소를 지었다.

"우리는 예전에 25년 계획을 세우고 있었어요. 그래서 청년의 위기가 온 거죠. 왜냐하면, 앞으로 은퇴할 때까지 뭘 할 것인지 계획이 다 짜여 있다는 것만큼 재미없고 숨 막히는 게 없으니까요. 이제 우리는 비자가 만료될 때까지 한 나라에 있다가 다른 나라로 가고, 그 나라의 비자가 만료되면 또 다른 나라로 가는 생활을 해요. 어쩌면 내일 아침 우리는 눈을 뜨지 않을지도 몰라요. 그러니 오늘을 충실히 살아가는 게 가장 중요한 거 아닐까요? 간디가 말했듯 삶에서 가장 중요한 건 끊임없이 인생을 선택하고 창조해서 남들에게 모범이 되고 변화를 일으키는 것이죠."

두 사람과의 인터뷰는 평화로우면서도 강력했다. 진정으로 이 대지를 생각하는 두 사람에게 나는 가슴 깊이 우러나는 감사의 인사를 전했다.

우연인지 필연인지, 나타샤와 루카를 인터뷰한 그 날 수업 시간에 교장 선생님인 크리스가 "지금 이 순간 존재하라 right now, be present"라고 강조했다. 음식을 먹을 때 그 음식에 집중하는가 아니면 텔레비전이나 신문을 보는가? 사랑하는 사람과 함께 있을 때 그 사람에게 집중하는가 아니면 함께 영화를 보거나 비싼 레스토랑에 가는 것에 집중하는가?

나는 나 자신을 돌아보았다. 늘 무언가를 하면서도 거기에 집중하지 못하고 수도 없이 다음 할 일을 생각해왔다. 고등학교 때 컴퓨터 시간엔 수학 공부하고, 정작 수학 시간엔 졸다가 수도 없이 혼이

야무나 선생님과 요가 강사 자격증을 들고(위). 졸업식 날 동기들과(아래).

났고, 대학교 수업 시간엔 아르바이트 생각을 하고, 회사에 다니면서는 끝없이 휴가 생각을 하고…… 지금도 요가를 하면서도 뭄바이에 가면 무엇을 할 것인지 끊임없이 생각하고 있지 않은가?

다음 날 아침, 나는 조용히 동틀 무렵의 해변을 홀로 산책하며 지금 이 순간에 집중해보기로 했다. 지금 내 눈 앞에 펼쳐진 것들과 내 오감을 자극하는 것들을 느껴보았다. 해변에 밀려오는 파도, 물기를 머금은 모래의 촉촉한 느낌, 선선한 바람, 대기에 가득한 산소…… 그리고 태양이 떠오르자 나는 감동에 사로잡혔다. 매일 이렇게 해가 뜨고, 바람은 파도를 만들어낸다. 태양은 우리에게 빛과 열기를 주어 모든 생물이 자랄 수 있게 해준다. 그렇게 모든 자연의 요소가 상호작용하며 공존하고 있다고 생각하니, 지금 이 순간 나와 함께 존재하는 햇살이, 바람이, 파도가 그저 고마울 뿐이다.

그렇게 요가센터에서 지낸 한 달간 얻은 가장 큰 소득은 요가 강사 자격증도, 새로 사귄 24명의 친구도 아니었다. 이렇듯 매 순간에 충실히 하는 법을 배우며 세계를 재발견하고, 내 삶에 주어진 순간들을 온전히 내 것으로 만든 것이리라.

내가 찍은
아무나 선생님의 요가

때로는 슬프고 때로는 기쁘고, 그게 인생이지

#1 발리우드를 꿈꾸다

비행기에서 〈둠2〉를 보다가 도저히 참을 수가 없어 화장실로 향했다. "크레이지 끼야 레~ 크레이지 끼야 레~"하며 방금 배운 노래와 춤을 연습해 보았다. 2분쯤 춤 연습을 하고 있는데 기류 변화로 비행기가 움직이며 머리를 부딪쳤다. 아픈 이마를 문지르다가 이런 생각이 떠올랐다.

'내가 이토록 좋아하는 발리우드(인도 영화 산업을 통칭하는 말)의 일부가 된다면, 그리고 발리우드가 내 삶의 일부가 된다면 얼마나 좋을까?'

나이도 많고, 외모도 평범하고, 무엇보다 한국인인 내가 발리우드 영화배우가 되겠다는 것은 어찌 보면 미친 꿈이다. 그러나 한 번뿐인 삶, 남들 눈치 볼 시간이 어디 있겠는가? 나는 꼭 한번 발리우드에 도전해 보고 싶었다.

웬만한 발리우드 영화 한 편에 액션, 드라마, 멜로, 로맨스, 코미디가 다 들어 있고, 4~7편의 뮤직비디오가 들어 있다고 해도 과언이 아니다. 할리우드 액션 영화를 보면 '왜 저 사람을 죽이는 거야! 저 사람도 소중한 생명이라고!' 하면서 분개하고, 스릴러 영화를 보면 진짜 살인마가 나타날 것처럼 공포에 떨 정도로 감정 이입을 잘하는 내게는 다소 황당해도 계속 춤추고 노래하며 해피엔딩으로 끝나는 발리우드 영화가 딱 맞았다. 인도에서 제작되는 영화 수는 할리우드의 2배 이상이고 중동, 유럽, 미국, 호주, 동남아 등 발리우드 영화를 보는 누적 관객 수도 연간 30억 명을 넘는다.

매출액 규모로는 할리우드에 한참 못 미치지만, 성숙기에 접어든 할리우드와 달리 매년 10% 이상씩 성장하고 있고, 스토리나 영상, 특수효과까지 진화하고 있는 발리우드가 머지않아 할리우드를 앞설지도 모른다.

2 꿈의 도시 뭄바이

발리우드의 꿈을 이루기 위해 나는 서른이 넘은 나이에 치아 교정을 했고, 인도 춤을 배웠다. 그리고 꿈의 도시, 발리우드의 도시, 뭄바이에 도착했다! 뭄바이에 도착하기 전, 나는 수도 없이 내 모습을 상상해 보았다. 매일 해변에서 한 시간씩 뛰고, 요가도 한 시간씩 하고, 퍼스널 트레이너도 고용해서 완벽한 몸매를 만들어보겠다고. 인도의 국민배우 샤룩칸과 함께 영화에 출연하고, 유명 영화배우들과 데이트를 하고, 매일 신문 가십난에 내 사진이 실리는 모습. '아……. 얼마나 신날까! 곧 있으면 전 인도가 나를 사랑하게 될 거야!' 하고 나 자신에게 속삭이며 흐뭇한 미소를 지었다.

'영화 관계자와 배우 딱 100명에게만 들이대보자!' 하는 생각으로 이 사람 저 사람에게 이메일과 트윗을 날렸다. 놀랍게도 아쉬와라 라이의 남편이자 발리우드의 전설 아비탑 바찬의 아들이며 유명 배우인 아비쉑 바찬에게 답장을 받았다. 뭄바이에 도착하기도 전에 〈미드데이〉라는 유명 타블로이드 신문에 내 기사가 실리며 내 꿈을 이루는 날이 그리 멀지 않았다는 환상에 젖기도 했다.

나는 뭄바이에 도착하자마자 현지화 과정에 착수했다. 매일 〈타임스 오브 인디아〉 신문도 한 부씩 사서 발리우드 가십난을 열심히 읽었고, 틈만 나면 힌디어 공부도 했으며, 유명 댄스 스쿨에도 등록했다.

뭄바이에 도착한 첫날부터 나는 분주히 사람들을 만나러 다녔다. 하지만 캐스팅 에이전시, 배우, 모델, 감독, 제작자 등 만나는 사람마다 다들 유명한 감독을 안다는 둥 캐스팅 감독을 소개해주겠다는 둥 말만 번지르르하게 해놓고 실제로 행동에 옮기는 경우는 없었다.

다른 발리우드 지망생들을 만나 그들의 이야기를 들어보았다. 미스 인디아 출신의 한 배우 지망생은 담담하게 자신의 경험을 털어놓았다.

"뭄바이, 아니 이 동네 안데리에만 배우를 꿈꾸는 사람이 최소

발리우드의 문을 두드리기 위해 찍었던 프로필 사진. 이 사진을 들고 얼마나 많은 영화관계자를 만났던가.

10만 명은 있을 거예요. 발리우드 꿈 하나 때문에 전국에서 몰려온 사람들이죠. 그들에게 뭄바이는 꿈의 도시거든요. 적어도 하루에 하나 이상 오디션이 있고, 거기에 최소한 200명의 지원자가 몰리죠. 흔한 게 슈퍼모델, 미인대회 출신이고 미스 유니버스나 미스 월드들까지 오디션에 오는 형편이니 미스 인디아라고 해도 콧방귀조차 뀌지 않아요. 워낙 이렇게 경쟁이 치열하니까 잔챙이 캐스팅 코디네이터부터 정말 이름만 대면 다 아는 유명한 감독들까지 여자 배우 지망생들에게 캐스팅을 미끼로 하룻밤을 요구하는 경우도 흔하죠. 나쁜 길로 빠지지 않고 꿈을 이루려면 자기중심을 잘 잡고 최대한 몸을 사려야 해요."

이런 상황이 발리우드에만 해당하는 것도 아니고 한국이든 전 세계 어디든 흔히 들어본 얘기지만, 막상 발리우드 꿈을 위해 뭄바이에 온 나는 그저 막막하기만 했다. 어떻게 하면 이 장벽을 넘을 것인가 고민하다가 나는 전략을 바꾸기로 했다.

어차피 외국인이고 힌디어도 못하며 외모도 뛰어나지 않은 내가 인도 전역에서 온 수만 명의 예쁜 인도 여자들과 똑같이 경쟁할 수는 없다. 내게 남다른 점은 무엇인지 차별화해야 했다. 결국은 내가 살아온 과정, 내가 살아가는 방식, 그리고 꿈의 파노라마 프로젝트가 강점이 되어줄 터였다. 나는 나 자신과 이 프로젝트를 홍보해서 기회를 만들어내기로 하고 홍보에 전력을 기울였다. 하지만 이때부터가 이 프로젝트 1년간 가장 힘든 시간이 될 줄은 미처 몰랐다.

#3 어두운 자취방 한구석

첫 번째 복병은 친구 소개로 파리에서 만난 사진작가이자 영화 조감독. 내세울 만한 포트폴리오가 없어 별 관심을 두지 않았던 그녀는 수십 번의 이메일을 통해 자신의 열정을 피력했다. 일거리가 없어 밥 사 먹을 돈도 없다는 얘기에 너무 안쓰러운 나머지 나는 그녀에게 비행기 표를 보냈고 그녀는 막상 와서 이런저런 핑계를 대며 작업을 피하다가 이메일 한 통만 남긴 채 제멋대로 북부 자이푸르로 떠나버렸다.

두 번째로 나를 지치게 만든 사람은 사진작가. 발리우드에 입문하려면 프로필 사진이 필요하다며 지인에게 소개받은 그는 막판까지 온갖 핑계로 돈을 더 요구했고 촬영 당일에는 나를 12시간이나 기다리게 했다. 배경과 조명은 엉망진창이고, 약속한 헤어디자이너도 오지 않고 계약에 포함된 보정 작업조차 해주지 않았다. 하지만 선금을 주었기에 그가 연락을 피해도 방법이 없었다.

세 번째 복병은 홍보 동영상을 만든 편집자였다. 시가보다 두세 배 비싼 스튜디오에서 작업해야 한다고 주장하고 매일 두세 시간을 늦었으며 작업 시간 내내 담배를 피우거나 끊임없이 전화로 수다를 떨곤 했다. 하지만 그의 '작품'은 쓸 수 있는 상태가 아니어서 결국 통째로 버리고 친구에게 부탁해서 새로 만들어야 했다.

가장 큰 충격은 하우스 메이트가 이따위의 사람들을 소개해주고 그 과정에서 뒷돈을 챙기고 있었다는 사실이었다. 더 이상 밥도 제대로 먹을 수가 없었고 잠이 안 오는 밤이 계속되면서 2주일 만에 무려 5kg이 빠졌다. 모두가 나를 이용하기 위해 혈안이 된 것만 같은 피해망상증에 시달렸고, 내게 다가오는 모든 사람을 의심의 눈으로 바라보게 되면서 도저히 아무것도 할 수 없었다.

심지어 자연마저도 내 편이 아니었다. 심란한 마음을 다스려보려고 해변에 산책하러 갔는데, 어슬렁거리고 있던 개 5마리가 갑자기 쫓아왔다. 죽어라 뛰었지만, 개들은 으르렁거리며 나를 공격해 옷이 찢기고 허벅지에 피멍이 시커멓게 들었다(광견병 예방주사를 맞아둔 것이 천만다행이었다).

한번은 택시를 타고 가는데 소가 갑자기 도로로 뛰어들어 내가 탄 택시가 급정거한 앞차와 부딪혀 범퍼가 찌그러지는 접촉 사고도 일어났다. 게다가 인도에 도착했을 때부터 계속 온몸이 가렵고 피부에 오돌토돌한 빨간 물집이 올라왔는데, 스트레스를 받을 때마다 마구 긁었더니 진물까지 났다. 빈대 때문인가 싶어 옷가지들을 햇볕에 말려보고, 해충 방지 업체를 불러보니 빈대는 아니라고 한다(나중에 알고 보니 수돗물에 서식하는 기생충 때문으로, 인도를 떠나자마자 피부병은 말끔히 사라졌다). 영화배우가 되겠다고 뭄바이에 왔는데 몸도 마음도 엉망진창인 나날이었다.

쓰러지기 일보 직전의 상태. 카페인으로나마 정신을 되찾으려고 찾아간 카페에서 한 남자가 다가왔다.

"혹시 발리우드에 진출하러 뭄바이에 온 한국인 아니세요?"

"네? 어떻게 아세요?"

"〈미드데이〉 기사를 읽고 웹사이트 찾아가서 글 다 읽었어요. 읽으면서 정말 감동했고 많은 영감을 받았어요. 발리우드에서 꼭 성공하시길 바라요. 응원하겠습니다."

"네……. 감사합니다."

사람들에게 치여서 쓰러지기 일보 직전이었던 그 순간, 갑작스레 다가온 낯선 이의 격려에 나도 모르게 울어버릴 뻔했다. 지난 3주간……. 모든 것에 치이다 보니 자신감이 바닥으로 떨어졌다. 나는 소중한 사람이고 이 세상에는 나를 사랑하는 사람이 많다는 사실마저 까맣게 잊은 것이다. 나는 이제까지 인도에서 받은 문자 메시지들을 하나하나 읽기 시작했다. 낯선 외국인인 내게 손을 내밀어준 사람, 나를 진심으로 걱정하고 도와주려고 했던 사람이 얼

발리우드 영화배우가 되겠다는 꿈이 쉽지 않을 거라 생각했지만 너무 힘들었다. 하지만 응원해주는 친구들이 있어 힘을 낼 수 있었다.

마나 많은데 고작 몇 명 때문에 나 자신을 힘들게 하고 있었던가.

나의 숱한 투정을 묵묵히 들어주며 물심양면으로 도와준 리즈비, 엉망진창이던 홍보 영상을 재촬영, 재편집해 멋지게 만들어준 토니, 밥은 잘 먹고 다니느냐며 부모님과의 식사에 초대해준 조나단, 매일 아침 영감을 주는 문자메시지를 보내주는 맨디, 멀리 마린 드라이브까지 나를 데리고 가서 밤새 뭄바이의 야경을 내려다보며 짜이 한잔에 많은 이야기를 나눈 친구 맨. 그리고 우울할 때마다 극장에서 나를 달래주었던 발리우드 영화들. 그야말로 뭄바이에서의 나의 삶은 샤룩칸이 출연한 한 영화의 제목처럼 '까비 쿠시 까비 감(때로는 기쁘고 때로는 슬픈)'이었다.

나는 억지로라도 밥을 뜨기 시작했고, 서서히 몸 상태가 정상으로 돌아왔다. 밥을 먹기 시작한 지 사흘째 되는 날 결심했다. 모든 영화의 주인공은 최악의 상황에서 반전을 일으켜 해피엔딩으로 끝난다고. 이렇게까지 힘들다면 더 멋진 결말을 만들 수 있을 테니 내 인생이라는 영화를 명작으로 만들자고. 멈추었던 심장이 다시 펌프질을 시작하는 듯, 온몸에서 힘이 솟아났다. 나는 그렇게 뭄바이에서 살아남기로 했다.

샤룩칸 등 뒤에서
울다

#1 뭄바이 안데리의 한 카페

　뭄바이에서의 4주 차, 여전히 발리우드에 한 발짝도 들이지 못한 상황에서 친구 리즈비가 몇 다리를 걸쳐 야쉬라지 필름의 캐스팅 디렉터 샤누를 소개해주었다. 야쉬라지라면 인도 영화의 전설 야쉬 초프라가 만든 인도 최대, 최고의 제작사가 아닌가! 나는 떨리는 마음으로 샤누에게 메시지를 보냈지만, 그녀는 "나한테 전화하지 말고 내 비서에게 전화하라"라며 싸늘하게 반응했다. 그녀의 비서는 어떻게든 약속을 만들어보겠지만, 상황이 좋지 않으니 몇 시간 기다려보라 한다.
　화장을 하고 몇 시간 대기한 끝에 카페로 오라는 문자가 왔다. 설레는 마음을 안고 그들이 있다는 카페에 갔다. 안 좋은 일이 있었는지 분위기는 심각했고 그녀는 직원들에게 한참 소리를 지르다가 나를 매섭게 쳐다본다.

"무슨 일로 왔어요?"

"그러니까, 저는…… 아침에 메시지를 보낸 김수영이라고 합니다. 저는 발리우드의 꿈을 안고 뭄바이에 왔습니다……."

화가 나 있던 그녀의 표정이 다소 누그러졌다.

"그러니까 아는 사람 하나 없이 무작정 짐을 싸서 여기로 왔다고요?"

나는 침착하게 내 이야기를 조금씩 풀어놓았다. 갓 만든 꿈의 파노라마 홍보 동영상을 보여주었더니, 그녀의 눈에 갑자기 눈물이 그렁그렁해졌다.

"세상에……. 정말 감동적이네요. 제가 수영 씨가 꿈을 이룰 수 있도록 최선을 다해볼게요."

나는 그녀의 180도 달라진 모습에 조금 어안이 벙벙했다. 하지만 이렇게 큰 영화사의 캐스팅 디렉터를 만나 긍정적인 답변을 들었다는데 마냥 기뻐서 집에 돌아오는 길에 폴짝폴짝 뛰기까지 했다. 하지만 인도를 떠날 때까지 그녀에게서 연락이 없었다.

2 뭄바이 반드라 지역

1주일이 지난 어느 오후였다. 전화벨이 울렸다. 리즈비였다.

"수디르 미쉬라라는 유명 감독이 지금 영화 촬영 막바지 상황인데, 수영 씨 이야기를 했더니 굉장히 깊은 인상을 받은 듯해요. 이미 촬영이 거의 다 끝난 상태이긴 한데 아직 덜 찍은 장면이 딱 2

가지 있대요. 하나는 광고회사에서 일하는 이 주인공 남녀가 해외에 있는 광고주 사무실에서 프레젠테이션해서 광고를 따내는 장면이고, 다른 하나는 고아의 리조트에서 노래하고 춤추는 장면이에요. 그 해외 고객을 한국 회사로 해서 수영 씨에게 광고주 역할을 맡기기로 했어요. 촬영은 크리스마스 다음 날인 26일이에요."

드디어 내 꿈이 이루어진다는 생각에 기뻐서 방방 뛰었다. 내겐 최고의 크리스마스 선물이었다. 영화의 남자 주인공은 아준 람팔. 내가 가장 좋아하는 영화 중 하나인 〈옴샨티옴〉에서 악역을 맡은 배우로, 당시 블로그에 "저 사람과 언젠가 한 영화에 출연하겠다."라고 썼는데 현실이 되는구나! "사람이 무언가를 간절히 원하면 전 우주가 움직여서라도 그 꿈이 이루어진다."라는 영화 〈옴샨티옴〉의 대사를 되뇌며 기쁨의 눈물을 흘리며 예약해둔 크리스마스 여행을 미뤘다. 조금이나마 더 날씬해 보이기 위해 모든 크리스마스 약속을 취소하고, 온종일 오이와 토마토만 먹으며 조깅과 요가를 했다.

하지만 남자 주인공인 아준 람팔이 몸이 안 좋아서 촬영이 지연될 수도 있으니 확정될 때까지 기다리라는 연락을 받았다. 크리스마스에 혼자 집에서 고픈 배를 붙잡고 전화만 기다리다가 잠이 들었다. 다음날도 마찬가지였다. 정확히 언제 촬영을 한다고 하면 중간에 짧은 여행이라도 다녀올 텐데, 그게 오늘이 될지 내일이 될지 몰라 아무것도 하지 못 하고 마냥 시간만 죽이는 날이 계속되었다. 견디다 못해 담당자에게 물었더니 퉁명스러운 답변만 돌아왔다.

"감독을 비롯해 100여 명의 스태프가 스탠바이 중이에요. 저를 비롯해서 다들 신년이라 고향 갈 비행기 표를 예약해놨는데 그 계획 역시 망가지기 직전인 데다가, 그 비싼 장비 대여료도 매일 낭비되고 있다고요. 촬영이 잡히면 그때 전화 줄게요."

촬영 때문에 케랄라 여행도 미루고, 크리스마스 계획까지 취소하면서 밥도 못 먹으며 이렇게 기다렸는데……. 나 자신이 한없이 작게 느껴졌다. 톱스타를 기준으로 모든 것이 돌아가는 발리우드에서 나의 스케줄과 시간 따위는 아무것도 아니라는 사실을 새삼 느꼈다.

촬영이 언제가 될지 모르니 음식이라도 제대로 챙겨 먹어야겠다는 생각에 집 밖을 나섰다. 터덜거리며 걷는 내 발치에 희미한 전등 빛이 비쳤다. 뭄바이에서는 보기 드문 크리스마스 전등이었다. 줄지은 전등 불빛의 끝에 자그마한 교회가 하나 있었다. 내 발걸음은 마구간의 아기 예수님 앞에 멈추었다. 순간 나도 모르게 눈물이 나왔다. 아무리 힘들어도 애써 참아왔던 눈물이었다. 나는 성호를 긋고 기도하기 시작했다.

"하느님, 저를 이토록 겸손하게 만들어주셔서 감사합니다. 제가 그동안 많이 교만했나 봐요. 제가 더욱 강해질 수 있도록 제게 시련을 준 모든 이를 축복해 주세요."

그리고 빵과 과일, 채소를 양손 가득 들고 가서 길거리의 거지들에게 나눠주었다. 평소 남들을 붙잡느라 바쁜 그들에게 내가 다가가 비닐봉지를 건네니, 순간적으로 당황한 그들은 수줍게 "땡큐"

인도의 유명감독 수디르 미쉬라와 함께.

라고 하며 몇 번이나 감사 인사를 했다.

  이제까지 살면서 나를 도와준 수많은 사람을 떠올렸다. 늘 앞으로 나아가기 바빠 그들에게 제대로 감사 인사도 못 했구나……. 감사할 사람이 너무 많아서 한 명 한 명 직접 인사를 할 수는 없지만, 나는 하늘의 별을 보며 그들에게 감사의 마음을 보냈다. 그리고 지금까지 내가 미워했던 사람들을 용서하기로 했다. 숙소로 돌아와 이제까지 내가 상처를 준 이들에게도 사과의 이메일을 보내고 잠이 들었다.

#3 고아 리조트 장면

  다음 날 담당자로부터 전화가 왔다.

"수영 씨, 아준 컨디션이나 스케줄상 사무실 장면이 언제까지 미뤄질지 모르겠어요. 하지만 고아 리조트 장면은 100여 명이 넘는 사람이 출연하기로 한 상태고 무대까지 다 만들어놓은 상태니 어떻게든 오늘과 내일 밤 촬영을 강행하기로 했어요. 조감독이 수영 씨를 카메라에 담아보도록 하겠다고 약속했으니 일단 촬영장으로 오세요."

나는 급히 샤워하고 촬영장으로 향했다. 여러 명의 스타일리스트, 메이크업 아티스트, 헤어디자이너들에게 둘러싸인 지 1시간 뒤 화려한 파티녀로 변신! 촬영장에 가니 이미 100여 명의 배우, 댄서, 엑스트라가 파티 분위기를 연출하고 있었다. 조감독인 키투가 웬 뚱뚱한 대머리 아저씨를 소개하며 이 아저씨와 춤을 추는 게 내 역할이라고 했다. '네? 아준 람팔이 아니라 이 아저씨랑요?'라고 속으로 절규하는데, 그 아저씨가 자기 이름은 사우랍 슈클라라고 소개를 한다. 나중에 알고 보니 그는 〈슬럼독 밀리어네어〉를 비롯해 수십 편의 영화에 출연한 베테랑 배우. 주인공들 간의 갈등이 격화되는 이 장면에서 그는 가수로 카메오 출연해 코믹하게 노래를 하고, 나는 그의 곁에서 춤을 추는 한 장면을 맡았다.

아준에게 다가가 내 소개를 하고 싶었으나, 계속 기침을 하며 앓고 있는 그에게 차마 말을 걸기가 미안해 다음날을 기약했다. 11도의 차가운 밤공기에 10cm의 하이힐을 신고 얇은 드레스 차림으로 벌벌 떨며 기다리고 기다려도 내 차례는 오지 않았다. 어느덧 아침 6시, 오늘은 이렇게 끝나는구나 하고 생각되는 순간, 키투가 지금

가서 춤을 추라고 한다.

"네? 지금요? 어떻게 춤을 출까요?"

당황하며 묻자 안무가가 그냥 음악에 맞춰 평소대로 추라고 한다. 갑자기 춤을 추라니 당황스러워서 노래를 부르며 리허설을 하는데, "수영 씨, 춤출 때 립싱크하지 마세요."하는 누군가의 지적에 순간 얼어버리고 말았다. 정신없이 춤을 추긴 했지만, 모니터로 확인해보니 사우랍에게만 초점이 맞춰 있어 내 모습은 제대로 보이지 않아 실망스럽기 그지없었다. 춤이라도 잘 출걸, 허무하고 또 허무했다.

다음 날 한 조연 배우와 파티에서 담소를 나누는 장면을 3초가량 찍고, 주인공들이 이동하는 배경으로 비를 맞으면서 춤을 추는 수십 명과 함께 춤을 추며 서글픈 생각이 들었다. 어차피 카메라에 제대로 잡히지도 않을 텐데 이걸 위해서 한 달간 그렇게 마음고생을 하고 크리스마스까지 포기했어야 했나……. 힘없이 슬픈 표정을 짓고 있는 내게 중견 여배우가 다가와서 안부를 묻더니 격려해주었다.

"난 지금 이틀 연속 영화 밤샘 촬영에다 낮에는 텔레비전 촬영까지 있어서 지난 48시간 동안 한숨도 못 잤어요. 그래도 실제로 몇 장면 잡히지 않죠. 발리우드에서 아무 빽도 없이 혼자 힘으로 살아남으려면 죽어라 노력하는 수밖에 없어요. 아무리 아프고 피곤해도 어떻게든 촬영을 해야 하죠."

카메라 앵글에 잡히지도 않는 댄서들은 불평 한마디 없이 이틀

밤 내내 비를 맞으며 음악에 맞춰 미친 듯이 몸을 흔들었다. 한때는 은행원, 공무원이었다던 60대 엑스트라 할아버지들은 "집에서 놀면 뭐 해. 이렇게 와서 돈도 벌고 사람들도 만나고 연예인 구경도 하니 얼마나 좋아."하며 너털웃음을 지었다. 주인공에게 수시로 거울을 보여주는 것이 일인 사람, 밤새 차를 만들어 쟁반을 들고 나르는 사람, 대기실 문 열어주는 사람, "좀 더 힘내서 다음 장면 찍읍시다!"하며 마이크를 들고 돌아다니는 사람까지…… 그렇게 영화의 한 컷은 100여 명의 노력 위에 조금씩 완성되고 있었다.

촬영은 새벽 1시쯤 끝났고, 조감독 키투를 비롯한 여러 명과 나는 함께 차를 타고 촬영장을 빠져나왔다. 크리스마스에 오이만 먹었다는 내 얘기에 갑자기 키투가 "인도식 야식 한번 먹어볼래요?" 하고 제안했다. 그동안 늘 다이어트 모드에 있었던 내가 웃으며 응하자, 키투는 주후 비치 어딘가에 차를 대고 야식을 주문했다. 자동차 뒤범퍼에 신문지를 깔고 뜨끈한 번에 파우바지를 차렸다. 맨손으로 열심히 빵을 찍어 먹다가 허기를 면할 즈음 키투가 입을 열었다.

"수영 씨, 며칠간 초조해하며 기다렸을 텐데 여러 가지로 아쉬워하고 있다는 거 알아요. 하지만 내가 아는 수십 명, 아니 수백 명의 발리우드 지망생들은 뭄바이에서 7, 8년을 고군분투해야 카메라에 잠깐 비칠까 말까 한데, 외국인인 수영 씨가 비록 몇 초에 불과하더라도 한 달 만에 발리우드 영화에 출연했다는 건 정말 엄청난 성취예요. 수디르는 인도뿐 아니라 해외에서도 인정받는, 프랑

밤은 깊어가지만 촬영은 끝날 줄을 몰랐다. 수많은 사람들의 노력으로 영화 한 컷 한 컷이 완성되어 갔다.

스에서는 기사 작위까지 받은 전설적인 감독이에요. 그런데 수디르를 움직인 게 뭔지 아세요? 리즈비가 수디르를 이렇게 설득했지요. '가끔은 아무 대가를 바라지 않고 누군가를 돕는다는 거, 얼마나 아름다운 일이에요. 우리 이 아가씨의 꿈을 이루어줍시다.' 하고요. 그래서 우리 모두 합심해서 수영 씨의 꿈을 이뤄주기로 했지요. 누구나 꿈이 있지만, 정말 그 꿈을 위해 사는 사람은 이 세상에 몇 명 없잖아요. 그런데 수영 씨는 용감하게 자신의 꿈을 좇아 살고 있어서 다른 사람들조차 수영 씨의 꿈을 돕고 싶게끔 했던 것 같아요. 수영 씨, 앞으로도 계속 그렇게 꿈을 이뤄가며 살아요. 그리고 더 많은 사람에게 영감을 주세요."

나는 빵을 손에 든 채 울어버렸다.

'그랬구나…… 그것도 모르고 나는 혼자 투정을 부리고 있었구나…….'

4 런던 서덕 오피스, 리셉셔니스트 장면

"주인공이 샤, 샤, 샤, 샤룩칸이라고요?"

나는 할 말을 잃었다. 인도를 떠난 지 한 달 뒤, 일전에 만난 야쉬라지 필름의 캐스팅 디렉터 샤누가 연락을 해왔다. 일흔아홉 살의 거장 야쉬 초프라 감독이 8년 만에 직접 메가폰을 잡고 그의 아들 아디 초프라가 제작하는 영화에 단역으로 출연할 수 있도록 내 역할을 마련해두었다는 것이다.

수많은 영화 속에서 춤추고 노래하며 나를 설레게 만들고 사랑의 아픔에 눈물짓게 했던, 발리우드를 꿈꾸게 했던 장본인. '발리우드의 제왕'이라고 불리는 발리우드 최고의 배우. 70여 편의 영화에 출연하고 인도의 오스카라 불리는 필름페어 시상식에 30번 노미네이트, 14번 수상으로 인도 영화계의 역사를 다시 쓴 인물, 샤룩칸.

뭄바이에 오자마자 "무제 샤룩칸 세 민나 헤(샤룩칸을 만나고 싶어요)"라며 입버릇처럼 말하고 다녔던 나는 어찌나 신이 나던지 그 자리에서 천장을 뚫고 날아가는 줄 알았다. 하지만 그다음 이야기는 다시 나를 땅으로 돌아오게 했다. 딱 세 마디를 하는 리셉셔니스트 역할이고 영화 촬영이 런던에서 있을 예정인데, 비행기 표를 포함한 일체의 비용을 직접 부담해야 한다는 것.

눈에 띄지도 않을 작은 역할을 위해 100만 원에 가까운 비행기 표를 사야 하고, 그것도 원래 가던 루트와는 정반대인 런던으로 돌아가야 한다는 점이 적잖이 고민스러웠다. 발리우드에서 일하는 친구들은 세 마디 하면 카메라에 제대로 잡히지도 않을 거고, 사람들이 기억해주지도 않을 거라 못 박았다. 하지만 킵워킹펀드 최종 면접 때도 그랬다. 내 돈 주고 비행기 표를 사고 휴가를 써서 면접에 임한 결과 비행기 표 100만 원의 100배인 1억의 상금을 받았다. 시도라도 하면 확률이 0.001%라도 있지만, 그러지 않으면 0%가 아닌가. 무엇보다도 뭄바이에서 그렇게 힘들게 노력했는데 지금 이 기회를 놓치면 평생 후회할 것 같았다.

세 마디를 하더라도 이건 엑스트라가 아닌 엄연한 '배우'로 대접받는 것이고, 영화가 끝나고 올라가는 엔딩 크레딧에 내 이름이 나올 것이 아닌가. 평생 한 번 올까 말까 한 기회를 잡는 만큼 야쉬 초프라 감독과 샤룩칸에게 깊은 인상을 남기고 싶어 두 사람의 영화를 수십여 편 찾아보고, 유명한 구절 등은 힌디어로 암기하려 애썼다. 촬영 1주일 전부터는 다이어트에 들어갔고, 런던에 도착해서도 친구들에게도 연락하지 않고 조용히 지냈다.

드디어 촬영일! 세트장에 도착한 순간, 숨이 막히는 줄 알았다. 스크린이나 언론에서만 접했던 카트리나 카이프, 야쉬 초프라 그리고 아디 초프라가 나를 기다리고 있다. 아디가 즉시 내게 시연을 보여주었고, 나는 덜덜 떨면서 고개를 끄덕였다.

바로 촬영 시작. 현재 인도 최고의 인기를 자랑하는 여배우 카트

화면에서 보던 카트리나 카이프와 연기를 하다니……. 단 세 마디의 대사였지만 가슴이 벅찼다.

리나가 로비로 들어오고, 컴퓨터 작업을 하던 나는 즉시 일어났다.

나: Good morning.

카트리나: Good morning.

나: (소포를 내밀며) Ma'am, here's a parcel for you.

카트리나: Oh, thank you.

나: You're welcome.

이렇게 단순한 장면이다 보니 3번의 컷으로 끝났다. 끝나고 나니 허무했다. 이게 단가? 비행기 표 100만 원 내고, 일정까지 다 바꾸고, 영화 수십 편을 보며 준비했는데…… 비록 내 역할은 끝났지만 나는 눈치껏 버티고 있다가 적당한 틈을 타 아디에게 인사를 했다.

"안녕하세요. 아까 인사 못 드렸는데, 저 김수영이라고 합니다."

"알아요. 수영 씨, 샤누에게 얘기 들었어요."

"어머나, 영광인데요."

"제가 영광이죠. 이제 꿈의 목록에 성공이 하나 더 추가된 거죠? 거기에 조금이나마 도움이 될 수 있어 기뻐요."

아디는 꽤 소탈했다. 그는 여기 사무실 장면엔 샤룩칸이 오지 않지만, 이따 저녁에 파티 장면에는 올 거라고 귀띔해주었다. 파티 장면 촬영하는 것을 보러 가도 되냐고 묻자 그것도 흔쾌히 허락했다.

5 런던 카나리와프, 파티 장면

"야쉬 초프라 감독님의 꿈은 뭔가요?"

샤룩칸을 보기 위해 카나리와프의 촬영 장소에 도착하자, 너무 이른 시간이라서 그런지 아직도 한창 촬영 준비 중이었다. 저 멀리 인도 영화계에서 최고의 파워를 가지고 있다는 야쉬 초프라 감독이 눈에 띄었다.

용기를 내서 그에게 다가간 나는 이런 기회를 주셔서 감사하다고 인사를 나눴다. 동네 할아버지처럼 소탈해 보이는 그는 "이 세상에 평화가 오는 것"이 꿈이라며 인터뷰까지 응해주었다. 그와 이야기를 하는 사이 다시 스태프들이 하나둘 들어와 장내는 분주해졌다.

얼마나 기다렸을까, 어느덧 오후 8시. 파티 장면에 투입될 엑스트라 100여 명이 잔뜩 차려입고 세트장에 들어섰다. 나는 초조하게 샤룩칸만 기다렸다. 아침 8시부터 기다렸으니 벌써 12시간을 기다린 것이다. 눈이 빠져라 쳐다보고 있는데 정말 샤룩칸이 나타났다. 그는 추운 날씨에 자신을 기다리고 있던 팬들에게 직접 악수

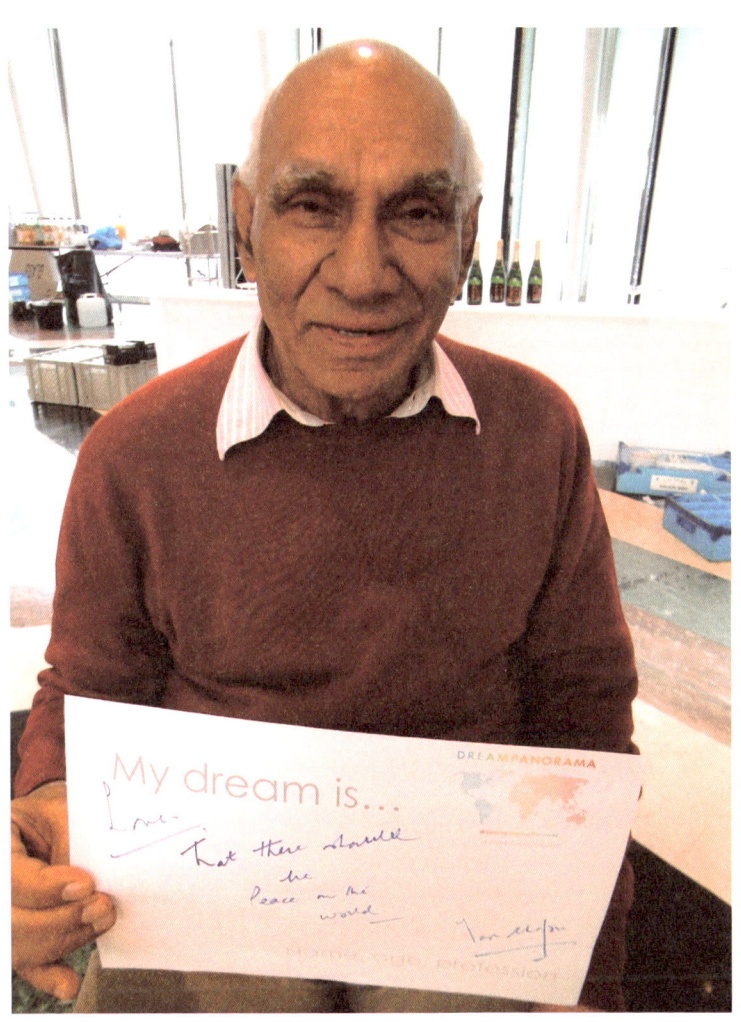

발리우드에서 가장 영향력 있는 사람인 야쉬 초프라 감독님은
동네 할아버지처럼 소탈했다. 그의 꿈은 세상에 평화가 오는 것.

를 한 뒤 촬영장의 많은 사람에게 살갑게 인사를 했다.

휴식 시간마다 그에게 다가가서 한마디라도 하고 싶은데, 덩치 큰 남자가 자꾸 나를 막아선다. 샤룩칸의 경호원이라는 그는 "지금은 촬영 중이니 촬영 다 끝날 때까지 기다리세요."라고 한다. 벌써 기다린 지 13시간째……. 앞으로 5시간 더 기다려야 하는 건가. 샤룩칸에게 많은 걸 바라는 게 아니었다. 비록 영화 속 대사였지만 "온 마음을 다해 바라면 우주가 움직여서라도 꿈이 이루어진다."라고 말해줘서 고맙다고, 멋진 연기로 내 가슴을 설레게 해주었고 멋진 춤으로 우울한 나를 다시 신나게 해주어서 고맙다고 말하고 싶었다. 물론 그 혼자 만든 영화들은 아니지만, 꼭 그에게 그 말을 하고 싶었다.

그러다 잠깐 경호원이 다른 사람들과 얘기 중일 때를 틈타 샤룩칸에게 다가가려 하는데, 이번엔 나에게 출입증을 주었던 영국인 보안과장이 내 앞을 가로막았다.

"당신 여기서 뭐 해요?"

"네? 저 배우잖아요, 오늘 아침에 출연했던……."

"그건 알아요. 그런데 역할이 끝났으면 가야지 왜 계속 죽치고 있죠?"

"샤룩칸 씨랑 사진 한 장만 찍으려고요."

"여기가 팬 미팅 자리인 줄 알아요? 지금 다들 일하고 있는 자리니까 스태프가 아니면 나가주세요."

갑자기 혈압이 치솟고 눈앞이 캄캄하다.

"일하는데 폐 끼쳐서 죄송합니다. 하지만 저 여기 있어도 된다고 감독님한테 허락받았거든요."

"정말요? 어떤 감독이 그랬어요?"

"아디랑 야쉬 둘 다……."

그는 내 말을 못 믿겠다는 듯 다른 담당자에게 가서 뭐라고 한다. 하긴 아침 8시부터 이 밤늦게까지 기다리고 있는 나 자신이 스토커 같아서 내가 한없이 작게 느껴진다. 거기다 뭄바이에서 있었던 일들까지 떠올라 서러운 마음에 눈물이 나는 것을 억지로 참고 또 참았다. 어찌나 입술을 깨물었는지 입술에서 피가 느껴질 즈음 영국인 보안과장이 돌아왔다.

"정말 죄송합니다."

"네?"

"그런 사연이 있는지 생각지도 못했어요. 제가 샤룩칸한테 수영 씨를 직접 소개해드릴게요."

아니 이건 또 무슨 반전인가. 그는 기다리겠다는 나의 손을 억지로 끌고 샤룩칸에게 다가갔다. 샤룩칸 앞을 막아선 경호원에게 보안과장이 설명하고 있는데, 샤룩칸이 우리를 불렀다. 준비를 많이 했는데 막상 그 앞에 서자 무슨 말을 해야 할지 몰라 얼어버린 나는 간신히 한마디를 했다.

"아……. 저……. 사진 한 장 찍어도 될까요?"

아니, 이게 무슨 촌스러운 요청인가. 사진을 찍고 나자 나는 내가 소개된 〈타임스 오브 인디아〉 기사와 내가 샤룩칸 영화에 관해

아침 8시에 촬영장에 도착해 무려 15시간이 지난 밤 11시에 드디어 샤룩칸과 직접 만날 수 있었다. 하지만 바보처럼 말 한마디 제대로 할 수 없었다…….

쓴 글 등을 스크랩해온 파일을 건넸다.

"이거, 조금이나마 영감을 받으셨으면 해서……."

'아, 내가 하려고 한 말은 이게 아니었는데…….'

바보같이 말이 안 나오는데 그가 고맙다며 어깨를 툭툭 쳐주었다. 촬영장으로 돌아와 다음 몇 장면을 지켜보다가 지하철이 끊길 것 같아 관계자들에게 감사 인사를 하고 자리를 나섰다. 모니터링을 하는 야쉬 초프라 옆에 있던 샤룩칸이 무슨 얘기를 들은 건지 갑자기 내 손을 잡아당기더니 손등에 입을 맞추며 다시 한번 고맙다고 말했다.

나는 무슨 말을 해야 할지 몰라 얼굴만 빨개지고, 몇 번 고개를 끄덕이며 인사를 하고 동동거리며 촬영장을 나섰다. 문을 나서자마자 복받치는 감정에 그 자리에서 주저앉아 펑펑 울어버렸다. 그의 영화를 보며 행복해하고, 발리우드 영화에 출연하겠다는 무모한 꿈을 가지고 무작정 뭄바이에 가고, 거기서 만난 나쁜 사람들 때문에 밥도 못 먹고 잠도 못 자며 분을 삼키던 나날들……. 그리고 오늘 15시간의 기다림, 조금 전 겪었던 굴욕. 하지만 결국 내가 꿈꾸던 순간이 왔다는 감격. 이 모든 것이 어우러진 감정이 벅차올라 견딜 수가 없었다. 정신을 차리고 일어나 뒤를 보니 유리문 너머로 그가 나를 바라보고 있었다. 너무 창피한 나는 눈물을 닦고 그에게 손을 흔들었고, 그는 내게 손으로 키스를 날렸다.

발리우드처럼 나를 많이 울고 웃게 한 꿈도 없었던 것 같다. 정말이지 무언가를 간절히 원하면 전 우주가 움직여서라도 그 꿈이 이루어진다는 말처럼, 내 간절한 마음을 응원해준 많은 사람의 도움 덕분에 나는 발리우드의 꿈에 한 발짝 다가갔다.

· · ·

2012년 10월 야쉬 초프라 감독님은 세상을 떠났다. 한 달 뒤인 11월에 영화 〈Jab Tak Hai Jaan〉은 개봉했고 그 해 인도에서 가장 성공한 영화 중 하나가 되었다.

〈Jab Tak Hai Jaan〉
예고편

소금 바다가 꿈꾸는 별

빨간 산타 모자가 나에게 손을 흔들고 있었다. 그가 하리쉬일 것이다. 가까이 다가가자 그는 내 양 뺨에 살짝 입을 맞추며 반가워한다. 크리스마스이브라서 헌 옷을 모아 보육원 아이들에게 주고 왔다는 그는 테이블에 커피를 놓고 떠나는 웨이트리스를 불렀다. "메리 크리스마스"하며 그녀의 손을 잡자, 그녀는 "땡큐" 하고 얼굴을 붉혔다.

"저는 모든 사람을 껴안고 손을 잡아요. 그게 길거리의 노숙인이든 유명 스타이든."

"자세히는 모르지만, 꽤 유명하다고 들었어요. 구체적으로 하는 일이 뭐예요?"

"내가 너무 섹시하니까 언론에서 무시할 수가 없는 거죠!"

그의 호들갑에 나도 모르게 웃음이 나왔다. 그런데 그다음 답변은 의외였다.

"난 아동 성학대 피해자예요. 그래서 관련된 주제를 가지고 여기저기서 강연을 하며 아동 학대 방지 캠페인을 벌여요."

뭐라 답변해야 할지 난감해하는 나를 보며 그는 아무렇지 않게 자신의 이야기를 풀어놓았다.

"내가 여섯 살하고도 반이었지요. 삼촌과 숙모가 저를 목욕시키다가 무슨 이유에선지 숙모가 밖에 나갔어요. 그때 삼촌이 바지를 벗더니 절 성폭행하려고 했어요. 아무것도 몰랐지만 싫다고 떼를 썼더니 삼촌은 제 머리를 물속으로 처박으며 협박했죠. 그렇게 11년간의 강간이 시작되었죠. 제가 열두 살이던 어느 날은 삼촌이 친구 4명을 데려와 무려 5명한테 성폭행을 당하기도 했어요. 지금 생각해도……. 너무나……. 끔찍한……. 기억이에요."

"부모님께 말해볼 생각은 못 했나요?"

"삼촌에게 부모님께 이르겠다고 해도 '누가 그걸 믿을 것 같아?' 하고 비웃기만 했죠. 용기를 내서 엄마에게 말했지만, 엄마는 '망고를 너무 많이 먹어서 피가 나는 것 아니야?'라며 엉뚱한 소리를 했어요. 남자와 남자가 섹스한다는 사실조차 이해하지 못했으니까요."

얼마나 아팠을까, 얼마나 고통스러웠을까, 상상조차 할 수 없는 고통에 나는 말을 잃었다.

"남자라는 존재 자체가 너무나 혐오스러워 학교에서도 남자아이들과 어울리지 못했어요. 그래도 딱 한 명 마음을 터놓고 지내는 친구가 있었는데, 그 친구한텐 모든 걸 털어놓았죠. 전 그 친구보다 공부를 훨씬 잘했지만, 그 친구 곁에 있고 싶어서 그와 같은 대학에 입학했어요. 그런데 학교에 들어간 뒤 상황이 변했어요. 우리 집은 부자였고 그 친구 집은 가난해서 그 친구에게 종종 용돈을 나눠주곤 했는데, 제 아버지 사업이 실패하면서 그게 더는 불가능해졌어요. 그런데 어느 날부터 제가 지나갈 때 뒤에서 '게이' 운운하는 소리가 귀에 들렸죠."

"돈을 안 줘서 그 친구가 말하고 다닌 거로군요."

"그렇죠. 제가 그 친구에게 '네가 말하고 다니는 거야?'라고 따지자, '뭐? 네가 게이라는 거? 네가 삼촌이랑 섹스한다는 거? 응. 그게 어때서?'라고 되레 묻더군요. 당시에 전 삼촌에게 학대당하는 것만으로도 너무 힘들어서 게이니 뭐니 나의 성 정체성에 대해 생각해본 적도 없는데……. 그때부터 드라마가 시작되었어요. 강의실에 갔는데 칠판에 큰 글씨로 '동성연애를 원하면 하리쉬에게 연락하세요.'라고 쓰여 있었고, 제 의자에는 누군가가 초콜릿으로 '게이'라고 써서 옷에 자국이 남도록 했죠. 제가 지나가면 모든 사람이 손가락질했어요. 그 와중에도 삼촌의 학대는 계속되었어요. 도저히 살고 싶지 않아서 화장실에서 면도칼로 손목을 그은 적도 있어요."

문득 친구들로부터 왕따를 당한다고 육교에서 뛰어내릴 생각을 했던 열두 살의 내가 떠올랐다. 하리쉬도 나도, 살아 있어서 정말 다행이다.

"자살 시도 후 한 친척이 제게 개 한 마리를 선물해주었어요. 그

"새 꿈은 '아룬다티'라고 이름 지을 여자아이를 입양하는 거예요."

개는 저랑 같은 침대에서 자고 집 안 어디든지 저를 따라다녔어요. 삼촌에게 강간을 당할 때도 같은 침대에서 제 눈물을 핥았죠. 저는 그 개에게 제 이야기를 했어요. 아무도 들어주지 않았고 믿어주지 않았던, 내가 겪은 모든 일을……. 그래서 서서히 용기를 낼 수 있었던 것 같아요. 그리고 저는 개에게 제 꿈을 이야기하기 시작했죠. '언젠가 나는 세상 앞에 당당해질 거야. 그리고 다시는 희생자가 생기지 않도록 이 일을 세상에 알려야 해'라고."

얼마나 외로웠으면, 얼마나 절박했으면, 아무 말도 알아듣지 못하는 개에게 그 이야기를 했을까……. 나는 가만히 하리쉬의 손을 잡아주었다.

"얼마 뒤에 학교 축제가 있었죠. 한창 장기자랑 공연이 진행 중이었는데, 갑자기 선생님이 저더러 무대에 올라 마이클 잭슨 춤을 추라고 했어요. '저 절대 못 나가요. 사람들이 게이라고 야유할걸요?' 하며 거의 울다시피 매달렸지만, 억지로 무대에 끌려갔죠. 역시나 2천 명의 관중이 '게이! 게이! 게이!'하고 야유를 했어요. 심장이 터질 것만 같아서 저는 눈을 감고 심호흡을 했어요. 마이클 잭슨의 음악을 중단시킨 뒤 전 마이크를 잡고 뻔뻔한 표정으로 이렇게 말했어요. '신사 숙녀 여러분. 제가 일곱 살이었을 때, 아니 정정하죠. 여섯 살하고도 반이었을 때, 저는 삼촌과 섹스를 했어요. 아주 죽여주던데요?' 순간적으로 공연장엔 침묵이 흘렀고, 저는 관중석으로 뛰어내렸어요. 제가 출구 쪽으로 향하자 마치 모세의 기적처럼 관중은 절반으로 나뉘었죠. 누군가가 박수를 치기 시

하리쉬가 흘린 수년간의 눈물은 다른 사람들의 상처까지 정화하고 있다.

작했고, 모든 사람이 우레와 같은 박수를 쳐댔어요. 이후로 아무도 저를 괴롭히는 사람이 없었어요."

그 후 그는 아동 학대 방지 운동가가 되었다. 아동뿐 아니라 여성, 동물, 동성애자 등 기회가 있을 때마다 약자의 편에 섰다. 하지만 도심 한복판에서 폭력적인 시위를 하기보다는 창의적이고 센스있게, 유머러스한 방법을 택한다. 한번은 망갈로르라는 지역에서 술을 마시던 여성들이 "어디서 여자가 감히 술을 마시느냐"며 트집을 잡는 남자들에게 폭행을 당한 적이 있었다. 그때 그는 전국 수만 명의 여성으로부터 헌 속옷을 모아다가 트럭째로 가해자들에게 보냈고, 그것을 계기로 유명 인사가 되었다.

"이제 자서전도 출간되고, 저를 모티브로 한 영화가 두 편이나 만들어지며, 제 말 한마디 한마디가 언론에 소개될 정도로 유명세를 탔죠. 그러자 예전에 제 비밀을 퍼뜨린 친구로부터 만나자는 연락이 와서 만나러 갔더니, 그가 고개를 떨구며 '진심으로 미안하다.'라고 사과를 했어요. 자기를 때리던지, 얼굴에 침을 뱉던지 죗값을 치르게 해 달라고, 그래야 마음이 편할 것 같다며 무릎이라도 꿇겠다고 하더군요. 전 그를 때리거나 침을 뱉을 생각은 추호도 없었지만, 그의 얼굴을 보니 입술이 분홍색으로 참 예쁘더군요. 그래서 그에게 다가가서 키스했어요. 순식간에 당한 일이라 그는 당황했지만, 주변 사람들은 다들 박수를 치고 난리가 났죠. 적어도 그가 키스한 남자는 나 한 명일 테니까 평생 두고두고 기억할 거예요."

우리는 방파제를 따라 걸었다. 짭짤한 바닷바람이 뺨에 느껴졌다.

"지금은 과거의 상처를 다 극복했나요?"

"상처로부터 완전히 자유로울 수는 없지만, 한 번뿐인 삶인데 누군가를 미워하기엔 시간이 너무 아깝잖아요. 전 누군가를 미워할 시간에 사랑하기로 했어요. 심지어 날 11년간 학대한 삼촌마저도……. 용서했다고 말할 수는 없지만 미워하지는 않아요. 그가 지나간다면 아무 일도 없었다는 듯이 인사할 수 있을 것 같아요. 결국은 그 역시 지금의 강한 나를 만들어준 사람 중 하나니까요."

세상의 온갖 오염 물질이 바다로 흘러도 바다를 구성하는 3%의 짜디짠 소금은 그 더러움을 정화한다. 하리쉬가 흘린 수년간의 눈물도 고통으로 얼룩진 삶을 정화하고 다른 이들의 상처까지 보듬어줄 수 있는 그런 소금 같은 자양분이 된 것이다.

이룬다티는 아마도 이 아이들처럼 예쁜 눈을 가졌을 것이다.

무엇보다도 그는 사랑하는 방법을 배우게 되었다. 그 선택이 여자가 아닌 남자일 뿐인데, 사람들은 그가 남자로부터 강간을 당해서 게이가 된 것이라고 수군댔다. 그럴수록 그는 오히려 더 당당하게 자기 자신을 오픈하고 동성애에 대해 강연을 하고 다닌다. 세상의 모든 반목과 미움은 무지에서 시작되니까.

"하리쉬의 꿈은 뭐예요?"

"제 꿈은 여자아이를 입양하는 거예요. 이름도 벌써 지었어요 '아룬다티'. 힌디어로 '별'이라는 뜻이에요. 그녀는 내 삶의 별이 될 거고, 세상 어딜 가든 반짝반짝 빛나는 존재로 키울 거예요. 인도에선 동성 커플의 입양은커녕 결혼도 상상할 수 없죠. 하지만 언젠가는 이루어질 거라 믿어요. 어쩜 내가 인도에서 아이를 입양하는 첫 번째 동성애자가 될지도 몰라요."

"그럼 10년 뒤엔 아룬다티를 만날 수 있겠네요?"

"10년 뒤에 날 다시 만나면, 난 해변 어딘가에서 내 파트너와 아룬다티 이렇게 셋이서 평화롭게 살고 있을 거예요. 아룬다티가 해변에서 모래성을 만드는 동안 난 내 파트너와 다정하게 키스를 하고 있겠죠?"

나는 눈을 감았다. 고아의 해변 어디쯤, 노을이 잔잔하게 하늘로 펼쳐지는 아래로 까만 눈동자에 긴 속눈썹, 깜찍하게 머리를 딴 아룬다티가 모래성을 다 만들었다며 환하게 웃는다. 모래밭에 사이좋게 앉아 있던 하리쉬와 그의 멋진 파트너 역시 환하게 웃으며 아룬다티에게 손을 흔든다. 하리쉬라면 그 꿈을 현실로 만들 수 있을 것 같다.

내 꿈은 당신과
평생 함께하는 것

친구가 된 하리쉬와 함께 바닷가를 산책하다가 유독 눈에 띄는 커플을 발견했다. 오렌지색 노을을 배경으로 행복한 미소를 주고받는 그들에게 눈을 떼지 못하자 하리쉬는 "저 커플의 꿈이 뭔지 가서 물어보자!"라며 나를 끌고 그들에게 다가갔다. 그들에게 꿈의 파노라마 프로젝트를 설명하고 꿈을 써보라고 했다. 남자가 마커를 집더니 "내 꿈은……"이라고 써진 부분을 "우리의 꿈은……"이라고 고쳐 쓰더니, "10년뿐 아니라 평생 함께하는 것"이라고 썼다.

"세상에 이렇게 로맨틱할 수가! 두 분 사귄 지 얼마나 되셨어요?"

"오늘 아침에 만났어요."

"네?"

황당해하는 내게 여자가 미소를 짓는다. '아누'라는 이름의 그녀는 두 사람이 데이트 웹사이트를 통해 2주 전부터 채팅과 통화를 해온 사이라며 귀띔한다.

"저는 싱가포르에 사는데, 오늘 아침 뭄바이에 도착해서 지금까지 아누와 함께 있었어요. 아누가 뭄바이 여기저기를 구경시켜주고, 점심을 먹은 뒤 노을을 보러 카터로드에 왔지요."

싱가포르에서 투자은행가로 일한다는 투힌이 덧붙였다.

"투힌의 꿈은 평생 함께하는 거라는데 아누는 어때요?"

"제 마음도 같아요."

아누가 얼굴을 붉히며 말하자 투힌의 표정이 밝아진다.

그렇게 인터뷰를 마치고 얼마 뒤 투힌이 4월에 결혼식을 올린다며 청첩장을 보내왔다. 만난 지 하루 만에 평생 함께 있고 싶다더니 몇 주 만에 청첩장까지 보내는 초스피드 커플! 스케줄상 결혼식에는 참석하지 못해 아쉬웠는데, 예상치 않게 2달 뒤 싱가포르에 가게 되면서 투힌을 다시 만나 뒷얘기를 들을 수 있었다.

"싱가포르로 가면서 부모님으로부터 결혼 압력이 점점 심해졌어요. 그런데 전 부모님이 강제로 짝지어준 사람과 결혼하고 싶지 않았거든요. 그러자 부모님이 저더러 찾아보라며 데이트 사이트를 가입시켜줬는데 아누와 이야기를 나누는 순간 느낌이 딱 왔어요. 본격적으로 채팅을 하기 시작한 며칠 뒤부터 통화했는데, 어찌나 얘기가 잘 통하는지 2주 동안 매일 밤 몇 시간씩 통화하곤 했어요. 한번은 인도 북부에 있는 친구 결혼식에 갔다가 그녀와 밤 11시부터 새벽 3시까지 통화했는데, 추운 날씨 속에 4시간이나 서 있었

"우리의 꿈은 10년이 아니라 평생 함께하는 것."

투힌과 아누는 3개월 만에 결혼에 성공했다.

더니 감기가 심하게 걸려서 목소리가 맛이 갔지 뭐예요. 더 통화하기도 힘들고 크리스마스이브기도 해서 뭄바이로 날아왔어요."

그의 얼굴과 목소리에는 사랑에 빠진 사람만이 가진 행복한 에너지가 가득했다.

"그녀는 막상 제 얼굴을 보자 많이 수줍어하더군요. 그래도 열심히 아침에 뭄바이 곳곳을 구경시켜주었어요. 그녀를 실제로 보자 전 제 감정에 확신을 가질 수 있었고, 점심을 먹은 뒤 준비해온 목걸이를 선물하며 사랑한다고 말했지요. 그녀는 얼굴이 빨개지더니 조금 시간을 달라고 하더군요. 그래서 혹시 날 보고 실망한 건 아닌가 걱정도 되고 조금 초조해졌어요. 우리는 한참을 아무 말도 없이 바다를 보며 앉아 있었어요. 그때 다정하게 팔짱을 끼고 노을을 향해 걸어가는 노부부의 모습이 보였고, 전 '저게 우리의 미래라면 얼마나 좋을까' 하고 생각했지요."

그날의 노을이 떠오른다. 유난히 농도 짙은 오렌지빛으로 물들었던 크리스마스이브의 하늘.

"그때 수영 씨가 나타났어요. 갑자기 카메라 앞에서 꿈을 적으라니 순간 오만 생각이 들었죠. 그녀가 당황하지 않을까 걱정도 되었지만, 용기를 냈고요. 아누가 자신의 감정도 나와 같다고 했을 때, 정말 뛸 듯이 기뻤어요. 서로의 감정을 확신하게 된 첫 번째 순간이었으니까요."

손에 쥔 아이스크림이 녹는 줄도 모르고 그는 신이 나서 이야기를 계속했다.

"수영 씨가 가고 나서 꿈인지 생시인지 멍했어요. 아누조차도 '저 사람들 혹시 당신이 고용한 거 아니야?'라고 했을 정도니까요. 다음날인 크리스마스에 우리는 결혼을 결심했고, 그 이튿날 부모님들이 만나서 결혼 날짜를 잡았죠. 알다시피 인도에서 결혼하려면 따져야 할 것이 많아요. 특히 가장 큰 문제가 궁합인데, 점을 봐서 두 사람의 궁합이 안 맞으면 결혼이 깨지기도 하거든요. 피하려 했지만, 부모님들의 성화로 어쩔 수 없이 점을 봤는데 너무나 완벽한 인연이라고 나오지 뭐예요. 또 아누는 브라만(승려) 카스트이고 저는 무사 계급이라 고민이 되었지만, 다행히 아누의 부모님이 개의치 않아서 일사천리로 결혼이 성사되었고 날짜를 잡게 되었어요."

그야말로 하늘이 맺어준 커플이다. 투힌과 아누가 내 프로젝트에 참여했다기보다 이 프로젝트가 그들의 운명에 잠깐 발을 들여놓았나 보다. 투힌은 휴대전화를 보여주었다. 내가 찍은 그들의 꿈

사진이 바탕 화면이었다.

"이렇게 사랑하는 사람을 만나 결혼하게 되다니 정말 행복해요. 전 친구들에게 우리 이야기를 할 때마다 수영 씨 얘기를 해요. 그 상황 자체가 사실상 프러포즈였으니까요. 수영 씨가 우리 결혼식에 와준다면 정말 큰 영광이겠어요."

투힌을 만나고 돌아오는 길, 그에게서 받은 행복하고 설렘 가득한 기운이 내 가슴에도 피어나는 듯해 오는 길에 꽃을 샀다. 꿈을 물으러 갔다가 꿈을 이루어주다니, 이보다 더 좋을 수는 없다!

...

아쉽게도 그들의 결혼식에는 참석할 수 없었지만 몇 년 후 다시 싱가포르에 갔을 때 부부를 만나 함께 저녁을 먹었다. 현재 그들은 홍콩에서 행복하게 살고 있다.

Chapter 5

태국 + 미얀마 + 싱가포르 + 네팔

현실에 꿈을 맞추지 말고
꿈에 현실을 맞춰요

"사람들은 '꿈을 펼쳐봐'라는 소리가 뻔한 말이라고 하지만,
자신의 꿈에 도전하다 보면 그렇지 않다는 걸 알게 될 거예요.
꿈을 좇아 살다 보면 어느 순간 꿈과 현실이 동일해진답니다."

방콕의 노숙 청소년들과
함께한 일요일

인도에서의 3개월을 마치고 태국 방콕으로 넘어왔다. 타이 마사지를 배우며 지내는 중에 친구 팟찌가 일요일마다 '더 허브(The Hub)'라는 노숙 청소년 쉼터에 봉사 활동을 간다고 해서 한번 따라가 보기로 했다.

차이나타운 한구석에 있는 이곳은 예전에 유명한 바였는데, 정부에서 매입해 청소년센터로 만들었다고 한다. 부모에게 버림받거나 집 또는 보육원을 가출해 길거리에서 생활하는 다섯 살부터 열여덟 살까지의 아이들이 낮에 마음 편하게 와서 낮잠도 자고, 밥도 먹고 공부도 하고, 씻고 빨래도 할 수 있는 곳이라 했다. 팟찌를 비롯한 봉사자들은 아이들에게 공부를 가르쳐주거나 함께 놀아준다고 한다.

피자를 사 들고 더 허브에 도착하니 온몸에 문신한 아이들이 널

브러져 자고 있거나 컴퓨터 게임을 한다. 알 없는 뿔테 안경을 쓰고 화장하느라 정신이 없는 열다섯 살 민이의 어깨 뒤에는 전갈과 초승달 문신이 선명했다. 그보다 한 살 아래인 봄은 조잡한 가짜 치아교정기를 하고 있었는데, 역시 몸 여기저기에 문신이 있다. 내가 가출을 밥 먹듯 하던 시기도 저쯤의 나이였을 것이다.

아이들에게 말을 걸었다. 아이들은 내가 한국인이라는 것에 잠깐 신기해했을 뿐 틱틱거리며 질문을 쳐냈다.

"넌 취미가 뭐니?"

"본드 마시는 거요."

"이 화살 문신은 무슨 뜻이니?"

"날 함부로 건들면 찔러버리겠다는 뜻이에요."

한국이나 태국이나 부모로부터 버려진 아이들은 마음을 열려고 하질 않는다. 어쩌면 매주 새로운 사람들이 선물을 들고 와 사진만 찍고 가버리는 것에 마음을 닫아버렸는지도 모른다.

큰 아이들은 별로 이야기를 하지 않으려 해서 작은 아이들과 좀 놀아주다 보니 어느덧 문 닫을 시간. 아이들은 하나둘 어디론가 사라졌고, 관리직원들은 안에서 문을 잠갔다. 센터장인 우에게 이 아이들이 어디서 자느냐고 묻자, 10대 아이들은 거리에서 매춘해서 번 돈으로 모텔에서 자거나 역에서 노숙한다고 한다. 대여섯 살쯤 된 어린아이들은 갈 곳이 없어 센터 바깥에 앉아서 해가 뜨기만을 기다린다고 한다. 가슴이 아프다. 아무리 낮에 안전한 곳에서 편안하게 있더라도 밤에 갈 곳이 없어 거리를 헤매야 한다면, 이건 매일 천국과 지옥을 왔다 갔다 해야 하는 것 아닌가. 저 아이들이 밤마다 느껴야 하는 두려움, 소외감, 박탈감……. 나는 뼈저리게 알고 있다.

"여기서 재우면 안 되는 거예요? 이불도 이미 있으니 그냥 자면 되잖아요."

"여기가 보육 시설로 허가받은 게 아니라서 곤란해요. 보시다시피 여기가 탁 트인 공간인데, 아이들이 다 한데 모여서 자면 무슨 일이 일어날지도 모르고. 그러려면 경비를 둬야 하는데, 그런 예산은 책정되지 않고요. 그렇다고 우리 개인 삶을 포기하고 매일 밤 여기를 지킬 수도 없는 노릇이니……. 저도 매일 퇴근할 때마다 젖 달라는 애를 억지로 떼어놓는 비정한 엄마 같아 마음이 아파요. 하지만 우리도 사람이다 보니 한계가 있어요."

하긴, 매일 아이들과 씨름하는 그네들의 고충을 하루 스쳐 가는 방문객이 쉽게 왈가왈부할 수는 없다. 그래도 매일 밤 차가운 공기와 딱딱한 바닥에서 잠들 아이들을 생각하니 마음이 너무 아팠다. 내가 할 수 있는 일은 무엇일까 팟찌와 함께 머리를 맞대보았다. 며칠 머무는 판에 보육 시설을 마련할 수도 없는 일이었다. 그렇다면 내가 이 아이들에게 줄 수 있는 것은 무엇일까.

답이 떠올랐다. 그것은 바로 '이해'와 '관심'이었다. 나 역시 그렇게 반항하고 일탈하던 시절 "나도 네 맘 알아" 하며 누군가가 나를 있는 그 자체로 이해해주고 관심을 가져주길 얼마나 간절히 바랐던가. 전국의 소년원들을 찾아다니며 강연을 할 때도 아이들은

'꿈을 꾸라'라는 주문에는 콧방귀도 안 뀌다가 내 과거를 이야기하면 눈빛이 달라졌다.

'그래, 아이들에게 이해와 관심을 주자. 그들의 마음의 문을 열고 꿈을 심어주자.'

팔레스타인 난민촌, 인도와 네팔의 보육원에 이어 '드림 워크숍'을 할 시간이다. 하지만 꿈을 그리라고 하면 마냥 신나서 그리던 어린아이들, 또 팔레스타인 독립을 한 목소리로 외치던 팔레스타인 난민촌 아이들과는 달리 이 아이들에게는 좀 더 내 이야기를 해주기로 마음먹었다. 그다음 주 일요일 나는 종이와 색연필 등을 가득 사 들고 더 허브로 향했다.

우가 억지로 아이들을 끌고 와서 앉혀놨지만, 아이들은 별 관심을 보이지 않는다. 잡담하는 아이들, 휴대전화 문자를 보내느라 정신없는 아이들 앞에서 나는 바지를 걷었다.

"여기 종아리에 화상 자국 보이니? 폭주족 시절에 위험하게 오토바이 타고 다니다가 배기관에 덴 자국이야. 17년이 지나도 없어지지 않아."

아이들의 시선이 내 다리에 몰렸다. 이번에는 나의 오른쪽 어깨를 드러냈다.

"여기 이 흉터는 본드를 마시던 친구가 나에게 칼을 던져서 맞은 자국이야. 그때 그 칼이 조금만 왼쪽으로 왔더라면 나는 지금 이 세상에 없을지도 몰라."

아이들의 얼굴은 놀라움 반 진지함 반이었다. 나는 계속해서 이

열심히 자신의 꿈을 그리고 있는 방콕의 청소년 쉼터 아이들.

야기를 이어나갔다.

"꿈도 미래도 없던 시절의 나는 이 세상 모든 게 원망스러웠어. 왜 나만 이렇게 가난한 집에서 태어났을까, 왜 선생님들은 나만 미워할까, 나는 왜 예쁘지도 않고 공부도 못할까……. 세상은 정말 불공평해! 하지만 꿈이 생기니까 세상은 달라진 게 없는데 내가 달라지더라고. 그러니까 아무리 어려운 상황도 극복해낼 수 있었고, 지금 나는 전 세계를 돌아다니면서 내 꿈을 이루며 살고 있어. 내가 과거에 생각했던 것보다도 훨씬 더 행복하고 멋진 그런 삶을 말이야."

아이들의 눈은 커졌고 표정은 숙연했다.

"그러니까 꿈을 가져봐. 꿈이라고 해서 뭐 거창한 거 아니야. 그냥 네가 원하는 모든 것, 널 행복하게 만드는 모든 것을 생각하고 쓰고 다른 사람들에게 말해봐. 자 여기 종이랑 펜 있으니까 한번 써보고 그려보자. 알겠지?"

아이들은 테이블에 둘러앉아 종이에 자신의 꿈을 적고 그려보았다. 혹시나 그림 그릴 게 생각나지 않을까 싶어 찢어서 붙이라고 잡지도 여러 권 주었는데, 아이들은 직접 그림을 그리는 게 더 재밌는지 서로 색연필을 돌려쓰면서 한동안 열심히 그림을 그렸다.

아이들은 동그랗게 둘러앉아 한 명씩 꿈을 발표했다. 첫 번째는 열네 살 여자아이 봄.

"자유로워지고 싶어요. 따뜻한 가정도 있으면 좋겠어요. 태국 전통춤을 가르치는 선생님도 되고 싶어요. 참, 저 노래도 좋아하거든요. 엔도르핀이라는 가수처럼 슈퍼스타가 되고 싶어요. 어, 그러고 보니 내가 이렇게 꿈이 많았나?"

"노래 좋아하면 한 곡만 해줄래?"

한참이나 수줍어하던 봄은 용기를 내어 노래를 불렀고, 우리 모두 크게 박수를 쳤다. 한 곡을 다 못 부른 게 아쉬웠는지 봄은 나중에 컴퓨터에 깔린 노래방 프로그램을 틀어 열심히 연습했다.

보조개가 예쁜 열여섯 살 민트는 그림에 엄마, 아빠, 자신의 모습을 그렸다.

"행복한 가정을 이루고 싶어요. 제 사업도 하고 싶고요. 식당이든 정비소든 다 좋으니까 내가 사장이 돼서 직원들한테 일을 다 맡

누구보다 아이들의 아픔을 잘 아는 나이기에 그들에게도 가능성이 있다는 것을 얘기해주고 싶었다.

길 거예요. 그리고 저는 여기 더 허브 같은 센터를 만들어서 아이들을 사랑으로 키우고 싶어요."

온종일 화장만 하는 민트가 이렇게 기특한 생각을 하고 있을 줄이야. 이렇게 예쁜 아이가 행복한 가정에서 자랐다면 얼마나 좋았을까.

열여섯 살의 툰은 무대에서 공연하는 자신의 모습과 기타를 그렸다.

"제 밴드를 갖고 싶어요. 보디슬램이라는 유명한 밴드의 일원이 되는 것도 좋고요. 음……. 직업으로는 정비소를 하고 싶어요. 차 도색 전문으로요."

"행복한 가정을 이루고 싶어요.
또 나 히브 같은 제니를 만나어서 아이들을 사랑으로 키우고 싶어요."

"그럼 민트랑 같이 정비소하면 되겠네? 둘이 결혼해라!"

갑자기 그 둘이 서로를 바라보다 까르르 웃는다.

"에이, 저 여자친구 있어요!"

"정말?"

"네, 한 살 연상이에요."

우는 툰이 매춘을 하는 여자친구와 함께 모텔에서 지낸다고 귀띔했다. 유독 낯을 많이 가리던 열세 살의 손은 아빠처럼 드럼을 치고 싶다고 말하고 나서 감정이 복받친 것인지 금방이라도 울 듯이 부엌으로 도망쳤다.

한 명 한 명 꿈을 발표할 때마다 큰 박수가 쏟아졌고, 아이들의 표정은 점점 더 고무된 듯했다. 처음에 악수를 건넸을 때 인상을 찌푸리며 내 손을 피하던 열여덟 살 붐이 나중에 알고 보니 사고로 오른쪽 손을 잃었다는 이야기에 미안해 더 다정하게 말을 걸었다.

"붐은 꿈이 뭐야?"

"게임 디자이너가 되고 싶고, 음……. 또 만화도 그리고 싶어요. 가끔은 영화배우가 되고 싶기도 하고요."

"키도 크고, 얼굴도 잘생기고, 보조개도 매력적이라 충분히 영화배우가 될 수 있겠는데? 그런데 배우가 되려면 여기 얼굴 칼자국이랑 다리랑 등, 팔에 있는 문신은 레이저 시술로 지워야 해. 알았지?"

처음에 문신 자랑(?)을 하던 때와는 달리 붐은 얼굴을 붉혔다.

"네, 저 그리고 외국에도 가고 싶어요."

"그럼 영어도 잘해야 해. 그래야 할리우드에 진출하지!"
"네! 알겠습니다."
거칠던 첫 만남과는 달리 순한 양이 된 붐의 변화는 놀라웠다.

나는 안다. 이 아이들이 거칠고 사나운 이유를. 이들은 남들보다 더 약하고 불안한 자기 자신을 숨기려고 일부러 더 센 척한다는 것을. 나 역시 그랬다. 그때 내가 간절히 바랐던 것은 괜찮다고, 다 그렇게 크는 거라는 위안의 한마디였다. 누구보다 그것을 잘 아는 나이기에 이 아이들의 아픔을 보듬어주고, 불안정한 이 아이들을 다독여주고, 다른 아이들과 다를 바 없는 똑같은 가능성의 존재들이라는 것을 알려주고 싶었다. 어쩌면 넓은 하늘을 훨훨 자유롭게 나는 한 마리 새가 될 이 아이들이 제대로 부화도 하기 전에 깨뜨려버리는 것은 무관심과 편견으로 가득 찬 어른들의 시선이 아닐까.

끝나고 나자 아이들의 표정이 한결 따뜻해졌다. 봄과 민은 함께 사진을 찍고 싶다며 휴대폰을 내밀었고, 어린아이들은 나의 품에 안겼다. 좀 더 큰 남자아이들은 쑥스러워하면서도 종이를 버리지 않고 소중히 간직했다.

우는 종종 이메일로 아이들이 내 안부를 묻는다며 그들의 근황을 전하곤 한다. 10년 뒤에 그 아이들을 어떻게 찾을 수 있을지는 모르겠지만, 꼭 그 아이들과 웃는 모습으로 다시 만났으면 좋겠다.

쩌두의
공짜 장례식

드림 프로젝트를 시작하기 전부터 나는 꼭 미얀마에 가야겠다고 생각했다. 2005년에 출연했던 미얀마 영화 〈하늘을 만드는 사람들〉 때문이다. 당시 한국으로 촬영을 왔다가 여주인공이 사라지는(?) 불상사로 얼떨결에 내가 여주인공으로 캐스팅된 작품이다. 나는 회사를 1주일 휴가 내고 여배우뿐 아니라 현지 코디 역할까지 자원하며 열심히 촬영에 임했다.

임신부 역할과 아기 낳는 장면은 장소 섭외만큼이나 힘들었지만, 시아버지 역할을 맡은 미얀마의 국민배우 쩌두와 남편 역할의 꽃미남 배우 밍우로부터 연기력 칭찬을 받기도 했다. 그런데 촬영팀이 떠나고 나서 연락이 끊겨버려 영화가 미얀마에서 상영했는지조차 알 수가 없었다. 쩌두와 밍우가 준 명함으로 전화를 해도 전화를 받는 사람이 영어도 못 알아듣고 이메일을 보내도 답장이 없으니 답답하기 짝이 없었다.

그래서 미얀마에 가서 직접 그들을 찾아보기로 했다. 서울에서 김 서방 찾기도 아니고, 그야말로 양곤의 밍서방 찾기일 수도 있다. 아무래도 언어가 가장 큰 문제일 듯해서 미리 카우치서핑을 통해 영어가 가능한 현지인 몇 명에게 부탁을 해두었더니, 코코라는 대학생이 도와주겠다고 나섰다. 코코는 쩌두와 직접 연락이 닿지는 않지만, 그가 무료 장례 서비스를 해주는 자선 단체(Free Funeral Service Society, FFSS)를 운영하고 있으니 일단 한번 찾아가 보자고 했다. 양곤 시내에서 택시를 타고 시외로 40분쯤 달려 그곳에 도착하자 나를 기다리고 있던 사람은 바로 쩌두였다! 7년 전보다 흰머리가 더 많아졌지만 한눈에 그를 알아볼 수 있었다.

"쩌두! 저 기억나세요? 당신 만나러 여기 미얀마까지 왔다고요!"

"그럼요. 어젯밤에서야 이 청년이 보낸 이메일을 확인했지 뭐예요. 그래서 아침부터 여기 서서 기다리고 있었죠."

"세상에!"

7년 동안 그렇게 연락이 안 되다가 이렇게 만나게 되다니……. 쩌두는 감격한 나를 사무실로 초대했고, 그의 비서가 차를 대접해왔다. 사무실 벽엔 수십 개의 사진이 붙어 있었다. 젊은 시절의 잘생긴 모습, 결혼식 때 모습, 미얀마 아카데미상을 받는 모습도 있었다. 그러나 가난한 이들에게 손을 내미는 모습, 가족과 함께 웃는 모습 등이 더 자연스러워 보였다.

"그때 같이 찍은 〈하늘을 만드는 사람들〉은 개봉을 했나요?"

"그거 사기였어요."

"네?"

"나도 피해자예요. 그 감독 아주 위험한 사람이더라고."

그가 해준 이야기는 충격적이었다. 당시 한국 여자와 결혼해 서울에 살고 있던 감독님의 아들은 경제적으로 궁핍해지자 한 명당 400만 원씩 받고 미얀마 노동자 30명을 한국으로 데려오기 위해 그들을 아버지의 영화 스태프로 위장하려는 계획을 세웠다. 그리고 미얀마 주재 한국 대사관의 의심을 받지 않기 위해 유명 배우인 쩌두와 밍우를 섭외했다. 그러나 쩌두, 밍우, 여배우, 감독님과 카메라맨을 제외한 나머지 사람들은 입국 심사에서 걸려 강제 출국당했다. 사라졌던 여배우도 원래 배우가 아니었고, 사실상 불법 입국에 성공한 유일한 사람이었다. 감독님은 미얀마에 돌아오자마자 감옥에 들어갔고, 최근에야 풀려났다고 한다.

그 말을 들으니 눈앞이 핑그르르 돌았다. 내가 회사까지 휴가 내고 그토록 힘들게 노력하며 찍었던 그 영화가 사기극이었다니. 그것도 모르고 7년간 영화가 어떻게 만들어졌는지 궁금해했다니. 아무것도 모르는 풋내기 외국인인 나야 그렇다 치고, 베테랑 배우인 쩌두까지 속았다니 얼마나 황당했을까.

"지금도 영화를 많이 찍으시나요?"

"영화는 접었어요. 이제 가난한 이들을 위해 남은 생을 바치기로 했죠."

1980, 90년대를 풍미한 미얀마 최고의 스타였던 그는 200편의

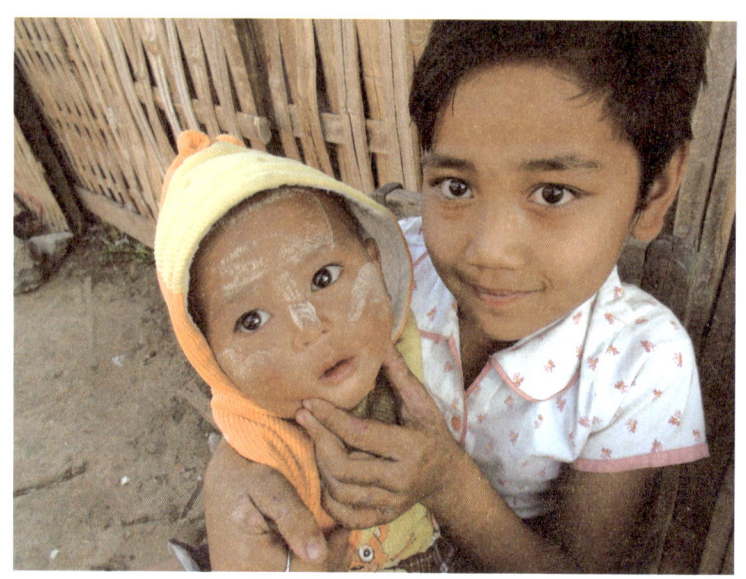
미얀마 거리에서 만난 아이들.

영화에 출연하고 6편의 영화를 감독하였으며, 최고 감독상까지 받았을 정도로 큰 성공을 거두었다. 하지만 독재 군부 선전 영화에 출연을 거부했다는 이유로 정부가 지원하는 미얀마 영화협회의 외면을 받았다. 특히 2007년에는 스님들이 주도한 반정부 시위를 지지했다는 이유로 7일간 수감되기도 했고, 그가 에이즈에 대한 인식을 촉구하기 위해 만든 영화는 정부의 검열에 걸려 상영되지도 못했다. 그렇게 민중과 약자의 편에 있었던 찌두는 죽어서 장례조차 치를 수 없는 극빈층을 돕기 위해 자신의 전 재산을 바탕으로 2001년에 FFSS를 설립했다.

나는 그 사기극 때문에 심란한 상태였지만, 찌두가 하는 일에 큰 호기심이 생겼다.

"장례식 한 명 치르는 데 얼마나 드나요?"

"5만 짯(약 6만 6천 원)이요. 그나마 똑같은 장비나 차량을 계속 이용하니까 많이 아낀 거예요."

어느덧 사무실에 들어온 쩌두의 부인 민트가 유창한 영어로 내 질문에 대답해 주었다. 그러니까 장례비용이 미얀마인의 한 달 평균 임금과 비슷하다는 이야기인데, 빈부 격차가 심한 이곳에서 가난한 이들에게는 감당하기 어려운 금액이다. 전 국민이 알고 있는 스타가 운영하는 NGO이기도 하고, 당장 장례식을 치를 여력이 없는 사람들이 모두 FFSS의 문을 두드리다 보니, 지난 11년간 무려 10만 명의 장례를 치러주었다고 한다.

"그럼 기금은 어떻게 마련하는 건가요?"

"제가 30년간 영화 일하며 번 돈 모두를 털었어요. 제가 잘해서 번 돈이 아니고 국민이 절 사랑해줘서 번 돈이니까 돌려주는 게 당연하죠. 종종 기부도 받고요."

"그래도 10만 명이나 장례를 치러줬다니, 그 과정이 쉽지 않았을 것 같아요."

"돈보다는 정부의 방해 때문에 힘들어요. 미얀마에 있는 수많은 NGO도 그래서 문을 닫았어요."

"이건 무료 장례식을 해주는 거지 반정부 단체가 아닌데 왜요?"

"정부는 사람들이 쩌두를 추종하는 것을 원치 않아요. 이렇게 사람들이 그를 따르면 따를수록 권력을 갖게 되지 않을까 싶어 자

"세상에 사랑과 평화, 행복이 가득했으면 좋겠어요."

꾸 훼방을 놓는 거죠."

민트의 이야기를 묵묵히 듣던 쩌두는 기관을 구경시켜주겠다고 했다. 2층으로 올라가자 영어 수업과 컴퓨터 수업이 한창이었다. 도서관에는 사서들이 새로 들어온 책을 정리하고 있었고, 주방에서는 식사 준비가 한창이었다. 복도 벽에 있는 장례 일정표와 수백 장의 장례식 사진에 시선이 갔다. 관을 들고 가는 사람들의 모습과 그 관을 실은 배가 강을 건너는 모습, 결혼식 의상을 입은 신부의 모습도 보였다.

"아니 왜 신부가 관을 들고 있나요? 신랑이 죽기라도 했나요?"

"저 신부의 아버지가 죽었을 때 FFSS가 장례를 치러줬거든요. 그래서 인생 최고의 날인 결혼식 날 예식 끝나자마자 새신랑과 함께 와서 다른 이의 장례 치르는 것을 돕는 자원봉사를 했어요."

생각만 해도 가슴이 찡하다. 결혼식만도 엄청나게 피곤했을 텐데 얼마나 고마웠으면 옷도 갈아입지 않고 왔을까. 쩌두의 발에 엎드려 통곡하는 여인을 그가 일으키려는 모습의 사진을 보니 나도 모르게 울컥 눈물이 날 뻔했다. 쩌두는 금박을 두른 흰색 관 사진을 가리키며 그게 10만 번째 장례식이었다고 말한다.

다른 알림판을 가자 폐허가 된 모습과 시신들을 수습하는 사람들의 사진이 가득하다. 코코가 2008년 미얀마 남서부를 120mph 풍속으로 강타한 사이클론 나르기스의 희생자들이라고 설명했다. 10만여 명의 사상자를 낸 이 사이클론의 희생자 중 수만 구의 시체를 FFSS가 수습해 장례를 치러주었다. 다른 사진에는 아웅산 수

FFSS 벽에 걸린 사진.

지 여사가, 또 다른 사진에는 지미 카터와 쩌두가 함께 있다. 쩌두는 우물 사진을 보여주며 여러 마을에서 식수 정화도 돕고 있다고 설명했다.

본관을 다 보여준 쩌두는 옆에 있는 병원으로 데려가 방마다 문을 열며 초음파 기기를 비롯한 현대적인 시설들을 자랑스럽게 보여주었다. 시력 테스트 중인 스님, 충치를 뽑는 할아버지와 인사를 나눈 그는 이제까지 4만 8천 명이 이 병원에서 무료 건강검진을 받았다고 설명했다. 한 사람의 결심이 얼마나 위대한 결과를 만들어내는지 느껴진다. 쩌두를 알게 된 계기는 허무했지만(?), 그 덕분에 이렇게 대단한 일을 하는 그와 알게 된 것이 감사하게 느껴졌다.

쩌두의 꿈은 무엇일까?

"모든 사람이 먹고살 걱정하지 않고, 자유롭고 평화롭고 즐겁게 살았으면 좋겠어요."

자유를 빼앗겨본 사람만이 자유의 소중함을 알고, 불안과 초조 속에서 살아본 사람만이 평화가 주는 안도감을 안다. 배가 고파본 사람만이 먹고산다는 것의 의미를 안다. 쩌두의 꿈은 그 혼자만의 꿈이 아니라 미얀마인 모두를 위한 꿈일 것이다.

그에게 감사 인사를 마치고 돌아오는 길, 나도 FFSS를 위해 뭔가 해보고 싶다는 생각에 일단 미얀마 돈이 남으면 기부를 해야겠다고 결심했다. 미국의 경제 제재 조치로 현금지급기도 없고 신용카드도 안 되는 나라이기 때문에 현금이 떨어질까 걱정은 되었지만, 7일간의 여행을 위해 준비해온 현금을 아껴 쓰면 되지 않을까 싶었다.

하지만 며칠 뒤 정작 내가 돈이 떨어져 고생했다. 처음에는 호텔에서 자다가 그다음 며칠은 호스텔에 갔다가, 마지막 몇 밤은 야간 버스에서 쪽잠을 자야 했다. 돈이 있을 때만 해도 비싼 식당에 가서 먹었지만, 나중에는 한 끼에 200원짜리 길거리 국수를 먹으면서도 한 푼이라도 깎기 위해 애써야 했다. 마지막 날은 밍우가 사준 점심한 끼가 식사 전부였고, 떠나는 순간까지 혹시나 돈이 필요할 일이생길까 봐 가슴을 졸여야 했다. 그렇게 제대로 먹지도 자지도 못하다 보니 태국으로 돌아오자마자 몸살로 1주일을 앓았다.

돈이 있다는 것은 '선택'을 할 수가 있다는 것이다. 고급 식당에

쩌두의 꿈은 혼자만의 꿈이 아니라 미얀마인 모두를 위한 꿈일 것이다.

서 풀코스를 먹을 수도 있고 길거리 국수를 택하고 남은 돈을 기부할 수도 있다. 반면 돈이 없으면 선택의 여지가 없이 길거리 국수를 먹어야만 하는 것이다. 이렇게 '생존'에 급급하다 보면 남들을 도울 여유도 없고, 점점 마음이 각박해진다. 오죽하면 가족의 죽음 앞에서도 돈 걱정부터 해야 하는 사람들의 모습에 쩌두가 무료 장례식을 시작했을까.

그래도 아쉬운 마음에 미얀마를 떠난 뒤 FFSS로 돈을 보내려고 알아봤는데, 역시나 미얀마로의 송금은 불가능했다. 미얀마 주재 한국 대사관에 돈을 보낼 테니 현지에서 기부금을 전달해줄 수 없냐고 문의하자, 그럴 수는 없다고 한다. 다음엔 현금을 아주 넉넉히 싸 들고 다시 한번 미얀마로 날아가야 할 것 같다. 더 나은 세상을 꿈꾸는 쩌두에게 조금이나마 힘을 실어주기 위해.

・・・

2015년 무려 53년 만에 미얀마의 군부독재가 종식되었고 이에 따라 미국의 경제 제재 조치가 해제되었다. 나는 2016년 미얀마에 갈 기회가 생겨 불과 4년 만에 엄청나게 변화한 미얀마의 모습을 볼 수 있었다. 다시 FFSS를 방문해 쩌두를 만나 기부금을 전달했고 이 내용은 미얀마 현지 매체에서 보도되기도 했다.

하늘에서 펼치는
어린 시절의 꿈

　태양이 작열하는 아스팔트 활주로 위로 바람이 이글거리는 열기를 담은 공기를 몰고 온다. 다른 경비행기들이 하나둘 이륙하는 소음으로 윙윙거리는 가운데 잉고는 체크리스트를 따라 경비행기 장비를 꼼꼼히 확인해본다.
　"기름은 24갤런? 프로펠러에 벌레도 없고, 냉각수도 문제없고, 브레이크도 문제없고, 다 좋아."
　오늘 '부기장'으로 이 비행에 합석하는 나는 사뭇 긴장된다. 오늘의 꿈 인터뷰는 친구의 상사이자 세계적인 금융 회사에서 리스크 매니저로 일하는 46세의 독일인 잉고. 자식들 다 키워놓고 3년 전부터 비행 훈련을 받고 있다는 그를 따라 조호르바루 공항까지 왔다.
　이륙 체크리스트를 다 확인한 잉고는 만족한 듯 이제 기내의 장비들을 하나씩 보여주며 내게 열심히 설명을 해주었지만, 나는 무슨 말인지 하나도 모르겠다. 그래도 프로펠러 소음 때문에 시끄러울 테니 헤드셋을 쓰라기에 써봤더니 내가 진짜 파일럿이 된 듯 '간지'가 난다.

관제탑과 통신 후 다시 한번 체크리스트를 확인하며 이륙 준비를 했다. 비행기는 자동차처럼 달리더니 이윽고 땅에서 발을 떼었다. 공항 주변의 건물들은 점점 작아지고, 끝없이 펼쳐진 야자수 숲 사이로 시원스레 뚫린 고속도로에서 달리는 차들이 손톱만 하다. 도착지인 말라카 공항까지는 1시간. 어느덧 우리는 에메랄드 바다 위를 날아가고 있고, 저 아래 바다에 이 비행기의 그림자가 보인다. 파란 하늘과 하얀 구름이 그리 멀지 않다. 이래서 비행을 하는구나!

한 시간쯤 되었을까. 우리가 탄 비행기는 어느덧 말라카 공항에 가까워지고 있다. 공항을 중심으로 크게 한 바퀴 돌자 활주로가 일직선으로 뻗었고, 우리는 서서히 하강했다. 착륙 후 뒷문(?)을 통해서 공항에 들어가 서류에 사인해서 관계자에게 주었다. 공항 내 카페에서 커피 한잔을 하고 다시 이륙 준비에 들어갔다. 동일한 루트로 날아와 사뿐하게 조호르바루 공항에 착륙했다. 잉고는 다시 꼼꼼하게 체크리스트를 확인하며 이것저것 정리를 한다. 나는 잉고에게 궁금한 게 많아졌다.

"비행을 왜 좋아하시는 거예요?"

"비행은 참 쉽지 않은 과정이에요. 제가 회사에서 하는 역할과

잉고(오른쪽) 덕분에 직접 비행기를 조종해봤다.

는 전혀 다른 새로운 도전이죠. 이 비행기를 내가 완전히 컨트롤해서 하늘을 날아가는 거잖아요."

무슨 말인지 알 것도 같다. 세상에는 혼자 열심히 해서 되는 일도 많지만, 다른 이들이 함께 움직여줘야 하는 일도 많다. 가족을 부양하고, 대기업에서 60명의 부하직원과 수많은 상사 사이에 끼어 있는 그에겐 아마도 자기 뜻대로 100% 되지 않는 일이 더 많았을 게다.

"어떻게 비행을 시작하게 된 거예요?"

"열네 살에 비행을 배우기 시작해 열여섯 살이 됐을 때 글라이더를 타고 솔로 비행을 했어요."

비행기 안에서 내려다본 하늘.

"우와 진짜 어렸을 때부터네요? 그걸 좋아했다면 조종사가 되지 그랬어요?"

"꿈이 조종사였어요. 그런데 시력에 문제가 있어 공군사관학교 입학 조건을 충족하지 못해 좌절하고 영영 포기해버렸죠."

"공군사관학교에 들어갈 수 없었다면 민항기 조종사가 되어도 되잖아요."

"제가 자란 곳은 예전의 동독인데, 독일 통일 때까지는 민영 항공사가 없었어요. 나중에 서독과 통일이 된 뒤 알고 보니 제 시력이 민항기 조종사가 되기엔 아무 문제가 없었는데 그걸 알아보지도 않았던 거예요. 그 작은 문제로 인생이 끝난 것처럼 '난 더 이상

할 수 없어'라고 포기해버린 거죠."

"그럼 어떤 계기로 다시 비행을 시작한 건가요?"

"계속 비행에 대한 미련을 버리지 못했지만 엄청난 돈이 필요하니 포기하고 살았죠. 애 둘 키우느라 시간도 부족했고……. 지금 싱가포르에 산 지 11년 차인데, 워낙 작은 도시 국가인데다 직장에서 쳇바퀴 돌아가듯 사는 삶이 답답해서 3년 전에 저질러 버렸어요."

"이제는 돈을 좀 많이 버시나 봐요?"

"비행 훈련비는 여전히 벅차요. 그나마 싱가포르보다 말레이시아가 더 싸니까 매주 주말마다 여기까지 오는 거죠. 본전을 뽑으려고 더 열심히 하게 되고요. 회사 일도 한참 매너리즘에 빠져 있었는데, 이거 시작한 뒤 비싼 교육비 때문에라도 절박한 마음에 더 열심히 일하게 되네요."

"그럼 이렇게 주말마다 와서 비행 훈련하시는 거예요? 힘드실 것 같은데."

"비행할 때만큼은 진짜 살아 있다는 느낌이 들어요. 몸은 힘들어도 마음은 행복하거든요. 또 제가 이렇게 주말마다 밖으로 나도니까(?) 처음에는 부인도 서운해하더니, 곧 자기가 열정을 쏟을 수 있는 대상을 찾더군요. 요즘은 테니스에 꽂혀서 거의 프로 선수급으로 치고, 테니스 모임까지 조직하더라고요. 그거 아니었으면 우리 부부 힘들었을 거예요."

더 묻지는 않았지만, 행간에서 '중년의 위기'라는 단어를 읽을

"비행 강사가 되고 싶어요. 제 비행기도 갖고 싶고요."

수 있었다. 5만 5천 명의 독일인이 응했던 한 설문 조사에 따르면 평균 43세의 사람들이 가장 비참하다고 한다. 회사에서도 위아래로 치이고, 자식들과 부모를 위아래로 돌봐야 하고 신체의 노화를 체감하기 시작하는 나이라서일까. 잉고가 비행을 다시 시작한 나이 역시 마흔세 살. 그는 어린 시절의 꿈을 살려내 중년의 위기를 극복한 것이리라.

"그럼 잉고는 지금 꿈이 뭐예요?"

"비행 강사가 되고 싶어요. 제 비행기도 갖고 싶고요."

"왜 조종사가 아니라 비행 강사예요?"

"조종사에 비교하면 비행 강사는 거의 신에 가깝죠. 그 경지에 오르려면 상업 비행기도 조종해봐야 하고, 여러 가지 자격증을 따야 하니 풀타임으로 해도 1년 반이 걸려요. 전 회사를 그만둘 수 없으니 몇 년이 걸릴지 모르죠. 쉽지 않은 만큼 궁극적으로 이루고 싶은 꿈이에요."

중년의 위기가 오면 '나는 무엇을 위해 살고 있는가?', '나는 어디로 가고 있는가'에 대한 고민을 하고, 자신의 삶을 온전히 살지 못했다는 우울감이나 자책감을 앓는다고 한다. 어쩌면 이때가 잉고처럼 다시 자신의 꿈에 도전하기 좋은 시기가 아닐까?

이게 꿈이라면
깨어나고 싶지 않아요

42번째 꿈인 에베레스트 베이스캠프에 오르기 위해 히말라야를 오른 지 이틀째 밤, 해발 3,700m 남체바자의 산장에 도착했다. 해가 떨어지면 몸이 바들바들 떨릴 정도로 춥다 보니 다들 난롯가에 옹기종기 모여 대화를 나누고 있었다. 몸을 녹이러 자리를 비집고 들어가자 주황색 피부에 탄력 있는 웨이브 머릿결의 남자가 한참 이야기 중이었다.

"촐라패스가 아직 오픈을 안 했는데 저희는 그냥 갔거든요. 눈바람이 얼마나 몰아쳐 대는지 날아가는 줄 알았지 뭐예요. 고쿄 호수도 꽁꽁 얼어 있어 그 위를 걸어다니고……. 밤에 온도가 영하 30도쯤 되니까 눈썹에 고드름이 생겼더라고요."

산행 이틀째인 나는 그의 이야기에 귀가 쫑긋해지지 않을 수 없었다. 그의 모험담에 시간 가는 줄도 모르다가 생각해보니 통성명도 안 한 것 같아 주황색 피부의 남자와 옆자리의 여자에게 다가갔다.

"안녕하세요, 얘기 잘 들었어요. 제 이름은 수영이고요, 에베레스트 베이스캠프 트레킹 이틀 차예요. 내려오시는 길인가 봐요?"

"아, 안녕하세요. 저는 댄이에요. 이쪽은 제 와이프 재닌이고요."

이탈리아계 미국인인 그는 스위스인 아내 재닌과 함께 스위스의 이탈리아어권 지방에서 산다고도 덧붙였다. 재닌 역시 추운 날씨 속에 얼마나 고생을 했는지, 주근깨 가득한 피부가 타다 못해 벗겨지기 직전이었다.

"반가워요. 그런데 두 분은 무슨 일을 하시기에 그렇게 모험을 많이 하시나요? 저도 여행을 많이 한 편인데, 두 분 얘기 들어보니까 명함도 못 내밀겠던데요?"

"아, 저는 아웃도어 전문 사진작가이고요, 재닌은 글을 쓰며 전세계를 여행하고 있어요."

"우와 상상만 해도 멋진데요. 두 분은 이제까지 몇 나라나 가 보셨어요?"

"음……. 글쎄요……. 매우 많은데 세어보질 않아서……."

두 사람은 서로를 바라보며 미소를 짓는다. 댄은 노트북을 꺼내 'Outdoor'라고 쓰인 폴더를 열어 자신이 찍은 사진들을 보여주었다. 수천 미터 위 아찔한 절벽을 오르는 암벽 등반가를 위에서 찍은 사진, 하얀 설원을 달리는 러너의 모습, 정상에 오른 산악인들의 가슴 벅찬 미소, 날아갈 듯한 마음을 잘 표현해주는 하산길의 점프, 까마득한 산봉우리에 올라간 사람들의 만세 등 극한의 자연과 맞서는 인간의 도전이 사진 속에서 살아 움직이고 있었다.

"와……. 정말 뭐라고 말할 수 없을 정도로 멋진데요."

나는 에베레스트 정상에 올라간 사람보다 그 영광의 장면을 찍은 사람이 더 대단하다고 생각한다. 아웃도어 사진들은 '결정적 순간'을 위해 엄청난 고생과 준비까지 요구된다. 산악인들과 똑같은 장비에 추가로 사진 장비까지 들고 올라갔을 것이고, 그 산악인들을 찍기 위해 그들보다 더 멀리, 더 높이 나아갔을 것이다. 밧줄 하나에 몸을 맡기고 아찔한 암벽 등반 장면을 찍거나 영하의 온도에 손을 오들오들 떨면서 렌즈를 갈았을 것이다. 그렇게 여러 번 시도하고, 결정적 순간을 기다려서 찍은 귀한 사진들이 그의 노트북에 가득했다.

다음 날 아침 식사 시간, 다시 댄과 재닌을 만났다. 그들은 식욕도 좋은지 토스트와 오믈렛 등으로 가득 찬 접시를 금방 비웠고, 대화는 계속되었다.

"어떻게 사진을 시작하시게 된 거예요?"

"전 원래 암벽 등반가였어요. 그 당시 지금의 저처럼 아웃도어 사진작가가 만드는 사진 다큐멘터리의 모델이 되었다가 사진과 사랑에 빠져버렸죠. 그리고 지난 13년간 전 세계를 돌아다니며 트레킹, 암벽 등반, 스키, 스노보드, 사이클링, 승마, 요가, 여행 등 인간의 다양한 도전을 카메라에 담았어요."

"위험한 순간은 없었나요?"

"폭풍은 워낙 많이 만나 말할 것도 없는데, 폭풍 때문에 며칠간 먹지도 못하고 산속에 고립된 적도 있고, 텐트가 눈 속에 파묻혀 눈을 헤치고 나와야 했던 적도 있죠."

"무섭지 않았어요?"

"음, 그것도 익숙해지다 보니 무섭다기보다는 불편했죠. 사실 무서웠던 순간도 몇 번 있었지만요, 하하."

"그렇게 다니시다 보면 도시에서의 편안한 삶이 그립지 않나요?"

"이게 제가 사랑하는 일인데요? 전 오히려 도시에 있을 때 산이 그리워요."

"이렇게 하고 싶은 일만 하면서 먹고 살 수 있나요?"

나의 무식한(?) 질문에 그는 'Clients' 폴더를 열었다. 거기에는 어젯밤에 그가 보여준 사진들이 〈내셔널 지오그래픽〉, 〈스포츠 일러스트레이티드〉 같은 잡지와 노스페이스, 잭 울프스킨, 고어텍스, 마운틴 하드웨어 같은 세계적 아웃도어 브랜드 광고에 실려 있었다.

"사진을 파는 방식은 여러 가지가 있어요. 우리가 찍어온 스톡 사진을 고객들에게 팔기도 하고, 고객의 의뢰를 받아 원정대나 스포츠 선수들을 동행하며 사진을 찍기도 하죠."

"세상에……. 정말 꿈의 직업인데요? 이렇게 유명한 잡지사와 아웃도어 브랜드들을 고객으로 만들기까지 쉽지 않았을 텐데."

"아주 힘들었죠. 첫 2년은 집도 없이 캐라반에서 생활했으니까요. 하지만 그 캐라반을 타고 미국과 유럽 곳곳을 돌아다니며 열심

유명 잡지와 세계적 아웃도어 브랜드 광고에 실린 댄의 사진.

히 사진을 찍었고, 갖은 노력 끝에 조금씩 자리가 잡혔어요."

"많은 사람이 일과 열정은 별개라고 생각하잖아요. 그래서 하기 싫은 일을 해서 번 돈으로 하고 싶은 일을 하려고 하는데, 댄은 자신의 열정과 일이 동일한 셈이네요."

"어떻게 하고 싶은 일을 업으로 할 수 있냐는 질문 많이 받아요. 저 역시 남들이 가지 않은 길을 가다 보니 내가 잘하고 있는 것인가 의문을 던진 적도 많아요. 그러던 중 조셉 캠벨의《신화의 힘》이라는 책을 읽었는데, 거기서 '꿈의 세계에 살다 보면 자신과 비슷한 꿈을 가진 이들에게 둘러싸이게 된다'는 얘기가 나오기에 그 말을 한 번 믿어보기로 했죠. 그렇게 제 꿈을 좇아가다 보니 자연스럽게 제가 원했던 상황대로 되고 있더라고요."

문득 내가 겪어온 인생의 크고 작은 기적들이 눈앞에 스쳐 지나가는 듯했다. 사람들에게 꿈을 현실에 맞추지 말고 현실을 꿈에 맞추라고 말해 온 나는 이 비밀을 아는 사람과 이렇게 마주 보고 있다는 사실에 가슴이 뛰기 시작했다. 댄은 내 마음을 읽기라도 하듯 도장을 찍었다.

"사람들은 '네 꿈을 펼쳐봐'라는 소리가 뻔한 말이라고 하지만, 자신의 꿈에 도전하다 보면 그렇지 않다는 걸 알게 될 거예요. 꿈을 좇아 살다 보면 어느 순간 꿈과 현실이 동일해진답니다."

물론 꿈만 꾼다고 해서 그게 하룻밤 사이에 이루어지는 것은 아닐 것이다. 하지만 '오랫동안 꿈을 그리는 사람은 그 꿈을 닮아간다'는 앙드레 말로의 말처럼, 자꾸 꿈을 그리고 그 꿈을 먼저 이룬 사람들로부터 배우며 도전하다 보면, 서서히 그 꿈에 가까워지지 않을까. 처음부터 현실만을 바라보고 있다면 그 현실을 결코 넘어설 수 없다.

"지금 내가 사는 삶 자체가 꿈만 같은 걸요.
영원히 이 꿈에서 깨어나고 싶지 않아요."

"그럼 댄의 지금 꿈은 뭐예요?"

"지금 내가 사는 삶 자체가 꿈만 같아요. 지난 25년간 하루도 빼놓지 않고 제가 하고 싶었던 것을 그대로 해왔으니까요. 전 정말 행운아죠? 영원히 이 꿈에서 깨어나고 싶지 않아요."

그는 겸손하게 이 모든 게 행운이라고 말하지만, 열정과 자기 자신에 대한 믿음이 꿈같은 삶을 가능케 한 원동력일 것이다. 당당한 자신감과 행복함으로 빛나는 그의 주황빛 얼굴은 히말라야에 떠오른 아침 햇살도 반사시킨다.

"10년 뒤 댄은 어디서 무엇을 하고 있을까요?"

"지금과 비슷할 것 같은데요. 혹시 알아요? 여기 똑같은 자리에서 수영 씨를 만나게 될지도. 아니면 다른 산에서 부딪히려나?"

댄은 'People'이 라고 쓰인 또 다른 폴더 속의 사진들을 보여주었다. 강렬한 태양과 차가운 바람에 거칠어진 히말라야 아이의 빨간 볼, 푸시카르의 낙타 시장, 컬러풀한 치마를 입은 페루 원주민들, 하늘색으로 얼굴을 칠한 꼬마 힌두교 성자……

그는 내 사진을 하나 찍고 싶다고 했다. 화장은커녕 머리도 못 감았고 고산증세로 몰골이 말이 아니라고 손을 내저었지만, 있는 그대로가 아름답다며 그는 넉넉한 웃음을 지었다. 찰칵, 주근깨 가득한 얼굴과 어색한 미소가 렌즈 안에 잡혔고, 꿈을 좇아 히말라야에 닿은 서른하나의 내 모습도 'People' 폴더 한구석에 저장되었다.

48시간의 사투

★

오늘은 트레킹 6일째, 깨질 듯 아픈 머리를 쥐어뜯으며 새벽 1시쯤 일어났다. 화장실 시멘트 바닥엔 이미 살얼음이 얼어 있어 행여나 넘어질까 봐 양손으로 벽을 꾹 누른 채 토하기 시작했다. 남체에서 시작된 고산증은 날이 갈수록 심해져 어제 오후부터 아무것도 먹을 수도, 정신을 차릴 수도 없었다. 애써 헛구역질을 해보지만 먹은 것이 없으니 토할 것도 없어 쓰디쓴 위산만 느껴진다. 그래도 울렁대던 속이 조금은 진정되어 침낭으로 다시 들어가 뜨거운 보온병을 배 위에 올려보았다. 누워 있어도 어지럽고 다시 정신이 희미해진다.

사미르가 문을 두드리는 소리에 겨우 눈을 떴다. 시계를 보니 아침 7시.

"수영, 얼굴이 완전히 하얗네. 우리 오늘 고산 적응 훈련하러 갈 건데 힘들겠지?"

고산증으로 그렇게 고생을 하고서도 에베레스트 베이스캠프에 올라가겠다고 결심한 것은 무엇 때문이었을까?

"도저히……. 난 쉬고 있을게. 갔다 와."

나는 조금은 미지근해진 보온병의 물을 마시며 문틈으로 동트는 하늘을 바라보았다. 도대체 나는 무엇을 위해 이곳에서 이 고생을 하는 것인가. 킬리만자로에서 고산증으로 죽을 만큼 고생을 해놓고도 에베레스트 베이스캠프에 가겠다고 또 고산증을 앓고 있다. 도대체 무엇을 위해서? 나는 성취 중독자인가? 이게 정말 내가 진정 원하는 꿈이었을까?

하지만 미처 생각해볼 틈도 없이 다시 혼수상태로 빠지고, 기억은 2005년의 서울로 돌아간다.

· · ·

그를 처음 만난 곳은 광화문의 한 이국적인 인도 식당이었다. 대학 선배가 모처럼 광화문에 왔다기에 갔다가 만난 편안한 미소의 그 남자. 내가 다니던 골드만삭스의 경쟁사인 다른 투자은행 상무라는 그 사람은 탄두리 치킨을 칼로 썰어서 내 접시에 놓아 주며 먹어보라 했다.

인도 음식을 먹은 것도, '네팔'이라는 나라의 이름을 들은 것도 처음이었다. 산을 좋아한다는 그는 '안나푸르나'와 '에베레스트'라는 지명을 대화 속에 자연스럽게 녹여냈다. 매일 사무실에서 멍하니 천장만 바라보며 하루하루를 보내던 내게 그의 이야기는 히말라야의 새하얀 눈처럼 서늘하고도 신선하게 들렸다. 그래서였을까, 등산은커녕 언덕 오르는 것도 싫어하던 내가 꿈 목록을 만들 때 언젠가 에베레스트에 가겠다고 쓴 것도.

경쟁사의 상무님인 그는 어려운 존재였지만, 한국을 떠나기 전 꼭 한 번은 만나고 싶었다. M&A 막바지 작업 중이라 바빴던 그와 만날 수 있었던 시간은 딱 20분. 그에게 처음으로 내 소중한, 그 후로 수년간 혼자만 간직한 꿈 목록의 이야기를 했고, 그 순간 그의 눈빛과 표정이 바뀌었다. 그다음 날 새벽 그가 일을 끝낼 때쯤부터 문자가 오기 시작했다.

한국을 떠나기 사흘 전, 우리는 압구정의 한 바에서 만났다. 모든 문과 창이 활짝 열린 그 바엔 가을바람이 시원스레 불어와 뺨을 어루만졌다. 우리는 크림처럼 부드러운 거품 가득한 흑맥주를 한 잔, 두 잔, 석 잔 계속해서 부딪쳤다. 좋은 집안에서 태어나 명문대를 나오고, 30대 중반에 벌써 '상무'라는 직급에 오른 잘난 사람. 나와는 다른 세상 사람인 줄 알았지만, 이야기를 나눌수록 소탈한 그의 모습에 끌렸다. 그리고 두려워졌다.

'난 며칠 있으면 한국을 떠날 사람이야. 안돼, 그에게 빠지면 안된다고.'

하지만 그가 자기 인생에서 가장 고통스러웠던 시간을 얘기하는 순간 나는 이미 늦었다는 것을 깨달았다. 그의 눈을 더는 바라볼 수 없어 화장실에 갔다. 거울 속에는 이미 사랑에 빠져버린 한 여자가 있었다. 애써 정신을 추스르고 돌아오는데 그가 바텐더와 나누는 이야기가 귀에 들어왔다.

"이 사람 정말 예쁘지 않나요?"

"네, 두 분 참 잘 어울리세요."

"그런데 며칠 있으면 한국을 떠난다고 하네요……."

"못 가게 잡으세요."

"저도 그러고 싶지만……. 자기 꿈을 찾아 떠난다는 사람을 어떻게 잡을 수 있겠어요."

나는 아무 말도 할 수 없었다. 내가 온 사실을 눈치채자 그는 대화를 끊었다. 언어가 사라진 그 공간을 다미안 라이스의 'Blower's daughter'가 채웠다.

I can't take my mind off you

내게서 내 마음을 뗄 수가 없어

I can't take my mind

내게서 내 마음을 뗄 수가 없어

My mind, my mind

내 마음은…… 내 마음은…….

  노래가 잦아들고, 더 이상 어색함을 견딜 수 없었다. 우리는 아무 말도 없이 자리에서 일어섰다. 고민스러운 발걸음이 길거리를 향했다. 갑자기 비가 한 방울 한 방울 떨어지기 시작했다. 그는 자신의 어깨와 나의 어깨 사이, 텅 빈 공간 위로 우산을 펼쳤다. 한순간이었다. 폭우처럼 퍼붓는 빗줄기, 온몸을 채찍질하는 세찬 바람, 나는 그의 팔로 뛰어들었다. 그의 따뜻한 손이 흠뻑 젖은 내 어깨를 감쌌다. 그가 두 팔로 내 몸을 끌어안았다. 폭우가 잦아들 무렵, 그는 손가락을 내밀었다.
  "이렇게 당신을 보내고 싶지 않아요. 우리 3개월 뒤에 쿠바에서 만나요. 그때 꼭 다시 보는 거예요. 약속할 거죠?"
  나는 고개를 끄덕였고, 우리는 손가락을 걸었다. 그 순간부터 비행기에 발을 올릴 때까지 내 머릿속은 고민으로 가득했다. 내가 만약 한국에 머무른다면, 그와 잘될 수 있을까? 몸은 공항이었지만 나는 면세점에서 그가 뿌렸던 향수의 향을 맡으며 주저하고 또 주저했다.

영국에 가서 나는 강해지자 결심했다. 그의 생각이 나도, 그에게 이메일이 와도 애써 외면했다. 당장 생활비가 없어서 커피숍에서 청소일까지 알아보고 있는 신세에 쿠바에 가는 비행기 표를 살 돈이 있을 리 없었다. 그에게 몇 번이나 답장을 쓰려다가도 초라한 유학생인 내 모습을 보여주고 싶지 않아서, 한국으로 돌아가고 싶어질까 봐 취소 버튼을 꾹꾹 누르곤 했다. 그럴 때마다 나는 언젠가 성공한 여자가 되어 당당한 모습으로 수백 명 앞에서 강연하는 모습을 상상하곤 했다. 언젠가는 이것이 현실이 되리라 생각하며 애써 지금의 선택을 합리화하는 내용으로, 거울 앞에서 미사여구를 늘어놓았다.

시간이 흘러 어느덧 석사를 마치고 취업에도 성공해서 입사하기 직전, 나는 라식수술을 핑계로 한국에 갔다. 한참을 고민하다가 그에게 전화를 걸었고, 예전의 그 압구정 바에서 우리는 다시 만났다. 그때 그 바텐더는 없었고, 쌀쌀한 날씨 때문인지 창문이 닫혀 있었다. 그의 모습은 여전했지만, 나를 바라보는 표정에는 쓸쓸함이 서려 있었다.

"당신과 연락이 닿지 않아 쿠바 여행을 포기했고, 상하이에 혼자 가서 3박 4일을 마냥 걷다 왔어요. 그동안 이 바에도 혼자 여러 번 왔었고……."

"……."

"나 곧 결혼해요."

순간 나도 모르게 눈을 감아버렸다.

히말라야는 과거의 모든 기억을 토해내게 했다.

"……."

숨이 멎을 것만 같았지만 나는 아무 말도 할 수 없었다.

"왜 이제 왔어요. 1년 반 동안 그 수많은 이메일에 답장 한 통 주지 않다가, 애써 마음 정리하고 결혼하려는 이 시점에!"

"……."

'연락하면 마음이 흔들릴까 봐 그랬어요. 다 포기하고 돌아오고 싶어질까 봐. 그래서 한 남자의 여자로 안주하며 평생 후회할까 봐……. 차라리 청소 일을 해서라도 내 힘으로 꿈을 하나하나 이뤄서 당당한 여자로 나타나고 싶었으니까요!'

내 마음은 찢어지는 일렉트릭 기타처럼 울부짖었지만, 나는 끝내 그 말을 내놓지 못했다.

그 후로는 그를 본 적이 없다. 아니, 연락하고 싶은 마음을 애써 억눌렀다. 하지만 다미안 라이스의 콘서트에 혼자 가서 그를 생각하며 울었다. 여행 중에도 자꾸 생각이 나서 그의 회사가 있다는 거리에 번지수도 적지 않고 그의 이름 앞으로 쓴 엽서를 몇 장 보냈다. 그 엽서들은 낙엽처럼 어디론가 쓸려갔겠지.

...

누군가가 또다시 문을 두드린다. 사미르가 죽을 들고 왔다.

"이거라도 드셔야지, 계속 안 드시면 더 힘들어요."

정신을 차리고 보니 밤새 식은땀을 흘렸나 보다. 숟가락을 들 힘도 없어 온몸이 부들부들 떨린다. 그런데 무슨 힘으로 이다지도 생생한 꿈을 꾸었던 걸까.

죽을 두어 숟가락 먹자마자 다시 속이 울렁울렁 토할 것만 같아 숟가락을 놓았다. 대신 메슥거리는 속을 가라앉히려 오렌지차를 한잔 마시고 양치질도 할 겸 비틀거리는 몸으로 방을 나간다. 햇볕이 쨍하지만, 아직도 4,410m의 대기는 차갑다. 독수리 한 마리가 창공으로 비상한다. 아마도 저 독수리는 고산증이라는 걸 모르겠지. 허탈한 웃음이 났다.

'당신이었구나, 나를 에베레스트까지 오게 한 게. 그렇게 7년 동안 가슴 한구석에서 문신처럼 지워지지도 않고, 나를 이 높은 곳까지 오게 했구나. 하긴, 그러니 아직도 면세점만 가면 그 향수를 찾아 향을 맡는 거겠지. 그 향수를 살 용기도 없으면서. 그동안 많은 사람을 만났어도 완전히 마음을 열지 못했던 것도 당신 때문이었던 거야. 이제 그만 놓아줄 때가 되었어.'

잠시 눈을 감고 누군가의 남편이자 아마도 사랑스러운 아이들의 아빠가 되어 있을 그의 행복을 빌어본다. 눈을 뜨자 독수리가 내 쪽으로 다가왔다 다시 유턴한다. 그의 기억은 4,410m 상공에서 가루처럼 흩뿌려져 바람에 날아간다. 멀리, 저 멀리, 아득한 저 먼 곳으로.

산장의 다이닝룸으로 들어가자 벽면의 시계가 오후 4시를 가리킨다. 밥을 안 먹은 지 30시간쯤 되었을까. 그래도 뭔가를 먹어야 한다는 생각에 겨우 샐러드를 주문했다. 말이 샐러드지, 삶은 양배추에 소금을 뿌려놓은 것. 그것 역시 제대로 먹지 못하고 포크를 내려놓는다. 더 아플 힘조차 없어 펄펄 끓는 물이 든 보온병을 안고 침낭으로 들어가 다시 한번 후회를 한다.

'뭐 하러 여기 이 높은 곳까지 올라왔을까. 지금이라도 내려갈까?' 생각하기가 무섭게 잠은 내 의식을 앗아간다.

...

"뭐? 내가 돼지라고? 어디서 말을 함부로 해!"
"죄, 죄송해요······. 말······ 말실수였어요."
말을 마치기도 전에 내 가슴을 향해 칼이 날아왔다. 순간적으로 몸을 숙였다. 칼은 내 어깨를 스치며 벽에 부딪힌다. 본드를 불던 아이들은 깜짝 놀라 하나둘씩 도망을 가기 시작했다.
'내가 무슨 생각으로 이 껄렁한 오빠들이랑 이곳에 왔을까. 또 무슨 생각으로 이 인상 제일 험악한 오빠에게 '돼지' 운운하며 놀려댔을까.'
아까는 아무 말도 없던 그는 본드를 마시고 나자 마치 평생 쌓인 원한을 푸는 양 나를 때리기 시작했다. 환각의 힘이리라.
이미 폭력에 익숙해진 나는 저항해볼 생각도 하지 못한 채 그냥 맞기 시작했다. 발로 차고 주먹으로 맞아도 그저 익숙한 통증뿐이었다. 학교에서도 선생님들에게 이 정도는 맞지 않았던가. 집에서도 이미 난 포기한 아이니까, 이렇게 맞다가 죽어도 세상은 눈 하나 깜박하지 않겠지. 그는 뭐가 그리 분이 풀리지 않는지 이제 온갖 가구를 부수기 시작한다.
'아마 저 인간도 맺힌 게 많은가 보지. 우리 같은 쓰레기 인생, 어디 가서 사람대접받고 살았겠어?'

차라리 맞는 것이 마음이 편했다. 하지만 그가 거울을 들고 와서 내 머리를 내리치는 순간, 죽음의 공포에 눈을 감았다. 울고 있는 엄마와 아빠, 친구들의 모습이 떠오른다. '저런 애는 죽어도 싸'라고 비웃는 선생님들의 모습도. 다행히 야구 모자를 쓰고 있어서 얼굴을 다치지 않았다. 몇 시간 때리고 나자 지친 건지 환각이 절정에 달한 것인지 그는 제 힘을 못 이기고 고꾸라졌다. 아무 힘도 없이 몇 시간째 쓰러져 있다 정신을 차린 나는 벌레처럼 기어서 방을 나왔다. 유리 조각을 밟아 손발에 피가 흐른다. 여기가 어디일까. 여기에 어떻게 왔는지 기억이 나지 않는다. 나는 산길을 내려와 개울가에서 피를 씻었다. 씻으면 씻을수록 피부가 아려오는 것을 보니 유릿가루가 피부에 박혔나 보다.

'지금이 몇 시일까…… 이곳은 어디일까. 나는 누구인가…….'

. . .

온몸이 욱신거리는 통증에 잠이 깼다.

'여기는 어디이고 지금은 몇 시일까……. 나는 왜 컴컴한 방에서 옷을 수 겹 껴입고 침낭 속에 있는 걸까……. 어디까지가 꿈이고 어디까지가 현실일까.'

시계를 보니 새벽 4시. 그제부터 계속 이렇게 자다 깨고 자다 깨기를 거의 48시간 가까이 반복한 것 같다. 너무 오랜 시간 누워 있어 몸이 쑤시는 걸까, 아니면 꿈속의 고통이 너무나 강했던 걸까.

다시 태양이 떠오른다. 내 소중한 삶에 주어진 감사한 하루.

까마득하게 잊고 있었던 그 순간은 왜 갑자기 꿈에서 나타났을까. 가만히 오른쪽 어깨의 상처를 만져본다. 17년이 지났어도 그 자리에 남아 있는 칼자국. 개울에서 피를 씻던 그 소녀는 어떻게 여기 히말라야까지 오게 되었을까?

울음이 터져 나왔다. 어떻게 죽어도 상관없다던 그 소녀가 42번째 꿈을 이루겠다고 히말라야에 오르기까지, 그 17년의 세월 동안 세상은 녹록하지 않았다. 자퇴를 당하고, 검정고시를 보고, 모두가 반대하는데 독학으로 공부를 해서 대학을 갔다. 수십 개의 아르바이트를 해야 했고, 아르바이트를 잘리는 날에도 투덜거릴 시간조차 없이 버스를 타고 다음 아르바트를 하러 가야 했다. 죽을병에 걸린 줄 알고 반년간 우울증에도 시달렸다.

 영국에 가서는 청소 일도 구하지 못하는 초라한 내 모습을 보이기 싫어 사랑하는 사람에게 연락조차 하지 못했다. 많은 사람이 내 삶이 자유롭고 화려해 보인다며 부러워한다. 하지만 이 모습은 서른 해 남짓 살아오며 고작 서너 해에 불과한 시간이었다. 그 나머지 시간을 나는 그토록 고군분투해야 겨우 살아남을 수 있었고, 많은 것을 포기해야 했다.

 모두가 잠들어 있는 히말라야의 새벽, 한참을 그렇게 목놓아 울다가 깨달았다. 가진 것 하나 없던 내가, 세상 모든 사람이 포기했던 내가, 그래도 여기까지 온 것은 눈물겨운 노력의 결과였다고. 그걸 다시 깨우치려고 나는 나 자신에게 50%의 산소만 허락하며 이토록 고통스럽게 고산증을 앓고 있는가 보다. 다시 태양이 떠오른다. 내 소중한 삶에 주어진 감사한 하루. 나는 산행을 시작하기 위해 장비를 하나둘씩 가방에 챙기기 시작했다.

세상의 꼭대기에서
꿈을 노래하다

"야! 베이스캠프다!"

트레킹 8일 차 오후 3시, 태양은 강렬한데 공기는 차갑다. 아슬아슬 미끌미끌 조심조심 빙하를 한참 지나자, 드디어 5,350m에 자리한 베이스캠프가 나타났다. 지난 8일간 고산증과 추위에 힘들어하면서도 서로를 의지하며 여기까지 함께 온 우리는 서로를 얼싸안았다. 지금 이 순간, 꿈 인터뷰를 하면 아마도 제일 높은 곳에서의 인터뷰가 될 것이다. 나는 사미르에게 카메라를 들이댔다.

"사미르! 꿈이 뭐예요?"

"전 훌륭한 트레킹 리더이자 가수가 되고 싶습니다!"

"어? 그럼 노래 한 곡 불러보세요!"

그냥 해본 소리였는데, 바람이 몰아치는 영하의 온도에서 그는 히말라야가 떠나가라 노래를 부른다. 부족한 산소로 나는 숨조차 겨우 쉬고 코피도 멈추지 않는데 말이다.

  다음 날인 아홉째 날 새벽, 이번 산행의 최고봉인 칼라파타르 (5,545m)를 향해 새벽 5시에 산장을 나섰다. 상의 5벌, 하의 3벌을 껴입었고, 양말과 장갑도 두 겹이나 입었다. 그러나 영하 22도의 얼음보다 차가운 공기에 손가락 발가락이 얼어버리고 얼굴마저 마비될 지경이다.

  45도의 가파른 오르막길을 2시간 반 가까이 힘겹게 올랐다. 아래로는 히말라야가 까마득하게 보인다. 바람이 어찌나 심한지 몸이 날아갈까 겁난다. 아닌 게 아니라 한 발 한 발 딛고 오르는 바위마저 흔들거린다. 여전히 코피가 멈추지 않은 데다 산소가 희박하다 보니, 호흡인지 신음인지 구분이 되지 않는 끙끙거림을 내뱉으며 한 발짝씩 내디뎠다. 그리하여 드디어 히말라야의 최고 전망대 칼라파타르에 도착했다. 라마교 경전이 적힌 오색 깃발 룽다가 펄럭펄럭 휘날리며 나를 기다리고 있었다.

  동이 트며 에베레스트가 모습을 드러내기 시작했다. 세상에서 가장 높은 저 봉우리가 내 눈앞에 가까이 있다. 로체산과 눕체산도 그 아름다운 자태를 드러낸다. '맞다, 이 순간을 찍어둬야지'하고 카메라를 꺼냈는데, 가득 충전해둔 카메라는 추위 때문인지 이 소중한 시간을 겨우 3분간만 담을 수 있다고 알린다. 어차피 손이 꽁꽁 얼어 카메라를 잡고 있을 수도 없다. 사미르에게 카메라를 내밀며 부탁했고, 나는 입이 얼세라 재빨리 말했다.

에베레스트 등반

에베레스트 베이스캠프에서

"제 42번째 꿈이 이루어졌어요. 아, 지금 영하 22도, 바람이 매우 심한데……."

사미르의 얼굴도 빨갛지만, 그는 온몸을 덜덜거리면서도 불평 한마디 하지 않고 카메라를 손에서 놓지 않는다. 나는 그런 그가 참 고마웠다.

내려오는 길 사미르는 리듬에 맞춰 노래를 부르기 시작했다. 네팔어라 가사를 알아들을 순 없지만, '에삼삐리리 에삼삐리리……'하는 후렴에 나도 모르게 함께 장단을 맞추었다.

하산하는 길이라 고산증도 한결 가시고 몸 상태도 좋아졌다. 그러고 보니 지난 9일 동안 사미르는 나를 열심히 보살펴주었는데, 나는 사미르에 대해 아는 게 별로 없다는 생각이 들었다.

"사미르는 이 일한 지 몇 년이나 됐어요?"

"10년도 넘었어요."

"지금 스물네 살이잖아요. 열네 살 때부터 이 일을 했다고요?"

"네, 제가 원래 루클라 아래쪽 지방에서 살았는데요, 당시 산속에 숨어있던 마오이스트 게릴라군이 집마다 소년병을 차출해갔거든요. 제가 학교에 들어갈 무렵에도 마오이스트들이 절 여러 번 데려가려고 했어요. 그래서 카트만두로 도망가서 삼촌 집에서 살았죠. 거기서 초등학교 5학년까지만 마치고 열네 살 때부터 일했어요. 3년은 에베레스트 원정대를 따라가는 요리사 보조로, 3년은 짐꾼으로 일하다가 4년 전에 가이드 정규 교육 과정을 밟았어요."

트레킹 둘째 날 만났던 짐꾼이 생각난다. 100kg의 짐을 이고 산에 오르던 그는 매우 힘들어 하며 1초 걷다 쉬고 1초 걷다 쉬고를 반복했다. 오죽 힘들면 카트만두에서 운전기사로 편하게 일하는 게 꿈이라고 했다. 이렇게 일해서 얼마 버느냐고 묻자 3만 원이라고 했다. 사미르도 어린 10대 소년의 몸으로 무거운 요리 도구들이나 여행객들의 배낭을 메고 영하의 날씨 속에서 에베레스트를 수도 없이 오르락내리락했던 것이다.

"힘들지 않았어요?"

"힘들어도 빨리 돈을 벌어야 했어요. 마오이스트들이 자꾸 제 부모님을 찾아가 저를 어디로 빼돌렸냐고 추궁하면서 데려오지 않으면 총살하겠다고 협박을 했거든요. 그래서 돈을 모으자마자 부모님을 루클라로 이사시켰어요. 거기는 군대가 주둔하고 있어 마오이스트들로부터 안전했거든요."

"초등학교 5학년까지만 마쳤다면서, 영어는 어쩜 그렇게 잘해요?"

"가이드 교육받을 때 공부했는데, 아주 어려웠어요. 지금도 힘들어서 계속 공부하고 있는데, 손님들한테 많이 배우죠."

"어제 사미르의 꿈을 물었을 때, 훌륭한 트레킹 리더이자 가수라고 했잖아요. 이미 트레킹 리더이지 않아요?"

"네, 그렇지만 전 좀 더 프로페셔널한 가이드가 되고 싶어요. 가수는…… 돈이 벌리는 대로 발성 훈련을 받고 있긴 한데, 트레킹 투어가 잡힐 때마다 트레이닝을 취소해야 해요."

"언제쯤 사미르가 노래하는 모습을 텔레비전에서 볼 수 있을까

에베레스트에 오르겠다는 42번째 꿈을 이루었다.

요?"

"음…… 한 20년 뒤쯤?"

"네? 왜 그렇게 오래 걸려요? 열심히 하면 몇 년 안에도 충분히 가능할 텐데."

"먹고사는 게 우선이니까, 음악에만 올인할 수는 없잖아요."

"자기 자신을 믿고 노력하면 충분히 가능한 일이에요. 10년 뒤에 내가 네팔에 사미르를 찾으러 오면, 그땐 텔레비전에서 볼 수 있는 거 맞죠?"

"트래킹 리더이자 가수가 되고 싶어요."

"네, 그러면 좋겠어요."

그는 환하게 미소를 지었다.

내려오는 길은 한결 수월했고, 고산증 증세도 점차 사라졌다. 이윽고 출라패스와 루클라를 향하는 갈림길까지 왔다. 이제는 헤어질 시간. 나는 마치 전쟁을 끝내고 고향으로 돌아가는 참전 용사처럼 내가 가진 모든 초콜릿과 간식을 그들에게 나눠주었다. 지난 9일간 함께 시간을 보낸 원정대와의 작별이 매우 아쉬워 우리는 여러 번 포옹했다. 사미르는 카타라고 불리는 하얀색 비단 스카프를 내 목에 걸어주며 행운을 빌어주었다.

그가 아니었으면 어떻게 에베레스트 베이스캠프까지 갔을까. 아플 때마다 챙겨주고 힘들어할 땐 부축해주고, 무거운 짐까지 들어준 사미르. 그가 태양열 기구를 가지고 다녔기에 카메라도 충전할 수 있었고, 손이 꽁꽁 얼어버릴 것 같은 영하 22도의 온도에도 그는 열심히 카메라를 들고 그 순간순간을 사진과 동영상으로 기록해주었다. 아무리 직업 가이드라고 해도, 또 10년째 오른 산이라 해도 어찌 춥고 힘들지 않을까. 그가 보여준 헌신을 생각하니 새삼 눈물이 나도록 고마웠다. 나는 두 달간 발성 훈련에만 전념해보라고 그의 주머니에 돈을 찔러주었다.

3개월 뒤, 그는 첫 번째 앨범을 발매했다며 자신의 노래를 올린 링크를 보내주었다. 히말라야 산신이 그를 어여삐 여긴 것인지, 아니면 그의 부단한 노력 덕분인지 20년쯤 걸릴 줄 알았던 그의 꿈이 석 달 만에 이루어진 것이다. 잠시 눈을 감고 그의 노래에 귀 기울여본다. 발성 훈련을 제대로 받았는지, 아니면 지상의 넉넉한 산소 때문인지 에베레스트 베이스캠프에서 노래할 때보다 목소리가 더 청아하다. 나는 '바룰리 캄메르'라는 제목의 그 노래를 듣고 또 들었다.

사미르의 노래

Chapter 6

중국 + 홍콩 + 대만 + 일본 + 한국

진짜 삶을 살
준비가 되었나요?

"저는 매 순간이 인생의 마지막이 될 수도 있다고 생각해요.
사람이 언제 죽을지 모르잖아요.
그래서 카메라 셔터를 누를 때마다
이것이 내 인생의 마지막 장면이 될 수도 있다고 생각해요."

시대를 잘못 만난
할아버지의 꿈,
제가 대신 이룰 거예요

★

이제는 중국으로 넘어갈 시간! 우선 베이징에서 중국어를 배우기로 하고 매일 1:1 집중 강습을 듣기로 했다. 새로운 외국어를 배운다는 것은 설레지만 고된 일. 매일 4시간 연속으로 수업을 듣고 집에 돌아와서는 소파에 뻗곤 했다.

다른 외국어는 금방 배우는 편이지만 중국어는 어찌나 헷갈리던지. 중국어 공부차 웨이보에 계정을 개설해 중국 내 유명 인사들을 팔로우하면서 중국어 읽고 쓰기 연습을 하기 시작했다. 웨이보를 통해 중국에 있는 조선족 및 유학생 독자들과 만나기도 하고 중국인 친구들도 하나씩 사귀던 무렵 루비라는 〈4월 미디어〉라는 인터넷 신문의 기자에게 인터뷰 요청을 받았다.

조그마한 인터넷 신문이니 편안하게 얘기하다 와야지 하고 생각

중국에서 인터뷰를 하기 위해 베이징에서 매일 4시간씩 중국어 공부를 했다.

했던 나는 사무실에 도착해서 놀랄 수밖에 없었다. 스튜디오에 카메라가 3대나 설치되어 있었고 나는 얼떨결에 방송 인터뷰를 하게 되었다. 루비가 잘 이끌어주어서 큰 무리는 없었지만, 너무 긴장해서인지 얼굴에 땀이 뻘뻘 났다. 인터뷰가 끝나자 그녀는 내 손을 잡으며 말한다.

"꿈 얘기가 나왔으니 말인데요. 전 어렸을 때부터 언론인이 되고 싶었지만, 부모님이 반대를 참 많이 하셨어요. 특히 아버지는 글을 쓰는 거라면 정색을 하셨죠. 이 꿈을 이루기까지 마음고생이 많았던 터라 수영 씨 인터뷰에 정말 공감했어요."

그녀의 눈시울이 살짝 붉어져 있다.

"저희 외할아버지는 언론인으로 참 박학다식한 분이었죠. 제가 어렸을 때 할아버지가 쓰신 기사나 책을 읽곤 했는데, 그걸 보면서 저도 할아버지 같은 언론인이 되고 싶었어요."

"그런데 왜 부모님은 언론인의 꿈을 반대했나요?"

"외할아버지는 참 정직하신 분이었고, 확고한 정치적인 신념이 있었어요. 1950년대에 일어난 여러 정치적 사건에 대해 할아버지는 용감하게 반대의견을 내셨지요. 단 한 문장 때문에 여러 번 사형 선고를 받았고, 산간벽지의 노동 캠프에서 20년간 강제 노역을 해야만 했어요. 게다가 고향에서도 추방되고, 무엇보다 영영 글을 못 쓰게 되어버렸죠. 그러고 나서 온 가족이 겪었던 고통이란……. 말하자면 너무 길어요. 그래서 부모님은 '정치' 얘기만 나와도 치를 떨어요. 아버지는 제가 정치학을 공부하는 것만으로도 위험에 처할 수 있다고 생각하시고요."

그녀의 외할아버지는 1930년대부터 대약진 운동이 일어나기 직전인 1957년까지 언론인으로 활동했다. 1949년 마오쩌둥의 공산당이 중화인민공화국을 설립한 뒤 반혁명 인물 약 150만 명(혹자는 400~600만명이라고도 한다)이 '노동을 통한 개조'를 위해 캠프로 보내졌을 때, 루비의 할아버지도 그중 한 명이었다. 그 후에도 대약진 운동 실패로 5,300만 명이 아사하고, 문화대혁명 당시 1억 2천만 명이 숙청되어 7,210만 명이 사망했다고 한다.

"제가 수학에 두각을 나타내자 부모님은 엔지니어나 과학자로서의 제 삶을 설계해두셨죠. 그래서 초, 중, 고등학교 내내 원치 않는 수많은 전국 수학 대회에 나가서 상을 받았어요. 저로선 아무 선택의 여지가 없었던 일이죠."

"그래도 상을 받았을 정도라면 수학을 정말 잘하긴 했나 봐요."

"문제를 잘 맞히긴 했죠. 거기서 느끼는 쾌감도 있었고요. 하지만 숫자로 하는 일을 평생 하고 싶진 않았어요."

750점 만점에 687점을 받아 칭화대 핵공학과에 갔을 정도라니 중국에서도 손꼽히는 수재다. 하지만 내 주변에도 부모님이 시키는 대로 공부만 잘하고 본인의 인생을 어떻게 살아야 할지 몰라 방황하는 헛똑똑이가 많았던 터라, 그녀가 어떻게 그 어려움을 극복했는지 정말 궁금했다.

"그래서 부모님의 반대를 어떻게 극복했나요?"

"부모님께 손을 벌리지 않으려고 대학 입학 후부터 온갖 과외와 아르바이트를 했죠. 그리고 훌륭한 언론인이 될 수 있다는 것을 증명하려고 제가 쓴 글들을 보여줬어요. 특히 진심을 담아 외할아버지에 대한 글을 써서 보여주었더니 많이 감동하셨고, 조금씩 제 꿈을 받아들이셨죠. 또 영국 정부에 장학금을 지원해서 제 힘으로 유학도 가게 됐고요. 부모님은 아직도 제가 당신들의 뜻대로 살아가길 원하시지만, 전 제 꿈을 포기할 수가 없는걸요."

가족은 내가 행복하기를 기원하는 존재다. 그들이 바라는 행복이란 대개 지속 가능한 안정적인 행복을 말한다. 하지만 우리는 종종 남들이 가지 않은 길, 그래서 위험이 따르는 길에 끌리곤 한다. 꿈이란 담대한 것이고, 담대함이 우리를 설레게 하는 까닭이다. 그렇기에 그 설렘을 제일 먼저 불안함으로 받아들이는 것은 슬프게도 가장 가까운 사람인지도 모른다.

하지만 생각해보자. 자식이 하겠다는 대로 100% 응원하는 부모가 얼마나 될까. 꿈을 이룬 사람 중 부모의 반대를 극복한 사람들은 또 얼마나 많을까. 부모의 반대에 반항하여 비뚤어지거나, 지레 안 된다고 체념하고 포기하거나, 많은 사람이 이 두 갈래 내리막길 중 하나를 택하는 것은 아닌지. 루비처럼 인내와 열정으로 가능성을 증명하여 부모님을 설득하는 것이 가장 현명한 방법일지도 모른다. 부모님조차 설득하지 못한다면 어떻게 세상을 설득할 것인가.

"꿈이 이루어져서 행복한가요?"

"정말 뭐라 설명할 수 없을 정도로 행복해요."

그녀의 얼굴에 자신이 원하는 것을 쟁취해낸 사람만이 가질 수 있는 행복한 미소가 비쳤다.

"그럼 지금은 꿈이 뭐예요?"

"훌륭한 언론인이 되고 싶어요."

"이미 언론인이잖아요."

"언론인이 되는 것 자체는 그리 어렵지 않았지만, 훌륭한 언론인이 된다는 건 절대 쉽지 않아요. '훌륭하다'라는 것의 기준을 두기가 쉽지는 않지만 말이에요."

"혹시 롤모델이 있나요?"

"네, 종군기자인 루치우루웨이예요. 이라크전을 보도한 첫 번째 중국인이기도 한데, 열일곱 살 때 그녀의 책을 읽고 큰 감명을 받

"훌륭한 언론인이 되는 것.
우리 가족의 역사를 담은 책을 내는 것이 제 꿈이에요."

았어요. 여성으로서 가족과 사회로부터 많은 압력을 받았을 텐데, 정말 그 용기와 끈기가 대단해요. 하지만 뭐니 뭐니 해도 제 최고의 롤모델은 외할아버지예요. 제가 여기까지 오면서 힘들 때마다 외할아버지를 생각했어요. 할아버지의 그 소신과 고통을 이겨낸 의지……. 어릴 적부터 할아버지의 얘기를 들으며 내가 언젠가 할아버지의 꿈을 대신 이뤄야겠다고 생각했거든요. 언젠가는 할아버지에 관한 책을 쓸 거예요."

"10년 뒤에 루비는 무엇을 하고 있을까요?"

"그때도 여전히 언론인으로 활동하고 있겠죠? 또 칼럼도 쓰고 언론학이나 문화학을 가르치는 교수이기도 할 거예요. 그리고 제 옆엔 허스키도 한 마리 있을 거고요."

아, 그녀는 앞으로 얼마나 더 멋져질까? 아침에 허스키 옆에서 자신의 칼럼이 실린 신문을 보고 칭화대에 가서 강연하는 그녀의 멋진 모습이 상상된다.

얼마 뒤 루비는 〈4월 미디어〉를 떠나 한 영어 신문의 기자가 되었다. 남들이 부러워하는 안정적인 삶보다 내가 간절히 원하는 일을 하며 진정한 행복을 만끽하는 그녀, 루비. 10년 뒤 훌륭한 언론인이 된 그녀와 유창한 중국어로 인터뷰하는 순간을 상상해본다.

이 길의 끝,
당신이라는 나무 한 그루

⭐

한때 당나라의 문화가 찬란하게 꽃피웠던 산시성의 시안으로 떠난 주말 휴가. 진시황의 병마용도 보고 회민제에서 저녁 식사도 하며 바쁜 하루를 보낸 뒤, 시안 성벽의 남문을 따라 밤거리를 걷다가 어디선가 음악 소리가 들려 발걸음을 향했다. 자정이 가까운 시간이었지만 '나스리지앙 那是麗江(그것이 리지앙이다)'이라는 이름의 바는 라이브 콘서트 때문인지 사람들로 가득 차 있었다. 실내에 자리가 없어 야외 테이블에 앉아서 주문하는데, 웨이터가 나의 어설픈 중국어를 이해하지 못해 비지땀을 흘린다.

"무엇을 도와드릴까요?"

익숙한 영어가 들렸다.

"아, 제가 술을 안 마시는데, 홍차를 마시고 싶지도 않아서, 혹시 무알코올 무카페인 음료가 있나 해서요."

"아, 그럼 주스나 탄산음료 어떠세요?"

"그럼 오렌지 주스로 할게요. 사장님이신가 봐요?"

"제 와이프가 사장이고요, 저는 매니저입니다."

"아……. 그러시구나. 사장님은 지금 자리에 없으신가 봐요?"

"지금 세상에 없습니다."

"……."

우연히 시작한 대화가 그 날 밤 나를 잠 못 들게 할 줄은 몰랐다. 그의 이름은 켈빈, 나이는 51세. 싱가포르 출신으로 이혼 뒤 중국 광저우로 가서 회계사로 일하던 그는 4년 전 인터넷을 통해 시안에 사는 작가 루루를 만났다. 두 사람은 급격히 가까워졌고, 그는 매달 그녀를 보러 시안에 왔다. 하지만 그녀에게 청혼하려고 마음을 먹었을 무렵에 그녀는 암 선고를 받았고, 그는 회사를 그만두고 시안으로 와서 그녀를 병간호하기 시작했다. 처음엔 그의 인생을 망치고 싶지 않다며 거절하던 그녀는 반년 뒤 청혼을 받아들였다.

결혼식 날, 그녀는 참 많이도 울었다. 영문을 모르는 하객들은 그저 광저우에서 회사를 그만두고 시안까지 와서 결혼할 정도로 그녀를 사랑하는 그에게 감격해서라고 생각했다. 그들은 윈난성의 리지앙으로 신혼여행을 떠났고, 리지앙과 사랑에 빠진 그녀는 이후에도 그곳에 가서 한참 있다 돌아오곤 했다. 바 안에서 공연 중인 가수를 물끄러미 바라보던 켈빈은 말을 이어갔다.

"리지앙에는 많은 유랑가수가 있어요. 그들은 거리에서 공연하며 자체 제작한 CD를 파는 것으로 생계를 이어나가죠. 시안에 돌아온 루루가 리지앙을 떠올리게 하는 그런 공간을 만들고 싶어 해서, 유랑가수들이 공연할 수 있도록 라이브 뮤직바를 만든 거죠. 그녀 자신이 평생 출간을 한 번도 못 해본 작가였기 때문에 다른 예술인에게 기회를 주고 싶었던 거예요."

"마음이 참 고운 분이었을 것 같아요."

"네, 얼굴도 마음도 참 고운 사람이었죠. 젊은 시절엔 모델 활동을 해서 번 돈으로 어려운 사람을 도왔고요. 나중엔 배낭 하나 메고 여기저기를 돌아다니며 여행하는 자유 영혼이었죠. 쓰촨 대지진 때도 가서 오랜 시간 자원봉사 활동을 했어요."

옆 테이블에서 컵을 깨뜨려 잠시 대화가 중단되었다. 나는 자유로운 영혼을 가진 그녀의 모습을 그려보았다.

"2010년 10월 22일, 그녀가 세상을 떠났죠. 그녀는 의학계의 발전을 위해 자신의 시신을 기증하고 싶어 했어요. 서양에서는 의대생 한 명당 10명의 시신을 해부하는 실습을 하는데, 중국에서는 수백 명이 하나의 시신을 해부하는 것을 지켜봐야 하거든요. 그러나 시신 기부가 흔한 일이 아니기 때문에 여러 가지 복잡한 절차를 밟아야만 했죠. 우여곡절 끝에 적십자에서 시신 기부를 도와줬고, 그 뜻을 기념하는 차원에서 그녀 이름 앞으로 된 기금을 만들어 다른 암 환자들을 돕고 있어요."

이 두 사람은 서로를 사랑한 것 이상으로 이 지구의 모든 인류와 생명을 사랑했을 것이다. 그래서 죽어가는 자신의 몸을 선뜻 해부 실험을 위해 내놓기로 했을 것이고, 한때 세상 누구보다도 사랑했던 여인의 몸을 차가운 메스에 내줄 수 있었을 것이다. 그들의 아 낌없이 주는 나눔으로 더 많은 의사가 더 많은 생명을 살릴 것이다. 그러고 보니 내 꿈 목록의 마지막 꿈도 장기 기증이다. 죽은 뒤에야 이루어질 내 인생의 마지막 꿈…….

"그러면 1년 반이 지났는데……. 아직도 이 바를 지키고 계신 거네요."

"그녀의 마지막 작품이니까 내가 지켜내야죠."

"그래서 아까 사장님이냐고 물어봤을 때 아니라고 했군요."

"이 바는 언제나 그녀의 것이니까요."

이 바의 어느 한 곳도 그녀의 손길이 닿지 않은 곳이 없었을 것이다. 어쩌면 그녀의 영혼은 지금 내 옆 의자에 사뿐히 앉아서 이렇게 대화를 나누는 켈빈과 나를 지켜보고 있지 않을까?

"켈빈의 꿈은 뭐예요?"

"그녀의 바람대로 계속 이 바를 이어가는 것이죠. 리지앙에 있을 때, 그녀는 다른 여행자들이 쉬어갈 수 있는 호스텔을 짓고 싶다는 얘기도 했거든요. 그래서 호스텔도 만들어볼 생각이에요. 그렇게 그녀를 기념하고, 바와 호스텔에서 벌어들인 돈으로 더 많은 사람을 돕고 싶어요. 장기적으로는 이 지구를 위한 무언가를 해보고 싶고요."

"그녀는 켈빈 덕분에 참 행복했을 것 같아요."

"결혼식 때 그녀가 그런 이야기를 했어요. 자신의 이름 루루(路路)는 '길'이라는 단어가 두 번 반복된 것이고, 내 중국어 이름 마

"보통은 5년, 10년이 흐르면 가슴이 조금은 무뎌질지도……. 하지만 아직 그녀는 내 가슴속에 너무도 생생하게 살아 있어서 다른 사람을 만난다는 건 상상조차 하기 힘들어요."

지막 자는 나무 수(樹)이니까, 평생을 길에서 헤맸던 그녀가 그 긴 길의 끝에 기댈 수 있는 나무 한 그루를 드디어 찾았다고. 내가 그녀 생의 마지막을 함께할 수 있어서 정말 행복했어요."

"언젠가 다시 사랑에 빠질 수도 있다고 생각하세요?"

"모르죠. 5년, 10년이 흐르면 가슴이 조금은 무뎌질지도……. 하지만 아직 그녀는 내 가슴속에 너무도 생생하게 살아 있어서 다른 사람을 만난다는 건 상상조차 하기 힘들어요."

나는 이토록 뜨거운 사랑을 해본 적이 있었나. 비록 세상에는 없지만, 그녀에게 한없는 부러움을 느꼈다.

"루루의 꿈은 무엇이었나요?"

"루루는 원래 사랑 소설을 썼는데, 젊은 사람들에게 영감을 주는 책을 출간하고 싶어 했어요. 그래서 심리학도 배우고, 죽기 전까지 코칭과 카운슬링 공부도 열심히 했죠. 그런데 다른 유명한 작가가 그녀가 봐 달라고 보낸 첫 작품을 자기 이름으로 출간해버렸어요. 중국에선 저작권법이 제대로 정립이 안 되어 있어 어떻게 대처해보지도 못하고 당했죠. 두 번째 작품은 90%까지 썼지만, 그녀가 세상을 떠나서……. 그래도 어떻게든 제가 한번 출간을 해보려고요."

문득 숨이 막혀왔다. 그녀가 그토록 이루고 싶어 했던 꿈을 나는 어쩌면 너무도 쉽게 이룬 것은 아닌지, 평생 책 한 권 출간하지 못했던 그녀에게 미안했다. 그에게 무언가 위로의 말을 건네고 싶지만 차오르는 눈물에 목이 메었다. 나는 그의 손을 가만히 잡아주었다. 그의 눈도 눈물로 촉촉이 젖어 있다. 힘겹게 미소를 지으며, 내가 그녀의 꿈까지 대신 이룰 수 있도록 더 열심히 살겠다고 말했다.

시안 남문으로 돌아오는 길, 나스리지앙에서 공연을 하던 가수의 노래가 멀리까지 나를 따라왔다. 한 번도 만난 적 없고, 본 적도 없는 여인 루루. 그녀의 삶과 사랑과 꿈을 생각하며 나는 밤을 설쳤다.

접시닦이에서
골드만삭스까지

일요일 오후 홍콩 콘래드 호텔의 테라스 바. 호텔 수영장에서 여유롭게 선탠을 즐기는 사람들과 저 멀리 빅토리아 항구를 내다보며 나는 망중한을 즐긴다. 그동안 혼잡한 기차역이나 버스 터미널, 사막, 시장통, 산골짝 같은 데 주로 있어서 그런지 유독 다른 세상처럼 느껴지는 곳이다. 지난 한 달간 중국에서 너무 치열하게 살았던 것 같아 잠시 눈을 감고 명상을 하려다 살짝 잠이 들었다.

"수영 씨?"

정신이 번쩍 들었다. 오늘 골드만삭스 홍콩 지사의 IT 상무(Vice President) 이타이를 만나기로 했지. 하얀 셔츠를 입고 눈코입이 시원스럽게 큰 그가 활짝 웃고 있다.

"안녕하세요. 제가 오늘 새벽에 홍콩에 도착해서 좀 피곤했나 봐요."

사막, 시장, 산골짝에 있다 홍콩에 오니 다른 세상에 온 것 같았다.

"아, 뭘요. 전 세계 돌아다니느라 고생이 많으신데요."

"짐바브웨 사람이라더니 미국식 악센트가 있네요?"

"짐바브웨 출신 맞아요. 수도인 하라레에서 태어났고요. 그런데 열아홉 살 때 미국으로 가서 10년 넘게 살았죠."

"어떻게 미국에 가게 되신 거예요?"

"어디서부터 시작해야 하나……. 제가 어렸을 때 누군가가 버린 영국 컴퓨터 잡지에 빠져들었죠. 그걸 읽다 컴퓨터가 너무 갖고 싶다고 잡지사에 기고했더니, 알지도 못하는 영국인이 컴퓨터를 사서 짐바브웨까지 보내주었지 뭐예요. 그 잡지들을 보면서 컴퓨터를 독학했고, 컴퓨터를 더 배워보고 싶어 고등학교를 마치자마자 형과 누나가 있는 미국으로 갔어요."

하지만 그가 미국에서 처음 하게 된 일은 창고 정리였다. 형을 따라간 춥고 먼지 나는 그곳에서 주어진 일은 무거운 기계를 정리하고 옮기는 것. 해도 해도 너무 힘들어서 그는 석 달 만에 그 일을 그만두고, 한 대형식당에서 1년 반 동안 시급 6달러짜리 접시닦이 일을 했다. 웨이터들이 먹고 남은 접시를 가져오면 음식 찌꺼기를 버리고 물로 헹군 뒤 식기세척기에 집어넣는 과정이 수만 번 되풀이됐다. 기계를 가동하고, 세척기가 다 돌아가면 깨끗해진 접시를 다시 차곡차곡 정리하며 잠시도 쉴 틈이 없었다.

"그 일도 보통이 아니겠어요."

"일 자체도 힘들었지만, 낯선 나라에서 문화 충격도 컸어요. 짐바브웨도 아시아처럼 어른들을 공경하고 가족들끼리 굉장히 가깝다 보니 미국의 개인주의적 사고방식에 적응하기 힘들었어요. 형과 누나가 있지만 각자 살기에도 바쁘니 엄마 아빠도 보고 싶고, 짐바브웨를 떠날 때 헤어진 여자친구 생각도 많이 났죠. 당시엔 이메일도 없었거든요. 짐바브웨에서는 옥수수, 토마토, 바나나 같은 것도 직접 재배하고 닭도 키웠는데, 뉴저지의 작고 삭막한 아파트 역시 적응하기 힘들었죠."

그렇지만 열심히 일한 그는 주방 보조로 승진했고, 얼마 뒤에는 웨이터로도 일하게 되었다. 원래는 수줍음이 많았는데 웨이터를 2년 반 동안 하면서 성격도 많이 활발해졌다고.

"웨이터로 일하면 팁도 많이 받으셨겠네요?"

"팁을 받기는 했지만, 학비를 충당하기에는 많이 부족해서 아르바이트를 2개 더 했죠. 패스트푸드점에서 캐셔 겸 주방, 피자집에서도 웨이터로 일했어요. 또 학교 컴퓨터실에서 시스템 관리 일도 했고……. 그래서 친구들이랑 어울리거나 동아리 같은 걸 할 시간이 없었어요."

"그때 기분이 어땠어요? 저도 학교 다니면서 아르바이트를 기본 두세 개씩 했는데, 다른 친구들이 부모님 돈으로 어학연수를 가거나 비싼 정장을 사면 '왜 나만 이렇게 힘들게 일해야 하나' 하는 생각에 많이 우울했거든요."

"힘들죠. 하지만 전 컴퓨터 일을 꼭 하고 싶었어요. 그러려면 미국에 머물러야 하고, 학교를 졸업하기 위해서는 학비를 벌어야 하니까 선택의 여지가 없었어요."

그의 아르바이트 이야기는 계속되었다.

"대학 4학년 때 스위스계 투자은행에 취업한 대학 선배가 야간 근무 아르바이트를 소개해줬어요. 수백 명의 고객을 위해 그날 있었던 거래 내역 데이터를 돌려 보고서를 만들어 프린트하는 일이었죠. 그 시절 아침 9시부터 오후 3시까지 수업 듣고, 집에서 숙제하고 서너 시간 잔 뒤 밤 11시쯤 일어나 뉴저지에서 버스 타고 뉴욕으로 출근해 자정부터 아침 8시까지 일하는 생활을 반복했지요."

"하루에 서너 시간 잔다고요?"

"그땐 이미 아르바이트의 달인이었기에 그렇게 산 지 몇 년째였어요. 전 지금도 그 정도 자는걸요?"

"세상에……."

"그런데 그 일도 자꾸 하다 보니 자동화하는 방법을 찾아내서 8시간 걸릴 일을 4시간 만에 끝내버렸죠. 나머지 시간에 숙제하고, 그래서 남는 시간에 아르바이트를 하나 더 할 수 있었어요."

사람이 100% 몰입하면, 100% 절박하면, 체력의 한계조차 극복할 수 있는 걸까? 매일 이렇게 서너 시간 자며 강행군을 이어가던 그가 골드만삭스와 인연을 맺게 된 것은 흑인 학생들을 위한 한 취업박람회. 실리콘밸리에 가고 싶었던 그에게 IT 기업들은 영주권을 스폰서해 줄 수 없다고 못 박았다. 터덜터덜 걷던 그의 발걸음이 향한 곳은 골드만삭스 부스. 골드만삭스의 인사 담당자는 산전수전 다 겪은 이타이의 이력서에 큰 관심을 보였다. 이타이 역시 골드만삭스의 본사가 뉴욕에 있다는 데 귀가 솔깃했다. 무엇보다 영주권을 후원해준다는 말에 그는 곧바로 지원서를 썼고, 십여 번의 인터뷰를 통해 입사에 성공했다. 그리고 12년 뒤 그는 골드만삭스의 상무 자리까지 올랐다.

"이타이의 꿈은 뭐예요?"

"제 비즈니스를 하는 것과 다른 사람을 돕는 거예요. 제 이야기를 통해 짐바브웨와 아프리카의 다른 이들, 특히 가난한 사람들에게 영감을 줄 수 있다면 더할 나위 없이 좋겠죠. 내가 해냈다면 당신도 할 수 있다고, 이게 내가 걸어온 길이고 그 노력은 가치가 있었다고 당당하게 말하고 싶어요. 거기에 도달하기까진 아직도 큰 노력이 필요하겠지만요."

"어떤 비즈니스를 하고 싶어요?"

"영화의 특수효과 쪽. 그러면 제가 사랑하는 컴퓨터와 영화를 결혼시키는 셈이죠. 영화는 종합예술이니까요."

"이타이의 진짜 열정은 금융보다는 게임이나 영화인 것 같아요. 맞죠? 저도 골드만삭스에서 일했는데, 정말 좋은 직장이지만 숫자를 싫어하는 제겐 하루하루가 괴로웠거든요. 아무리 좋은 회사라도 열정이 없다면 힘들지 않나요?"

"저도 처음 몇 년간은 많이 힘들었어요. 은행에서는 IT가 어디까지나 수단일 뿐이지 핵심 경쟁력이 아닌데, 지극히 당연한 사실이지만 그 사실을 인정하기까지 혼란스러웠거든요. 그러나 영주권 때문에 회사를 그만둔다는 것은 생각도 할 수 없었지요. 대신 회사 내에서 12년간 5번 일을 바꿔서 지금은 주식 매매 소프트웨어 쪽을 총괄하고 있어요. 기술적인 일이 아니라 트레이더와 변호사 등 여러 분야의 사람들과 함께 일하면서 비즈니스의 다양한 측면에 대해 배우고 있죠. 이것이 나중에 내 사업을 할 때 큰 도움이 될 거라 믿어 의심치 않아요. 한편으로는 영화에 대한 꿈을 버리지 않고 특수효과 쪽으로도 공부를 계속해왔지요."

"그럼 언제쯤 그 꿈을 이룰 것 같아요?"

"제가 지금 서른일곱 살인데 아무리 늦어도 쉰 살까지는 모두 이루고 싶어요. 우선 미국 시민권을 따야죠."

"미국 시민권자가 되는 게 그렇게 중요한가요?"

"그건 목적이 아닌 수단이죠. 제가 일하고 싶은 분야에선 아직

"제 꿈은 제 사업을 하는 것과 제 이야기를 통해
다른 이들을 돕는 거예요."

도 미국이 가장 앞서 있으니까요. 미국 시민이 아니면 마음 놓고 제 사업을 하고 사람을 고용하고, 리스크를 걸 수가 없어요. 예전에도 런던에서 일할 기회가 왔지만, 영주권을 기다리는 중이라 거절했어요. 홍콩 지사로 올 수 있었던 것도 영주권을 받았기에 가능했고요. 어쩌겠어요, 내가 태어난 나라에선 내 꿈을 펼칠 수가 없는데. 내가 할 수 있는 부분에서 최선을 다해야죠."

국제무대에서는 어떤 여권을 가졌는지가 그 사람의 계급처럼 취급되는 때도 있다. 짐바브웨는 말할 것도 없을 것이다. 꿈과 여권 사이에 타협해야 한다는 것은 참 슬픈 일이다. 그나마 유럽을 포함한 많은 나라에 비자 없이 갈 수 있는 한국 여권은 고급이라고 해야 하나.

"그럼 10년 뒤에 만났을 땐 그 꿈이 이루어져 있겠죠?"

"그럼요."

우리는 살면서 많은 것을 의지대로 바꿀 수 있다. 하지만 자신이 태어난 신체, 부모, 국가는 바꿀 수가 없다. 태어난 나라는 바꿀 수 없어도, 진짜 꿈을 이루려고 살아갈 나라를 바꾸기 위해 노력하는 그를 응원한다. 때로는 알면서도 길을 돌아가야 할 경우도 있다. 하지만 중요한 건 속도가 아닌 방향이니까.

이타이를 만난 지 3개월 뒤, 그는 자신의 꿈을 좇기 위해 골드만삭스를 그만둔다며 이메일을 보내왔다. 생각보다도 훨씬 더 빨리, 그의 다짐을 실행한 것이다. 머지않아 '골드만삭스 출신으로 40대에 특수효과 감독에 도전한 이타이' 이런 기사를 읽는 날이 오겠지. 현재에 안주하지 않고 꿈을 위해 노력하는 그에게 박수를 쳐주고 싶다.

...

2014년 러브파노라마 프로젝트를 하면서 이타이의 고국인 짐바브웨를 갈 기회가 있었다. 그때 이타이의 가족과 함께 지내면서 내 인생의 가장 중요한 판단 기준 하나를 바꾸게 되었는데 그 자세한 이야기는 〈당신의 사랑은 무엇입니까〉에 자세히 서술되어 있다.

당신은 진짜 삶을 살 준비가 되었습니까?

대만의 수도 타이베이에서 출발한 고속열차는 2시간 뒤 제2의 도시 가오슝에 도착했다. 수도 타이베이와는 공기부터가 다른 이곳, 아열대 기후가 더욱 후텁지근했지만, 곳곳의 녹지와 야자수를 보자 기분이 좋아졌다. 내가 대만에 간다고 하자 중국 친구 왕나가 "내 주변 사람 중 가장 영감을 주는 두 사람이 꼭 만났으면 좋겠다"라며 소개해준 로이를 만나러 여기까지 왔다.

왕나의 전 직장 상사였다기에 다소 반듯한 인상을 생각했는데, 로이는 반바지를 입고 샌들을 신은 편안한 모습으로 나를 반겼다. 우리는 한 아이스크림 가게로 들어가 담소를 나눴다. 다국적 기업의 중국 지사에서 지사장까지 마친 그는 마흔다섯의 나이로 은퇴하고 6년째 은퇴 생활을 하고 있다 한다.

'45세에 은퇴라고? 그럼 매일 뭐 하고 지내지?'

내 얼굴에 떠오른 궁금증을 눈치챈 듯 그는 웃으며 말한다.

"은퇴는 사람들이 알아듣기 쉽게 말하는 거고요, 제가 진짜 원하는 삶을 사는 중이에요. 그래서 예전에 직장 다닐 때보다 더 바쁘게 시간을 보내고 있지요. 그동안 2권의 책을 썼고, 여기저기 강연도 하러 다니고, 1년에 3~4개월은 여행하고요. 그 밖에도 매일 책 읽고, 운동하고, 영화 보고 하다 보면 시간이 부족해요. 이제 거리 공연을 해보려고 버스커 자격시험 준비 중이랍니다."

"무슨 계기로 그렇게 일찍 은퇴하신 거예요?"

"22년간 한 회사에서 꾸준히 일해왔는데 새로운 도전을 해보고 싶었어요. 한편으론 중국에서 오랜 시간을 보내다 보니 고국으로 돌아가고 싶기도 했고요. 내가 정말 원하는 것이 무엇일까 고민을 하다가 지금 결단을 내리지 않으면 은퇴 연령인 60세까지 15년 내내 이런 고민을 하면서 보낼 것 같더라고요. 그래서 조금 쉬면서 생각해보려고 회사를 그만뒀는데, 이 생활에 너무 만족해서 돌아가고 싶지 않았어요. 그렇게 새로운 도전을 하면서 블로그에 글을 썼는데, 인기가 많아져 책으로도 냈지요."

"그럼 이제 인세나 강연료로 생활하시는 건가요?"

"글이나 강연은 돈 때문이 아니라 제가 좋아서 하는 거고요, 은퇴 전에 저축한 돈과 투자에서 나오는 이자로 생활하고 있어요."

"돈이 있으니까 이런 생활이 가능하다는 말씀이군요."

"저는 수백억 벌어놓고 놀고먹는 자산가가 아니에요. 22년간 모아둔 돈에서 우리 부부 필요한 생활비 정도만 이자로 나오는 거죠.

욕심부리지 않고 검소하게 생활하기도 하고, 타이베이 토박이인 제가 가오슝으로 온 데는 집값이 싸다는 이유도 있었으니까요. 무엇보다 몸과 마음이 건강해야 자기가 하고 싶은 일을 할 수 있지, 돈만 가지고는 힘들어요. 천만다행인 것은 아내가 그걸 이해해주고 새로운 상황에 맞춰준다는 거죠."

"그래도 1년에 3~4개월씩 해외여행을 하려면 돈이 꽤 들지 않나요?"

"그렇지도 않아요. 시간 여유가 있으니까 제일 싼 여행 상품을 몇 달 전에 또는 막판에 예약할 수도 있고요. 아니면 배낭여행을 하면서 최대한 저렴한 숙소에서 자고 대중교통을 이용하죠. 그러면 오히려 대만에서의 생활비보다도 여행비가 더 적게 들어요."

"다국적 회사 지사장이셨던 분이 이 나이에 배낭여행을 하신다고요?"

"제가 예전에 회사 다닐 때는 매주 출장을 다니면서 별 5개짜리 호텔에서 묵고 최고급 식당에 가곤 했어요. 하지만 늘 업무에 대한 스트레스로 맛있는 음식을 먹어도 맛있다고 느낄 여유가 없었지요. 지금은 직접 제 발로 여행하면서 세상의 많은 즐거움을 발견하고 있죠. 또한, 예전엔 아내와 시간을 보내질 못해서 미안한 마음에 명품 가방을 사주곤 했는데, 이젠 그럴 돈은 없지만 많은 시간을 함께 보내고 새로운 경험들을 공유해서인지 금슬이 아주 좋아졌답니다."

"예전에 지사장이실 때 럭셔리하게 살았을 텐데 불편하지는 않으세요?"

"처음엔 조금 불편했죠. 하지만 세상에서 가장 큰 럭셔리가 뭔지 아세요? 바로 자유예요. 자유가 있다면 뭐가 더 필요하겠어요? 참석해야 할 회의가 있는 것도 아니니 일정이 바뀌어도 상관없고, 예약할 필요도 없이 그냥 적당한 곳을 찾아가 묵고, 누구 눈치 볼 필요 없이 길거리 음식도 먹고. 뭐 하나 틀어지면 비서에게 전화할 게 아니라 제가 해결하니 마음도 여유로워졌어요."

정말 그렇다. 나도 이 프로젝트를 시작할 때만 해도 직장인 모드(?)에서 벗어나지 못해 별 3개짜리 호텔에 묵으면서도 불평을 해 댔다. 예산 때문에 호스텔이나 게스트하우스 또는 카우치서핑으로 방향을 돌리면서 처음엔 불편했지만, 곧 적응되었다. 회사 출장 땐 5만 원이 넘는 호텔 아침 식사를 놓고 불평하기도 했지만, 이제 호스텔에서 아침 식사로 주는 토스트와 커피에도 충분히 행복하다.

"그런데 많은 사람이 자기가 하고 싶어 하는 일을 하지 못하는 이유는 두려움 때문인 것 같아요. 내가 이 일을 해서 실패하면 어떡하나, 내가 1년 쉬고 돌아왔을 때 좋은 직장에 들어가지 못하면 어떻게 하나……. 이런 걱정 때문에 시도조차 하지 않고 그냥 접어두는 거죠."

사실 이건 내가 가장 많이 받는 질문 중의 하나. 사실 인생의 바닥을 한 번 쳐보면 실패하는 것이 두렵지 않다. 주가지수처럼 다시 상승하리라는 것을 알기 때문이다. 바닥도 여러 번 쳐봐야 스프링처럼 더 높이 뛰어오를 수 있는 것 아닐까? 또 최선의 시나리오와 최악의 시나리오를 생각해본다면, 정말 '최악'이라는 것은 죽거나 사고로 장애를 갖게 되는 것이지 돈이나 시간을 잃는 것은 아니다. 돈은 다시 벌면 되고, 이미 낭비한 시간은 그만큼 더 열심히 살아서 메우면 되지 않을까.

"사람들이 자유롭지 못한 또 다른 이유가 가족이잖아요. 부양해야 할 가족, 특히 아이가 있으면 돈 때문에 더더욱 힘들어지고요."

"대부분 사람이 하고 싶은 일을 못 하는 가장 큰 이유가 돈이라고 생각하죠. 물론 아이가 있으면 사람 수대로 돈이 더 필요하겠지요. 하지만 그 밖에 얼마나 더 필요할까요? 비싼 과외? 피아노 레슨? 그렇게 남들 하는 대로 다 따라 하자면 무한대의 금액이 필요하겠지요. 하지만 아이에게도 자유를 줘보세요. 그렇게 많은 돈이 필요하지 않을 거예요."

누구보다 치열한 20대를 보냈던 한 선배가 생각난다. 대학 내내 장학금을 받을 정도로 공부도 잘했고 어학 실력도 훌륭했던 그는 대기업에 들어가 매일 하루 15시간씩 일하면서도 새벽에는 GMAT 수업을 들었다. 전 재산을 털어 미국 유명대학에서 MBA를 마친 그는 연봉을 많이 주는 투자은행으로 옮겼지만 행복하지 않다고 한다. 탈모가 생길 만큼 스트레스 받아가며 일하지만, 매일 새벽에 들어와 아이들 자는 모습을 보면서 무엇을 위해 일하는지 모르겠다고. 회사를 그만둘까 생각도 해 보지만, 아이들 사교육비와 자신의 MBA에 쏟아부은 돈을 생각하면 그럴 수도 없다고 한다. 젊을 때는 더 나은 미래에 대한 희망이 있어서 꾹 참고 견뎠지

"새 삶은 글을 쓰고 새 생각을 나눔으로써
더 많은 사람이 자신의 꿈을 찾도록 돕는 거예요."

만, 지금은 그저 돈 버는 기계가 된 것 같다는 선배. 그가 나 대신 로이를 만났더라면 하는 생각이 든다.

점심을 먹으러 근처의 푸드 코트로 자리를 옮겼다. 푸짐하지만 저렴한 세트 메뉴를 각자 계산했다. 검소하게 생활한다는 말이 빈 말이 아니다. 나는 새삼 돈의 딜레마를 생각해본다. 많은 사람이 자유롭기 위해 큰돈이 필요하다고 생각한다. 그래서 부자가 되기 위해 꾹 참으며 하고 싶지 않은 일을 한다. 하지만 정작 돈을 벌어도 자기가 하고 싶은 일을 할 시간이 없다.

"은퇴하려면 돈이 얼마나 필요할까요?"

"딱 정해진 기준액이 있다기보다는 자신에게 얼마만큼의 돈이 필요한가를 생각해보아야겠지요. 사람마다 라이프스타일이 다르니 그건 본인 스스로 가늠할 수 있고요. 하지만 기본적으로 3가지 조건을 충족시켜야 한다고 생각해요. 아플 때 돈 걱정하지 않도록 건강보험은 꼭 있어야 하고요, 적어도 자기 살 집 한 채는 있어야겠죠. 수입이 없으면 월세가 큰 부담이니까요. 세 번째로 빚이 없어야 해요. 일단 이 기본 조건을 충족한 뒤 자기가 필요한 만큼을 이자로 충당할 수 있다면 이상적이겠지요. 저는 경험상 연이율 6%의 이자로 생활할 수 있을 만큼 원금을 만들라고 권해요."

"당장 목돈을 마련하기가 쉽지 않잖아요. 거기까지 꽤 시간이 걸리는데 어떻게 해야 할까요? 하고 싶은 일이 있어도 일단 참고 돈만 벌어야 할까요?"

"당장 은퇴할 자금이 없다면 지금의 일상에 충실하면서도 조금씩 변화를 시도해 내가 원하는 삶에 가깝게 만들어보는 게 중요해요. 아니면 1년 정도의 안식년을 가지고 평소 해보고 싶었던 것들이나 새로운 도전을 시도해보는 것도 좋겠죠. 그 1년 동안 충분히 해답을 찾을 수 있을 거예요."

7년 전 73개의 꿈을 쓰고 한국을 떠났을 때, 꼭 그렇게 극단적인 액션을 취해야 세계무대에서 내 꿈을 이룰 수 있을 것만 같았다. 하지만 내가 사표를 쓰고 떠난 뒤 몇 달에서 몇 년 사이 골드만삭스의 동료들은 홍콩, 뉴욕, 런던 지사로 옮겨갔다. 그것도 회사에서 제공하는 아파트며 비행기 표, 월급 인상 등 여러 가지 혜택과 함께. 그래서 로열더치셸에서 일할 때는 조금 답답해도 조바심내지 않고 뮤지컬 무대에 서기, 스페인어 배우기, 부모님 집 사드리기 등 크고 작은 꿈을 하나하나 이뤄갔다. 중요한 것은 회사에 다니냐 다니지 않느냐, 돈이 있느냐 없느냐가 아니다. 도전을 하느냐 하지 않느냐였다.

"로이의 꿈은 뭔가요?"

"글을 쓰고 제 생각을 나눔으로써 더 많은 사람이 자신의 꿈을 찾고 자기가 사랑하는 그런 삶을 살 수 있도록 돕는 것이에요. 그래서 앞으로도 계속 글 쓰고, 사람들과 함께 나누고, 여행하려고요."

로이와의 시간, 나 역시 많은 생각을 정리해볼 수 있었다. 그는 드림 보드에 자신의 직업을 '꿈쟁이'라고 썼다. 이렇게 말이 잘 통하는 꿈쟁이를 만나니 기쁘다. 그리고 이 세상에 꿈쟁이가 더 많아졌으면 좋겠다. 더 많은 이가 남이 아닌 나를 위한 진짜 삶을 살기 시작했으면…….

셔터를 누르는
마지막 순간

어느덧 이 여행의 마지막 달. 홍콩, 대만을 거쳐 도착한 나라 일본. 영국에서 친하게 지냈던 사진작가 친구 레이나가 나를 반기더니 나에게 꼭 보여주고 싶은 곳이 있다며 팔을 잡아당긴다. 도쿄 신주쿠 역에서 15분쯤 걸었을까, 레이나는 한구석의 건물로 나를 안내했다.

건물의 3층으로 올라가자 6평 남짓한 갤러리에는 30여 점의 사진이 전시되어 있었다. 거친 바다의 모습, 진한 화장이 번져 얼굴이 얼룩덜룩해진 젊은 여성이 소파에서 자는 모습, 색깔이 다른 세 켤레의 장화, 예쁘다기보다는 묘한 느낌을 주는 총천연색 카나리아 등 강렬한 색감과 거친 질감이 인상적이었다. 또 포토샵을 이용해 여러 작품을 교차시킨 듯한 작품도 보였다. 놀랍게도 이 전시회의 주인공은 흰머리가 성성한 일흔네 살의 할머니. 이제야 레이나가 왜 나를 여기까지 억지로 끌고 왔는지 알 것도 같다.

긴 단발의 백발을 세련되게 연출하신 렌코 할머니에게 한국에서 왔다고 하자, 자신의 남편이 서울에서 태어났다고 하며 반가워한다. 그녀는 똑같은 모습을 한 여자의 모습이 여러 레이어로 합성된 사진을 내게 보여주었다.

"저기 저 사진이 제 결혼사진이에요."

20대의 그녀는 청초해 보인다. 야마가타현 출신인 그녀는 결혼과 동시에 도쿄로 와서 60세가 될 때까지 출판 교정 일을 했다고.

"그럼 예전엔 사진과는 아무 관련이 없으셨단 말이세요? 어떻게 사진을 시작하게 된 거예요?"

"남편이 죽고 아이들도 독립한 후에 적적해서 구청에서 운영하는 노인학교에 다니게 되었어요. 거기서 새로운 친구들도 사귀고 컴퓨터 사용하는 법도 배워 이메일을 시작했지요. 어느 날 정원의 꽃이 참 예쁘게 피었기에 다른 친구에게도 보여주고 싶더라고요. 그래서 사진을 배워보기로 했어요."

그녀가 사진 강습을 시작한 것은 예순여섯 살 때. 선생님이 그녀보다 어린 것은 말할 것도 없다. 다른 학생들도 대부분 10대 후반에서 20대였고, 그녀 다음으로 나이가 가장 많은 친구가 30대 초반이었다.

"뭔가를 새로 시작하기엔 나이가 너무 많지 않나 하는 걱정은 없으셨나요?"

"이미 나이가 많아서 이것이 뭔가를 배울 수 있는 마지막 기회라고 생각했어요. 젊은 사람들이야 지금 안 해도 나중에 기회가 있지만, 저는 남아 있는 시간이 많지 않잖아요. 지금 하지 않으면 영영 기회가 오지 않을지도 모르니까요."

많은 사람이 새로운 도전을 꿈꿀 때 '너무 늦은 게 아닐까?'라는 생각을 한다. 몸이 스무 살 무렵에 성장을 멈춘다고 정신도 멈추어버리는 건 아니다. 여기 일흔네 살의 할머니가 말하고 있다. 지금이 아니면 영영 기회가 오지 않을 수도 있다고.

"사진 수업은 얼마나 자주 가셨어요?"

"매일이요. 매일 수백 장의 사진을 찍고, 그중에 몇 장을 골라서 선생님의 조언을 받았지요. 그러고 보니 이제까지 찍었다 지운 사진만 수십만 장이네요."

"포토샵도 배우신 거예요?"

"포토샵은 스스로 터득했어요. 사진 정리하면서 이것저것 해보다 보니……."

"스고이(대단해요)! 그런데 사진을 보니, 예쁘고 아름다운 것들보다는 굉장히 컬러풀하고 파격적이고 형이상학적인 느낌이에요."

"사진 선생님이 눈에 보이는 모든 것을 찍어보라 하셨어요. 설령 그것이 낯선 것이든 추한 것이든, 제가 바라보는 세상을 있는 그대로 담기를 원하신 거죠."

선생님이 시키는 대로 하는 모범생 할머니. 나는 다시 한번 전시된 사진들을 둘러보았다. 수십만 장 중에서 추려내고 또 추려낸 30여 점의 작품. 이건 취미가 아니다. 수년간 열정을 다 바쳐 농축시킨 자아의 재발견이다.

렌코 할머니가 방문객들과 인사하느라 바쁜 사이, 나는 테이블에 놓여 있는 팸플릿에 시선이 갔다. 전시회의 제목 '바람의 주름'.

"바람의 주름이라……. 무슨 뜻인가요?"

"〈8일째 매미〉라는 영화를 본 적이 있어요. 그 영화에는 계속 바람이 불죠. 바람이 불 때마다 조금씩 조금씩 흔적이 남아요. 문득 제 삶을 돌이켜 보았어요. 한 남자의 아내이자 두 아이의 엄마로서 살아온 나날들이 하루도 바람 잘 날이 없더라고요. 그 바람들도 제게 흔적을 남겼어요. 피부의 주름 하나하나가 그 흔적이라 생각한답니다."

"한국에는 '나이 마흔이 넘으면 자기 얼굴에 책임을 져야 한다'라는 말이 있어요. 즉 살아온 과정이 얼굴에 드러난다는 이야기지요. 렌코 할머니의 얼굴을 보니 행복한 삶을 살았을 것 같은데요?"

"그런 이야기 종종 들어요. 하지만 행복은 저절로 주어지는 것이 아니라고 생각해요. 저 역시 누구 못지않게 힘든 일도 참 많았거든요. 하지만 돈이 없으면 나가서 돈을 벌었고, 힘든 일이 있을 때면 더 열심히 사람들을 만나서 웃었어요. 은퇴하고 나서도 뭐든지 하나라도 더 배우려고 새로운 일에 도전하다 보니 좋은 일만 생기더라고요. 그러다 보니 이렇게 일흔넷의 나이에 첫 번째 개인전도 갖게 되네요."

행복해서 웃는 게 아니라 웃으니까 행복하다는 말이 생각난다. 그녀는 한마디를 덧붙였다.

"저는 매 순간순간이 인생의 마지막이 될 수도 있다고 생각해요. 사람이 언제 죽을지 모르는 거잖아요. 그래서 카메라 셔터를 누를 때마다 이것이 내 인생의 마지막 장면이 될 수도 있다고 생각해요. 지금 내가 찍는 이 사진이 내 인생 최후의 느낌과 생각과 공간을 담을 수도 있다고 생각하며 사진을 찍는 거죠."

"건강해 보이시는데 왜 자꾸 죽음에 관한 말씀을 하세요?"

"죽음은 인생이라는 대서사시의 대단원을 내리는 것이에요. 덮어놓고 부정적으로 생각할 것은 아니지요. 그래서 최고의 엔딩을 위해 저는 유언장도 써놓고 불필요한 살림도 다 정리해서 내일 당장 죽어도 문제없게끔 살고 있어요. 그리고 순간순간 최선을 다하려 한답니다. 어쩌면 수영 씨가 제가 죽기 전에 만난 마지막 사람일 수도 있으니 지금 이 순간엔 수영 씨와의 대화에 몰입하는 것처럼요."

그녀의 진지한 눈빛이 내 심장을 뒤흔드는 것 같다. 사람들은 목숨을 연장하려고 얼마나 많은 돈을 퍼붓는가. 하지만 그렇게 소중한 삶의 순간순간을 과연 얼마나 충실히 살고 있는가?

"살면서 가장 잘한 것, 가장 후회되는 것은 무엇인가요?"

"결혼해서 가정을 꾸린 것이 가장 잘한 일이라고 생각해요. 하지만 아이들이 어렸을 때는 일하느라 무척 바빴어요. 아이들을 최선을 다해 돌보지 못한 것 같아 많이 후회돼요. 지금은 더 잘해주고 싶어도 다 컸고 각자의 삶을 살고 있으니 그러기 힘들죠."

호랑이도 제 말을 하면 온다고, 그 이야기를 하자마자 아들이 여

"내 꿈은 이 순간 상상할 수 있는
가장 신나는 일을 하는 거예요."

자친구를 데리고 갤러리에 들어섰다. 아들에게 "어머니가 자랑스럽지 않으세요?"하고 말을 건네자, 그는 "그럼요. 이렇게 나이에 구애받지 않고 다양한 도전을 하는 것에서 제가 영감을 받는걸요"라고 답한다. 그 말을 듣는 렌코 할머니의 눈가에 슬며시 눈물이 맺혔다.

렌코 할머니에게 꿈을 써보라고 하자, "내 꿈은 다 이루어진 것 같은데……."하고 고민을 하신다. 그래도 써보라고 재차 권유했다. 한참 고민하시던 렌코 할머니는 "내 꿈은 지금 이 순간 상상할 수 있는 가장 신나는 일을 하는 것이에요. 그래서 최근엔 연극 무대에도 서고 사진도 찍고 전시회도 했지요!"하고 마치 초등학생이 부모님께 자랑하듯 신나게 문장을 써 내려간다.

"10년 뒤에 렌코씨는 어디서 무엇을 하고 있을까요?"

"글쎄요. 집에 있거나, 병원에 있거나, 아니면 한 줄기 바람이 되어 있지 않을까요?"

그녀는 담담하게 대답했다. 죽음이 전부인 양 겁먹지도, 그렇다고 애써 외면하지도 않고, 마치 꽃이 피고 해가 뜨는 것처럼 자연스러운 이치라고 받아들이는 렌코 할머니. 담담한 그 마음 덕분에 그녀는 순간의 소중함을 진정으로 누리고 있을 것이란 생각이 든다.

매일이 마지막 날인 것처럼 산다면, 그래서 삶을 돌이켜볼 때 후회가 없다면 얼마나 가치 있는 삶이겠는가! 내일 한 줄기 바람이 되어도 미련 없을 그런 삶을 살고 싶다.

지진도 이겨낸
초밥 한 접시

도쿄에서 도호쿠 케센누마까지는 5시간 반 가까이 걸렸다. 새벽 5시 반에 집을 나와 다이타바시 역에서 게이오선을 타고 신주쿠로 가서, JR을 타고 도쿄역을 갔다가, 거기서 시속 300km의 신칸센을 타고 센다이로 가서, 다시 1930년대에나 있었을 법한 아담하면서도 낡은 전차를 타고 이와테현 케센군을 향했다. 이렇게 새벽부터 야단법석을 피우고, 이 시골까지 온 것은 도호쿠 대지진의 흔적을 보기 위해서이다.

2011년 3월 11일, 재앙은 순식간에 찾아왔다. 9리히터의 내지진이 일자, 육지에서 60km 떨어진 바다에서 폭 180km에 높이 5~8m의 거대한 파도가 도호쿠를 휩쓸었다. 그 후 약 2만 5천여 명이 죽거나 다치거나 실종됐다. 34만 명이 피난을 가야 했고, 물과 음식, 약품, 쉼터, 연료가 부족해서 더 많은 고통을 겪어야 했다. 파괴된 기반 시설을 다시 복구하려면 10조 엔(약 140조 원)이 필요하다니, 자연의 파괴력이란 인간의 상상을 초월하는 것이다.

1년이 지난 지금, 지진과 쓰나미의 피해를 당한 그들은 어떻게 살고 있을까. 집, 일터, 가족까지 잃은 사람들에게 남은 꿈은 무엇일까. 그들은 망연자실 체념하고 있을까, 아니면 희망의 끈을 놓지 않고 있을까. 바로 이 질문에 대한 답을 찾고 싶어 이렇게 새벽같이 도호쿠로 떠난 것이다.

바다 근처의 철로는 다 파괴되어 마지막 종점인 케센누마 역에서 내렸다. 역이 있는 도로는 그래도 괜찮아 보이는데, 10분쯤 바다를 향해 걷다 보니 서서히 쓰나미의 흔적이 보이기 시작했다.

문이나 창문, 간판이 떨어져 나가고, 벽 곳곳이 파손된 것은 양호한 편이었다. 전봇대가 쓰러져 있고, 온갖 전선이 흉하게 모습을 드러내고 있었다. 냉장고를 비롯한 온갖 살림살이가 파도에 떠밀려 나왔는지 집 밖에서 녹슬어 있는 모습도 보였다. 사람들은 다 떠나고 없고 흉흉한 거리에 쓸쓸히 남아 있는 건물들엔 쓰나미 피해 가구라는 표시의 빨간 원들이 그려져 있었다. 처참하게 일그러진 배가 바다에서도 꽤 멀리 떨어진 곳에 놓여 있는 것을 보니 당시의 상황이 짐작되었다.

방파제를 걷자 아예 땅바닥이 갈라져 조심하지 않으면 발이 빠지기 십상이다. 포구의 2층 컨테이너 건물은 아예 옆으로 통째로 쓰러지며 짓이겨지고, 지난 1년간의 바람에 녹이 슬고 이끼가 껴 있다. 나와 동행한 레이나는 여긴 그나마 나은 편이라며, 다른 곳

1년 이상 시간이 지났는데도 여전히 남아 있는 쓰나미의 흔적.

에는 대형 어선이 바다에서 한참 떨어진 곳에서 녹슬어가는데도 손도 못 쓰는 경우가 많다 한다.

포구를 따라 걷다가 그물을 정리하는 어부들을 만났다. 나의 어설픈 일본어에 황새치잡이 배 선장님이 "강코쿠징 데스카(한국 사람이세요)?"하고 말을 걸었다.

"네. 선장님 배는 쓰나미 때 영향을 안 받으셨나 봐요?"

"쓰나미가 왔을 때 저희는 바다 한가운데 있어서 아무것도 몰랐어요. 포구에 돌아와 보니 정박하여 있던 모든 장비가 파괴되어 있더라고요. 손해를 본 것만 수억 원이지만, 아직도 보상 문제가 복잡해서 돈 한 푼 못 받았어요."

"저런……. 그래도 몸이 건강하시니 얼마나 다행이에요."

"저야 건강하지만, 저희 부모님은 실종되었어요."

"……."

아무리 찾아도 두 분을 찾을 수가 없어 지난 3월 11일에는 두 분이 돌아가신 거로 잠정 결론을 짓고 장례를 지냈다며 선장님은 담담하게 말한다. 처음 부모님을 잃고 장비들이 파괴된 충격에 아무것도 못 했다는 그는 "산 사람은 살아야죠" 하면서 반년 전부터 어업을 재개했다고 한다.

우리는 선장님이 일러준 임시 상가에서 점심을 먹기로 했다. 삶의 터전을 잃은 상인들이 힘을 합쳐 다시 열었다는 임시 상가는 2층짜리 컨테이너에 생선가게, 구멍가게, 이발소, 식당 등 작은 가게들이 모여 있었다. 우리는 '특급 초밥'이라는 작은 식당으로 향했다. 주방에는 아버지와 아들이 초밥을 만들고 있었고, 어머니가 다가와 메뉴판을 건넨다. 도쿄에서는 아무리 싸게 먹어도 2천 엔(약 28,800원)이던 회덮밥이 여기선 고작 600엔(약 8,600원)! 기대 이상의 끝내주는 맛에 감격하며 허겁지겁 회덮밥을 먹는데, 눈앞에 웬 기차 모형이 눈에 띄었다. 다른 차를 연결하는 고리 부분이 끊어져 있었다.

"가게 이름이 특급 초밥이라 그런가? 웬 특급 열차 모형이 여기에 있네."

내 시선을 의식한 레이나가 거든다.

우리의 의문에 대한 해답은 계산대 근처에 비치된 한 옛날 신문의 기사에 있었다. 쓰나미 이전인 2009년에 쓰인 '어서 오세요'라는 제목의 이 신문 기사의 사진 속에는 웃고 있는 노부부 사이로 일반 회전 초밥과는 달리 초밥을 끌고 돌아다니는 기차가 눈에 띄었다.

"아, 그럼 저기 전시된 기차 모형이 바로 이 기차구나! 그러고 보니 고리가 끊어진 건 쓰나미 때문에?"

우리끼리 얘기를 하는데 영수증을 정리하던 어머니가 친절하게 설명해주신다.

"맞아요. 쓰레기 더미를 뒤진 끝에 저 기차의 잔해를 찾아냈죠."

배를 타고 전 세계를 항해하던 아버지 마사루는 셋째 아들 코지로가 여섯 살이던 1975년 아내 히사코와 함께 가게를 열었다. 당시에는 컨베이어 벨트를 이용한 회전초밥집은 로열티가 30만 엔(약 430만 원)이 넘었는데, 이를 지불할 돈이 없었던 부부는 직접 회전 초밥을 이끄는 기차를 만들었다. 그리고 그때부터 35년 가까이 화요일을 제외하고는 하루도 쉬지 않고 매일 오전 11시부터 오후 9시까지 가게를 열었다. 코지로도 스무 살이 되면서 주방에 합류했다.

"그럼 쓰나미로 이 신문 기사 속 가게가 모두 파괴된 거군요."

"그렇게 된 거죠……. 모두……. 쓰나미로 집도 가게도 산산조각이 나서 피난처의 이불이 우리가 가진 전부였어요."

가만히 듣고 있던 아들 코지로가 카메라를 들고 오더니 텔레비전에 연결하여 당시의 사진들을 보여주었다.

"이게 쓰나미 다음 날인 3월 12일의 사진입니다."

사진 속에는 가게의 흔적이라고는 찾아볼 수도 없이 모든 것이

쓰나미 이전에 신문에 소개된 특급 초밥.

부서져 있었다.

"대지진이 일어난 날 갑자기 전기가 끊겼어요. 이제까지 지진이 와도 그런 적이 없었는데……. 좀 위험하다 싶어 어머니와 손님들을 모시고 저 언덕 위에 학교로 피했고, 그 후에 쓰나미가 밀려왔죠."

코지로의 목소리는 담담했지만, 그의 속눈썹이 경련을 일으켰다. 어머니는 코지로의 말을 이었다.

"저는 아들 손을 잡고 학교로 피난을 가서 쓰나미가 왔는지 몰랐어요. 다음날 내려오다 보니 모든 것이 파괴되어서 한동안 아예 이 근처로 오지도 못했어요. 쓰레기 더미를 다 치우는 데 한 달은 걸렸을 거예요."

"35년간 운영해온 가게가 이렇게 파괴되어 충격이 크셨겠어요."

어머니는 입을 닫았고, 코지로는 무심하게 계속 카메라를 작동하며 다음 사진을 보여주지만, 모두가 산산조각이 난 쓰레기 더미

일 뿐이다. 쓰나미가 온 지 4개월 뒤, 그들과 마찬가지로 가게를 잃은 상인들이 이렇게 실의에 빠져 있을 수만은 없지 않으냐며 다시 상권을 살려보자고 힘을 모았다. 크리스마스 즈음 여러 사람의 도움으로 컨테이너로 만들어진 임시 상가가 문을 열었다.

손님 한 분이 들어와 회덮밥을 주문했다. 코지로의 손놀림이 바빠졌다.

"사실 이 일을 겪고 몇 달간 망연자실한 상태로 지내면서 다시는 초밥집을 안 하려고 했어요. 그런데 예전의 단골손님들이 제가 만든 초밥을 먹고 싶다고 하셔서, '아, 이게 내가 해야 할 일이구나'하고 생각했어요."

자신이 만든 음식을 먹고 싶어 하는 고객을 위해 다시 음식을 만드는 것도 일종의 장인정신이리라.

"어머님은 꿈이 뭐예요?"

"이곳을 다시 예전과 같은 회전초밥집으로 되돌려놓고 싶어요. 꼬마 아이들이 기차를 보면서 아주 좋아했거든요."

"코지로씨는요?"

"가족들과 함께 더 좋은 시간을 보내고 싶어요. 쓰나미 때 숙모와 조카의 가족들이 세상을 떠났거든요. 그분들은 이제 돌아올 수 없으니까 산 사람들에게라도 잘해야지요."

"새신랑이 되기도 했잖아?"

옆에서 아버지가 놀린다.

"어머, 결혼하셨어요? 축하드려요! 언제 하신 거예요?"

"가족들과 더 좋은 시간을 보내고 싶어요."

"2달 전에요."
그의 얼굴에 가만히 미소가 어린다.
"혹시 쓰나미 이후에 서둘러서 결혼하신 건가요?"
"아니요. 꼭 그런 건 아니지만……. 무엇이 되었든 열심히 살려고 하는 것이죠."

　많이 쑥스러운지 얼굴을 붉히는 그에게서 나는 자연의 섭리를 본다. 봄에 따뜻한 기운이 대지를 뒤덮고, 여름엔 홍수가 휩쓸고 간 자리에 녹음이 우거지고, 가을 찬바람에 꽃이 지고 열매가 맺고, 겨울 매서운 바람과 차가운 눈이 생명을 앗아간 듯하지만, 그 흰 눈 아래로 새로운 씨앗이 트기 위한 준비를 하는 것처럼. 재앙은, 혹은 삶의 위기는 받아들이는 사람에 따라 재앙도 끝도 아닌 삶의 연속되는 과정이나 다음 단계를 위한 과정이 될 수도 있다. 코지로의 가족이 부서진 가게를 다시 열고, 새로운 가족을 맞이하는 것처럼, 기차는 멈추었지만 삶은 계속된다.

　지진의 기억이 너무 강렬해서인지 그날 밤 꿈속에서도 대지가 요란스레 흔들리는 느낌에 눈을 떴다. 그런데 이건 꿈이 아니라, 건물이 흔들리는 진짜 지진이었다. 1분 30초간 리히터 2.6의 지진이 지속하였다. 나는 이 잠깐의 지진에도 무섭고 두려워 밤잠을 설쳤는데 도호쿠의 사람들이 겪은 리히터 9의 지진은 상상조차 할 수 없다. 하지만 어떤 사람들은 그런 무시무시한 지진으로 모든 것을 잃고도 묵묵히 다시 시작하고 있다. 삶의 희망을 잃지 않고 살아가는 코지로씨의 가게에 10년 뒤 다시 들렀을 때 맛있는 초밥이 칙칙폭폭 달렸으면 좋겠다.

남녘에서 꽃피운 꿈

꿈의 파노라마 프로젝트를 구상하던 단계부터 내가 꼭 만나고 싶었던 사람 중 하나가 바로 탈북자였다. 중국을 떠도는 탈북자만도 20만 명. 하지만 한국에 들어온 이들은 겨우 2만 명. '지상낙원'에서 배를 곯다 못해 목숨 걸고 탈출한 그들, 여권도 없이 중국과 동남아를 유령처럼 떠도는 그들에겐 어떤 꿈이 있을까?

그들의 이야기를 듣고 싶어 중국의 조선족 지인들에게 수소문했지만, 북경에 사는 그들은 탈북자를 직접 만난 적은 없다 했다. 동북 3성에 탈북자들이 많이 숨어있다는 얘기에 그냥 가 볼까 생각도 했지만, 아는 사람 한 명 없이 무작정 간다는 것이 다소 막막하고 위험하다는 한족 친구들의 만류에 접기로 했다.

아쉬운 마음을 안고 한국에 돌아왔는데 서점에서 우연히 발견한 책이 탈북 작가가 썼다는 소설 《청춘연가》였다. 북한 이탈 주민들이 새로운 사회에 적응하는 모습이 매우 생생하게 그려져 있어 내가 알고 싶어 하던 그들의 삶이 한눈에 들어왔다.

원래는 교양 있는 가정에서 자란 교사였으나 병든 어머니를 살리기 위해 결국 돈 천 위안(약 18만 원)에 인신매매꾼을 따라가 중국 시골에서 6년간 남편에게 유린당하고, 그 트라우마를 애써 이겨내려 노력하는 주인공 선화. 마찬가지로 중국인 남편에게 도망쳐 나왔지만, 딸아이를 위해 억척스럽게 남한 생활에 적응해가는 복녀. 꽃제비 출신으로 중국 노래방에 팔려가 이제는 상대한 남자가 몇 명인지 셀 수도 없다는 열아홉 살의 경옥. 이렇게 세 사람의 이야기가 하나원에서 시작된다.

그녀들에게 남한에서의 새로운 생활은 순간순간이 도전이고 희열이며 비애다. 주민등록증을 받고 눈물을 흘리고, 아침 출근길에서 자신의 존재에 대한 행복을 느끼며, 월급 100만 원을 받고 그 돈이면 북에서 3년간 세 가족이 먹을 양식을 샀을 텐데 하며 가슴을 치는 등 우리에겐 아무것도 아닌 순간들이 그들에겐 특별한 삶의 과정이다.

하지만 북한과 중국에서의 트라우마는 그녀들을 쉽게 놓아주지 않는다. 딸아이 아버지의 존재를 절대 인정하고 싶지 않아 자신의 딸을 '성령으로 잉태했다'라고 믿고 싶은 복녀, 아빠가 누군지도 모를 아이를 낳은 뒤 입양시키는 경옥, 중국에 있는 딸아이에 대한 애증으로 잠 못 이루는 선화. "북한 여자로 태어난 게 죄지비"라는 습관적인 한탄에는 여자이기에, 엄마이기에, 그리고 북한에서 태어났기에 겪어야 했던 삼중의 아픔이 녹아 있다.

책을 덮고 나서 저자 김유경(가명) 씨를 만나 더 많은 이야기를 듣고 싶었다. 하지만 그녀는 신변상의 이유로 언론 인터뷰도 거부하고 있는 상황. 간신히 지인을 통해 연락이 닿은 그녀에게 신상을 공개하지 않겠다고 수차례 약속한 뒤에야 힘겹게 어린이대공원 근처의 한 파스타 집에서 개인적인 만남을 가질 수 있었다. 차가 막혀서 늦었다는 그녀는 세련된 남한 말씨로 인사를 나누었지만, 포크질을 시작하자마자 나이프가 미끄러지고 파스타 소스가 튀는 참사가 일어났다.

"죄송합니다. 제가 이런 걸 많이 먹어보지 않아서……."

그녀는 당황해하며 냅킨으로 테이블 곳곳과 바닥을 허겁지겁 닦는다. 북에서는 누구 못지않은 엘리트였지만, 중국에 있을 때는 청소일로 생계를 유지했다는 그녀. 다행히 그녀를 청소부로 고용했던 남한 사람이 준 돈으로 중국을 탈출할 수 있었다.

"소설을 읽는 내내 충격적이었고, 눈물을 멈출 수가 없었어요. 어디까지가 북한의 현실이고 어디까지가 허구입니까?"

"소설에 나오는 북한의 실정은 상당 부분 사실이라고 보시면 됩니다. 예전엔 다들 보름치 배급을 받아 먹고살았는데, 그걸 갑자기 국가에서 끊어버린 것이죠. 그렇게 '고난의 행군'이 시작되면서 다들 굶기 시작했는데, 그때부터 이악한 사람들과 소멸하는 사람들로 나뉘었어요. 그래도 평양은 외신들의 눈이 있으니 주민들 배급을 주고 보기 좋게 관리합니다. 하지만 그 밖의 지역은 꽃제비도 많고, 거리에 시체도 많아 규찰대가 쓰러져 있는 사람들을 발로 휙 차봅니다. 시체면 툭 쓰러지는데, 그러면 담아가서 땅에 파묻어버리죠. 특히 1997년부터 2000년 사이가 가장 심했지요."

"탈북하고 나서도 중국에서의 삶이 순탄치 않은 듯해요. 책을 보면서 선화도 선화지만 어린 나이에 몸을 팔아야 했던 경옥이의 이야기가 가장 가슴이 아팠어요."

"경옥은 실제 인물을 소재로 했고, 경옥 같은 아이가 많습니다. 북한 내에서도 인신매매단이 돌아다니며 국경을 넘어갈 여인들을 포섭합니다. 배가 고픈 부모가 딸을 파는 경우도 있지요. 홀몸으로 탈출하는 남정네들은 국경에서 잡혀 들어오는 경우도 많지만, 국경 경비대도 인신매매단들이 준 뇌물로 먹고사니 여자들은 걸릴 일이 없지요. 그럼 국경 건너에서 기다리고 있는 조선족들이 그네들을 뚜쟁이 집으로 보냅니다. 거기서 뚜쟁이가 그네들의 운명을 결정하는 것이죠."

처음에 남한 말씨로 이야기를 시작했던 그녀의 목소리가 점점 격앙되면서 북한 억양이 살아났다.

"예쁘고 어리면 노래방으로 1만 5천에서 2만 위안(약 270~360만 원)에 팔려가는데, 본인들은 정작 돈 한 푼도 못 받고 수년간 감금된 채로 몸을 팔아야 하지요. 나이가 많거나 못생긴 여자들은 시골 사는 한족 노총각들에게 팔려가고요. 아내 대접을 받는 것도 아니고 성 노리개, 씨받이로 사는 거죠. 시골집에 팔리면 꼼짝없이 갇혀 도망도 못 가고……."

그녀는 갑자기 말을 잇지 못하고 서럽게 눈물을 흘리기 시작했다.

"그 아이들……. 정말 불쌍해요. 북한 여자로 태어난 것이 무슨 죄기에……."

그녀가 한참을 흐느끼는 동안 나는 뭄바이에서 사창가를 헤매며 만났던, 네팔의 보호기관에서 멀리서나마 지켜본 인신매매 피해자 여성들을 떠올렸다. 또한 최근에 참석한 일본 대사관 앞 수요 집회에서 만났던 일본군 강제위안부 할머니들의 얼굴도 눈앞을 스쳐 갔다. 절대로 용납할 수 없는 일이지만 적어도 일본군 강제위안부 문제는 이미 일어난, 되돌릴 수 없는 과거이고 청산의 문제만 남아 있다. 그러나 우리 민족 여성들이 살아남기 위해 북한을 떠났다 되레 죽은 것만도 못한 성노예의 삶을 사는 것은 지금 현재 진행형인 일이다.

그녀는 눈물을 닦고 물을 한 잔 마셨다. 나는 대화를 이어갔다.

"책에서 보면 몽골 사막이나 메콩강을 건너 남한으로 온다는데, 실제로 어떻게 이동을 하신 건가요?"

"2000년대 중순부터 탈북 루트가 몽골 사막, 메콩강, 베트남 이렇게 3가지로 정착되었어요. 제가 탈출한 메콩강 루트는 중국 칭다오에서 태국 국경까지 연결되어 있지요. 물론 중국어도 못하고 신분도 불확실하다 보니 두만강을 건너 칭다오에 도착하기까지 6개월이 걸렸고, 브로커에게 줄 돈을 마련하는 데는 더 오랜 시간이 필요했습니다.

일단 칭다오에서 브로커를 만나자 탈북자 10명을 버스에 실어 쿤밍의 한 가정집으로 보내주더군요. 거기서 트럭을 타고 불법으로 중국 국경을 넘는 것이지요. 거기서 잡히면 공안이 북으로 보내버리니 그때 심장이 얼마나 졸아들었는지 모릅니다. 트럭이 미친 듯이 속도를 내서 저희를 라오스 첩첩산중에 내려주니, 거기에 또 브로커가 기다리고 있었습니다. 거기서 산을 넘으면 메콩강 보트가 대기하고 있지요. 이때 경비정에 들키면 큰일이니 다들 모자를 하나씩 씌워주며 관광객 흉내를 내랍니다. 쾌속정 한 대가 저희 쪽으로 가까이 오기에 무서워 죽겠는데, 관광객인 것처럼 억지웃음을 짓고 손을 흔들어대야 했지요.

다행히 그 배는 가버렸고 태국 국경을 넘었는데, 브로커가 나타나지 않았어요. 그래서 아무 버스나 잡아타고 헤매다 그만 경찰에게 발각이 되었는데, 수중에 가지고 있는 중국 돈을 다 줘서 매수했지요. 그러고 나서 버스에 택시에 히치하이킹까지 온갖 교통수단을 동원해 방콕에 있는 대한민국의 대사관에 도착하니, 수용소로 보내주더군요. 거기서 다른 70~80명의 여자와 함께 지내다가 공항에서 일반적인 절차를 밟지 않고 지하를 거쳐 비행기도 맨 뒷좌석으로 따로 와서 하나원에 입소했습니다."

내가 메콩강의 아름다움에 감탄하고 있을 때, 그네들은 죽음의 공포로 헐떡대는 심장을 부여잡고 숨을 죽이며 강을 건넜다. 내가 베이징에서 중국어 과외를 받고 친구들과 훠궈를 먹고 있을 때, 그들은 훔쳐 먹을 강냉이도 없어 중국의 첩첩산중으로 팔려가거나,

감금당한 채로 매일 밤 남자들의 성 노리개가 되어야만 했다. 내가 낙타를 타고 사막의 낭만을 노래하고 있을 때, 그들은 타는 목마름을 견뎌내고 행군해야 했다.

같은 공간에서 어쩜 이토록 판이한 상황을 겪을 수 있었을까? 나는 인간으로서 다른 인간이 겪어야 할 고통에 대해 아무것도 하지 않았다는 사실에, 아니 그런 고통이 있었는지도 몰랐다는 사실에 그저 미안하고 또 미안할 뿐이다. 살아남기 위해 북한을 떠나 상상도 할 수 없는 어려움을 겪고, 목숨을 건 위험한 탈주를 해야 하는 이들의 삶은 많이 나아졌을까?

"탈북자분들이 남한 사회에 적응을 잘하시나요?"

"그럼요. 다들 새로운 삶을 잘살아보겠다는 각오가 대단합니다. 제 주위엔 잘사는 분도 많고 아이들도 잘 적응해서 얼마나 흐뭇한지요. 어떤 이들은 그렇게 번 돈을 중국을 거쳐 북한으로 보내 가족들을 데려오기도 합니다. 물론 경옥이처럼 타성 때문에 사회에 적응하지 못하고 다시 유혹에 빠지는 경우도 있지만요."

어느 사회이든 그 나라에서 태어난 사람도 다 적응을 잘하는 것은 아니다. 하지만 세계에서 가장 폐쇄적인 나라에서 태어나 삶의 바닥까지 가 본 그들이 더 강인해졌으리라 믿는다. 중국에서, 북한에서 아직도 고통 속에 살아가는 이들을 생각하니 가슴이 답답해 온다. 언제쯤 남북은 하나 될 수 있을까?

"유경 씨는 꿈이 뭐예요?"

"저는 늘 작가로서 제 이름으로 된 책을 쓰고 싶었어요. 북한에

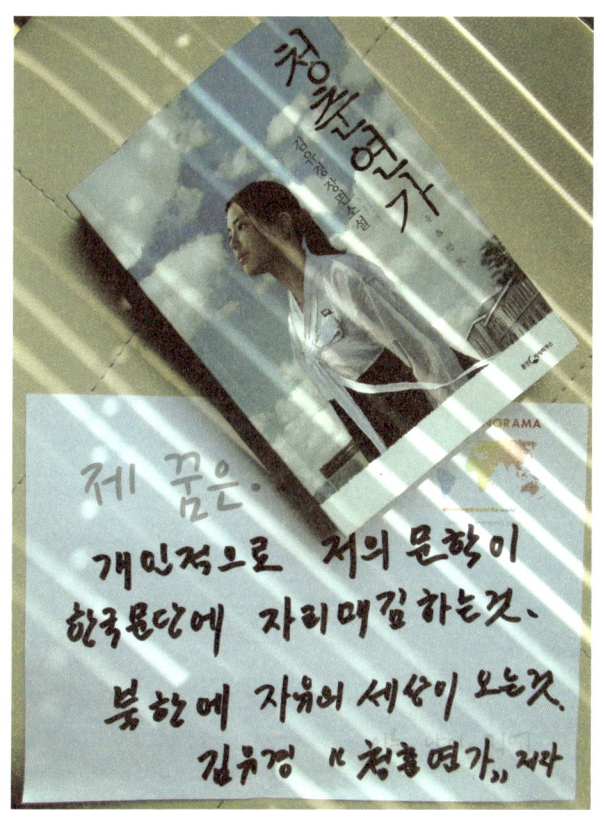

"제 꿈은 개인적으로 저의 문학이 한국 문단에 자리매김하는 것, 북한에 자유의 세상이 오는 것입니다."

서도 많은 작품을 썼지만, 체제 유지를 위한 거짓 감동을 억지로 쥐어짜 내야 했으니 온전히 제 작품이라고 할 수 없었으니까요. 이제 자유로운 상상의 나래를 펼치며 글을 쓸 수 있고, 비록 가명이

긴 하지만 제 이름으로 책을 냈으니 꿈이 이루어진 셈이죠. 또 제 아이만큼은 인간다운 세상에서 키우고 싶었는데, 아이와 함께 남한에서 살게 된 것도 정말 행복하고 감사한 일이죠."

그녀는 종이에 "나의 꿈은 개인적으로 내 문학이 한국 문단에 자리매김 하는 것 , 북한에 자유의 세상이 오는 것"이라며 펜을 꾹꾹 눌러썼다.

"앞으로 계속 북한에 관한 글을 쓰실 건가요?"

"저는 북한인들, 탈북자들의 삶은 앞으로도 계속 확대해야 할 문학적 소재이며, 그것을 쓰는 것이 저의 숙명이라고 생각합니다. 인간의 보편적 행복을 위해 인간들의 집단인 사회가 앞으로 어떤 세상을 만들고 발전시켜야 할 것인가를 고민하는 데 아주 교훈적인 것이 바로 남북한의 현실, 북한인들과 탈북자들의 삶입니다. 2,500만 북한 주민들과 20만 탈북자들의 삶 자체가 이 시대에 던지는 강력한 메시지이기 때문입니다."

지난 1년간 세계 곳곳에서 수많은 가난의 비참함과 전쟁의 슬픔과 질병의 고통을 목격했지만, 오늘처럼 가슴이 아파온 적이 없다. 세상에 내가 선택하는 꿈이 아닌 하늘이 주는 소명이 있다면, 선화와 경옥 같은 여성들을 돕는 것이 아닐까? 그녀들을 위해 나는 과연 무엇을 할 수 있을까? 자신의 목소리를 내지 못하는 이들을 위해 할 수 있는 일이 어딘가에 있을 것으로 생각해본다.

혼자 꾸는 꿈은 단지 꿈일 뿐이지만, 함께 꿈을 꾸면 현실이 된다

공항 택시 창문을 열자 싱싱한 바다 내음이 바람에 실려 온다. 나는 눈을 감고 따스한 초여름의 햇살을 피부로 느껴보았다. 제주에는 딱 1년 만에 왔다. 1년 전, 나와 제주대 꿈 도전단 25명은 자신의 꿈을 이야기하고, 그 꿈을 이루기 위해 1년간의 목표를 각자 발표했다. 그리고 1년 뒤 다시 이 자리에서 만나 그 결과를 발표하기로 했다. 그 약속을 지키기 위해 나는 똑같은 자리로 향하고 있다.

도착하자마자 워크숍 장소 곳곳에는 1년 전 드림 워크숍의 모습을 담은 사진들이 붙어 있다. 아이들이 하나둘 도착하고, 다들 오랜만에 만나 안부 인사를 나누느라 정신이 없는 가운데, 작년 드림 워크숍 때의 영상이 화면 위로 떠올랐다.

빠글빠글 파마머리의 내가 아이들에게 15초라는 짧은 시간 내에 상대방에게 자신을 각인시켜야 하는 '엘리베이터 스피치'를 준

2011년 제주대 꿈 도전단 25명과 꿈을 약속했다. 그리고 1년의 결과를 듣기 위해 다시 제주도를 찾았다. 아이들이 자신의 꿈으로 장식한 패널.

비하라고 하자, 온갖 창의적인 자기소개가 등장했다. 테이블에 올라가 발로 내리치며 "이 탄탄한 허벅지처럼 탄탄한 열정으로 꿈을 향해 달리겠다"라며 자신을 '야생마'라고 소개했던 친구를 비롯해, "목소리가 예쁜 돌고래 철학자", "보라색 곰돌이도 날 수 있다!", "세상에서 가장 작은 겨자씨가 가장 큰 나무가 됩니다", "사랑이 많은 여자 슬기입니다", "호기심이 많은 저를 사람들은 이렇게 부릅니다. 헐!"

그렇게 화기애애하게 시작을 했지만 꿈을 적어보라고 하자 아이들의 표정은 사뭇 심각해졌고, 한 명 한 명 긴장된 표정으로 카메라 앞에 나와 자신이 1년 내로 이룰 목표를 약속했다.

"5km, 10km, 하프마라톤, 풀마라톤을 다 뛰어서 내년에 메달 4개를 들고 오겠습니다!"

"곰이 마늘을 먹고 여자가 되듯, 저 보라색 곰돌이도 물을 많이 마시고 날씬한 몸매가 되어 미니스커트를 입고 오겠습니다!"

"토익 성적표 들고 오겠습니다!"

"1년 뒤 누군가를 위한 책을 쓰고, 그 책을 김수영 씨께 선물할 겁니다. 사인받으러 오세요."

"35kg을 빼겠습니다!"

행사를 마치며 우리는 서로의 티셔츠에 응원 메시지를 써주었다. 감격에 벅찬 나머지 눈물을 감추지 못한 아이도 많았다. 불과 3시간에 불과한 그 날의 드림 워크숍이 어느 때보다도 특별했던 이유는 아마도 한 명 한 명의 소중한 꿈을 나누고, 다 같이 1년의 목표를 약속했으며, 그것을 응원했기 때문인 것 같다. 이제 그 1년의 결과를 들어볼 시간이다. 미소가 아름다운 해인이가 앞으로 나섰다.

"안녕하세요, 철학과 4학년 박해인입니다. 제 꿈은 승무원이고 공채 준비 중인데요, 그 준비 과정 중 하나로 근육량이 많은 50kg이 되겠다고 작년에 말했어요. 그런데 갑자기 살을 빼려다 보니 요요 현상이 와서 55kg이 되었어요. 하지만 요가를 시작하면서 건강해졌고, 내친김에 요가 지도자 자격증까지 땄습니다. 또 해외 봉사 활동을 갔을 때 오셨던 제주방송 PD님이 제게 '리포터 해보지 않을래?'하고 제안하셨어요. 그래서 '어머 제가 감히 어떻게……'하며 거절하려다, 수영 언니가 저더러 아나운서 같다는 말씀을 해

CEO가 꿈이라는 철웅이는 1년간 '체지방 13퍼센트'라는 목표를 세웠다.

주신 게 기억나 용기를 내서 리포터 활동을 하고 있어요. 앞으로의 꿈은 여전히 승무원이 되어 넓은 세계를 보는 것이지만, 장기적으로는 사람을 치유할 수 있는 사람이 되고 싶어서 상담과정도 밟을 예정입니다."

철웅이의 차례. 지난 1년간 몸의 변화를 보여주는 사진들이 담긴 패널을 들고 왔다.

"제 꿈은 CEO입니다. CEO가 되려면 성실성이 뒷받침되어야 한다 생각했어요. 그래서 상징적으로 '체지방 13%'라는 목표를 세웠습니다. 조금 부끄럽지만, 성과를 보여드리자면, 이렇게……."

철웅이가 티셔츠를 벗고 식스팩을 내보이자 다들 환호성을 지른다.

"이렇게 되기까지는 많은 고통이 있었는데요. 한참 운동 열심히 하다가 놀고, 술도 먹고, 음식도 많이 먹어 요요 현상도 겪고, 슬럼프도 많이 있었습니다."

철웅이는 가방에서 뭔가를 주섬주섬 꺼냈다.

"이게 닭가슴살이랑 오트밀인데요. 2~3개월 전부터 식단 조절에 들어가서 이것만 먹었습니다. 운동도 더 열심히 했고, 자전거도 타고, 한라산도 올라갔고, 이종격투기도 열심히 했습니다. 무엇보다 지금 이 순간 이 몸을 보여주기 위해서 어젯밤부터 물을 한 모금도 안 마셨어요. 이거 끝나자마자 물을 마시고 싶습니다. 지난 1년 동안 독하다, 끈질기다는 소리를 들었는데 저에게는 많은 교훈이 되었습니다. 정말 이름을 드높일 수 있는 CEO가 되고자 합니다."

문득 귀에 익은 목소리가 귓가에 들리는 듯하다.

"정상에 오르기는 절대 쉽지 않아. 하지만 이건 결국 의지의 문제야. 오르려고 한다면 오를 수 있고, 오르지 못한다고 생각하면 오르지 못해. 우리는 모두 정상에 오를 거고, 다 같이 단체 사진을 찍고 내려올 거야."

이 목소리는…… 킬리만자로에서 우리를 이끌었던 가이드 팀장 안드레스. 그의 하얀 치아만 보이는 어두컴컴한 밤. 우리는 한 명도 포대하지 않고 함께 정상에 오르자며 비장한 결의를 다졌다. 원정대(?) 대장인 나는 우리 팀을 격려하고 그들과 에너지를 주고받기 위해 한 명 한 명 포옹했다.

킬리만자로에서 우리 팀은 다함께 정상에 오르자고 비장한 결의를 다졌다.

작년에 '헐'이라고 자신을 소개했던 상균이가 메달 3개와 정성껏 만든 패널을 가지고 맨 앞으로 나왔다.

"저는 마라톤 완주를 목표로 했는데요. 첫 번째로 도전한 10km는 그렇게 힘들지 않았어요. 그리고 나서 몇 달 뒤 하프마라톤을 뛰었는데, 정말 힘들어서 내가 과연 풀마라톤을 뛸 수 있을까 하고 걱정이 되더라고요. 3월 제주 국제 평화마라톤 풀코스에 참가했는데, 절반을 돌고 나서 많이 아파서 걷고 뛰고 걷고 뛰고를 반복하며 정말이지 포기하고 싶었습니다."

"포기할까, 말까 하던 순간 여러분을 떠올렸습니다."

상균이는 작년 드림 워크숍 때 입은 티셔츠를 꺼냈다.

"수영 누나를 비롯해 많은 분이 마라톤의 꿈을 이루라고 응원의 메시지를 남겨준 이 티셔츠를 입고 뛰었거든요. 그래서 절대 포기하지 말자고 결심했고, 비록 4시간 반이라는 저조한 기록이었지만 완주했습니다. 이게 저 혼자 힘들게 도전을 한 게 아니고, 여러분이 함께 응원해주셨다고 생각하니 끝난 순간 정말 고마웠어요. 다

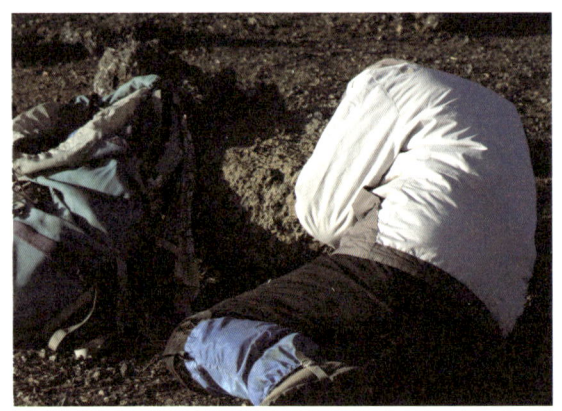

심각한 고산증으로 쓰러졌다. 하지만 친구들의 응원으로 다시 일어설 수 있었다.

지금 함께하는 도전이 아름답다는 걸 느꼈습니다."

얼마나 힘들었을까? 그 티셔츠 때문에 포기하지 않았다는 말에 가슴이 뭉클해졌다.

"제발, 백 걸음만 걸어봐!"

벤슨이 사정했다. 나는 비몽사몽 100걸음까지 어떻게 걸었다가 101번째에 다시 길바닥에 쓰러지기를 수십 번 반복했다. "여기서 잠들면 죽어! 지금 영하 20도란 말이야!"라고 그가 소리를 지르지만, 내 머릿속은 이미 텅 빈 상태였고 아무 추위도 느낄 수 없었다. 고산증세로 먹지도, 자지도 못한 지 24시간째. 가방 속의 물도 얼어서 마실 수 없었고 헤드라이트가 맛이 가더니 결국 꺼져버려 어둠 속을 걸어야 했다. '포기'라는 단어를 떠올릴 틈은 없었다. 정상에서 단체 사진을 찍기로 약속했으니까. 도대체 몇 시간이나 흘렀을까. 어느덧 동이 텄고 내 앞으로는 아무도 없다. 밑

수십 번 실패하면서도 계속 시도할 수 있었던 것은 '약속' 때문이었다는 종오.

씩 정상에 올라갔다오는 사람들이 한줄씩 내려오기 시작했다. 멘슨은 내 가방을 메더니 나더러 가방을 잡고 걸으라고 한다. "킬리만자로에 오르는 게 내 꿈이잖아. 지금 꿈을 향해 마지막 걸음을 내딛는 거야. 강해져야 해!"라는 멘슨의 말에 나는 가방을 붙잡고 그의 등만 보며 걸었다. 가끔은 돌부리에 부딪히고 넘어지면서도……

"마라톤 도전 이후 많은 변화가 있었습니다. 공모전에서 상도 타고, 해외 봉사도 다녀오고, 여름 인턴십에도 뽑혔고요. 이제 앞으로의 꿈은 사람들의 가능성을 끌어올릴 수 있는 위대한 멘토가 되는 것입니다. 이상 마라톤 완주자 강상균이었습니다. 감사합니다."

한 명 한 명 아이들이 나와서 가슴 벅찬 1년의 과정을 전달했다. 변리사 시험 합격 통보를 기다리고 있다는 아이도 있었고, 도덕 선생님을 꿈꾸는 근범이는 여고에 교생 실습 나가서 매일 스타 대접을 받았다며 모든 이의 질투를 자극했다. 창업 경진 대회 결선에 나가느라 이 자리에 참석하지 못한 아이들은 영상으로 근황을 소개했다.

다음은 '책쟁이'라는 닉네임으로 대학생 강연가로 종횡무진 활동하는 종오. 1년 뒤 자신의 이름으로 된 책을 선물하겠다던 종오가 얼마 전 "10여 개 출판사에 제안서를 보냈는데 거절당했어요"라는 풀 죽은 메시지를 보냈기에, "100군데에 보내봐"라고 답해줬는데, 어떻게 됐을까?

"수십 개 출판사에 기획서와 샘플 원고를 보냈지만, 제가 유명하지 않다, 원고가 출판사와 맞지 않는다 등 여러 가지 이유로 거절을 당했습니다. 그렇지만 결국은 마지막 한 군데서 제안을 받았고, 3개월 뒤면 그 책이 출간될 것 같습니다."

아이들은 탄성을 질렀다. 나 역시 가슴이 뿌듯했다. 종오는 패널을 보여주며 말을 이어갔다.

"이제까지 강연을 93번 하고, 해외 봉사 활동도 다녀오고, 신문에도 소개되었습니다. 물론 그 과정이 절대 쉽지만은 않았어요. 특히 대전에 강연하러 갔을 때는 어머니가 쓰러지셔서 정말 힘들었습니다. 또 한동안 집에 문제가 생겨 몇 달간 창고에서 지내기도 했어요. 그런데도 이겨낼 수 있었던 이유는……."

문득 친구들 생각이 났다. '친구들은 왜 안 내려오는 거지? 분명히 나보다 몇 시간 전 도착했을 텐데…… 혹시 나를 나를 기다리느라 못 오는 건가?'
그 생각이 미치자 눈이 떠왔다. 5,895m 정상은 산소가 무척 희박한 곳인데, 나 때문에 친구들이 몇 시간째 기다리고 있다고 생각하니 갑자기 초인적인 힘이 솟아났다. 그렇게 40분을 걸었을까. 막 눈이 산명에 병해주이 보이기 시작했고 정상이 보였다. 그리고 유후루 지역에 도달하자 아니나 다를까, 친구들이 나를 기다리고 있었다.

종오는 지갑에서 뭔가를 꺼냈다.
"작년 이 워크숍 때 수영누나와 찍은 폴라로이드 사진을 지난 1년 동안 지갑에 가지고 다니며 힘들 때마다 봤습니다. 여기 수영누나가 써준 '종오 책 출간 기대해'라는 말에 제 꿈을 포기할 수가 없었습니다. 저를 응원해주시는 많은 분 덕에 여기까지 올 수 있었던 것 같아요. 저는 가치 있는 정보를 전달하는 프리젠터를 꿈꾸는 김종오입니다. 감사합니다."
'약속'이라는 것이 이토록 강력한 동기부여가 될지 몰랐다. 이 아이들은 이 경험을 통해 앞으로 어떤 역경이 와도 이겨낼 자신감을 얻었으리라. 1년의 변화가 이토록 눈부신데, 내가 인터뷰한 꿈쟁이들은 10년 뒤에 어떤 모습으로 다시 만나게 될까? 생각만 해도 가슴이 벅차오른다.

하지만 35kg을 빼겠다는 친구는 안타깝게도 보이지 않았다. 혹시 약속을 지키지 못했다는 생각에 속상해하고 있지는 않을까, 몇 명 아이의 성취가 유독 눈부셔서 행여나 자책하고 있는 아이가 있지 않은지 노파심에 나는 한마디를 덧붙였다.

"꿈은 인생의 방향성을 제시하는 것이지 속도는 아니거든요. 혹시 1년 동안 그걸 다 이루지 못했더라도 속상해할 것도, 부끄러워할 것도 없어요. 또 꿈이 바뀐 경우도 있는데, 중요한 것은 내가 원하는 바를 알고 그 방향으로 나아간다는 사실 자체인 것 같아요. 그런 삶이 가장 가치 있는 인생의 모습 아닐까요. 오늘 그 이야기 나누어주어 정말 고맙습니다."

어느덧 저녁 시간, 철웅이가 제일 먼저 뛰어나가 물을 마시더니 접시 가득 음식을 집는다. 얼마나 목이 말랐을까! 저녁을 먹는 동안 종오와 상균이가 밤을 새워 편집했다는 중간 모임 비디오를 보았다. 내가 없는 사이 아이들이 이렇게 꾸준히 모임을 가지며 서로를 응원해주었다니 마음이 흐뭇했다.

우리는 밖으로 나가 '꿈'이라고 써진 촛불들을 둘러싸고 앉았다. 그러고는 다 같이 손을 잡고 이제 1년의 꿈이 아닌 10년의 꿈을 하나둘씩 이야기하자고 했다. 꿈을 이야기하는 아이들의 눈빛이 촛불만큼 반짝거렸고, 어떤 아이들은 눈물을 보이기도 했다.

가슴 벅찬 1년이었다. 이제 그 1년의 경험이 10년, 그리고 20년, 30년, 50년의 꿈을 이루는 데 밑거름이 될 것이다. 우리는 한 명 한 명 서로를 꼭 안아주었다.

꿈을 이야기하며 촛불만큼 반짝거렸던 아이들의 눈빛.

킬리만자로 정상에서도 우리는 다들 울면서 포옹을 했다. 우리는 다른 등산객의 도움으로 다 함께 단체 사진을 찍었고, 그렇게 약속을 지켰다. 이렇게 산소가 희박한 곳에서, 올지 안 올지 모르는 나를 마냥 기다리는 것이 쉬운 결정은 아니었을 거다. 가장 체력이 뛰어난 미켈란젤로가 심각한 두통을 앓기 시작했고, 토니는 이때부터 폐기침을 하기 시작했으니 말이다. 하지만 그들은 한 명도 빠짐없이 "더 같이 단체 사진을 찍기로 했잖아. 수영이는 약속을 지킬 테니 기다리자"라며 아무도 내려갈 생각을 하지 않았다고 한다. 그렇게 2시간 가까이 날 기다려준 친구들이 고마워 하염없이 눈물이 났다.

오노 요코의 "혼자 꾸는 꿈은 단지 꿈일 뿐이지만 함께 꿈을 꾸

353

우리는 마침내 해냈다. 혼자 꾸는 꿈은 단지 꿈일 뿐이지만 함께 꾸는 꿈은 현실이 된다.

면 현실이 된다 A dream you dream alone is only a dream. A dream you dream together is reality"라는 말처럼, 우리는 함께 꿈꿨고 함께 꿈을 이루었다. 나 자신과의 약속, 우리 모두의 약속을 위해 자기 자신의 한계를 뛰어넘은 것이다.

세상에는 아직 내가 만나보지 못한 꿈들이, 소중한 인연들이 얼마나 많을까? 우리는 앞으로 얼마나 더 많은 꿈을 현실로 만들까? 얼마나 많은 삶의 기적들을 경험하게 될까? 제주공항으로 향하는 차 안, 나는 한 가지 결단을 내렸다. 그리고 오랫동안 잊고 있었던 번호로 전화를 걸었다.

"저예요. 잘 지내시죠? 다른 분들도 다 잘 계시죠? 네, 이제 1년의 여행이 끝났어요. 그럼요, 염려해주신 덕분에 건강히 무사히 잘 마쳤어요. 아니, 이제까지 제 삶에서 최고의 1년이었어요. 그래서 말인데요, 그때 말씀하신 1천 파운드(약 180만 원)는 안 주셔도 되니까 가족 여행이나 가시라고 전화했어요. 네? 그럴 줄 알고 이미 다 써버렸다고요? 하하하. 맞아요, 저는 이 '꿈의 여행'을 계속하기로 했어요. 그래서 회사로 돌아가기는 힘들 것 같아요. 새로운 대륙의 새로운 꿈들이 절 기다리고 있어요. 이 지구에는 만나고 싶은 사람이 정말 많아요. 만나고, 나누고, 이루고 싶은 그 꿈들이……."

EPILOGUE

내 가슴에 뛰는
366개의 심장

　꿈 인터뷰를 시작한 지 정확히 365일째 되는 2012년 6월 1일, "공부를 다시 해서 사람들이 해초와 해산물을 많이 먹게끔 하고 싶다"라는 김정자 해녀 아주머니의 인터뷰를 마지막으로 365일의 여정이 끝났다. 이를 축하하는 의미에서 그날 밤 나는 제주대 꿈 도전단 친구들과 함께 이호테우 해변으로 향했다.

　찰싹찰싹 부딪히는 파도, 반짝이는 해안선, 목마 모양의 등대가 은은하게 비추는 빛이 로맨틱하다. 이제 준비해온 풍등 수십 개까지 날아간다면 이보다 로맨틱할 수는 없다! 우리는 한지로 된 풍등을 펼치고 자신의 꿈을 적은 뒤 파라핀에 불을 붙였다. 불만 붙이면 훨훨 잘 날아갈 줄 알았는데, 바람은 세고 종이에 불이 붙기도 해서 풍등 하나 날리는데 여러 명이 붙어 끙끙대야 했다. 처음에는 부서뜨리고, 태워 먹고 엉망이더니 점점 요령이 생기면서 하나둘씩 풍등이 떠가기 시작한다.

하늘로 올라가는 풍등을 바라보니 1년 동안의 시간이 스치고 지나갔다.

"우와 정말 예쁘다!"

"거봐, 계속 시도하니까 되잖아."

"맞아요. 그리고 여럿이서 함께 하는 게 혼자 하기보다 더 쉬웠고, 함께 기뻐할 수 있어 더 좋았던 것 같아요."

'그래, 우리의 꿈도 그렇겠지.'

바람에 실려 날아가는 풍등을 바라보며 이 프로젝트를 처음 기획했을 때가 떠오른다. 친구들을 앞에 모아놓고 나의 무모하기 짝이 없는 계획을 발표하던 순간의 설렘, 수많은 퇴짜 메일에 느꼈던 실망감, 빈털터리 실직자가 될까 걱정되었던 두려움, 킵워킹펀드 경쟁 순위가 저조했을 때의 좌절감, 휴직이 수리되었을 때의 안도감, 그리고 킵워킹펀드를 받고 다큐멘터리 제작 제안을 받았을 때의 환희……

시청 앞 광장에서 열린 드림 퍼레이드.

쉽지 않았기 때문에, 그렇게 어려운 과정을 거쳤기에, 누가 시켜서 하는 일이 아니라 나의 아이디어를 현실로 만들기 위해 더 큰 노력을 기울였기에 더욱 특별했고, 많은 이와 함께였기에 더욱 감동적이었던 시간들……

"와, 마지막 풍등도 날아간다! 만세, 만세!"

생각에 잠겼던 나는 주변을 돌아본다. 한지를 투과한 풍등의 은

은한 불빛 때문일까, 함께 특별한 추억을 만들어서일까. 지금 이 순간 내 곁에 있는 이들이 그렇게 예뻐 보일 수가 없다. 하늘 높이 별처럼 반짝이며 날아오르는 풍등들과 내 곁에 있는 소중한 이들……

그렇게 제주도에서 꿈의 파노라마 365일의 종지부를 찍고 서울로 올라왔다. 나를 응원해준 이들과 함께 100여 명이 시청 앞 광장에서 광화문 일대를 행진하고 플래시몹 댄스를 추며 '드림 퍼레이드'를 벌였다. 그리고 김진혁 PD님께서 한 달간 온 힘을 다해 편집해주신 SBS 스페셜 〈나는 산다: 김수영의 꿈의 파노라마〉가 2012년 7월 8일에 방영되었다. '촬영: 김수영', '내레이션: 김수영'이라는 자막을 보며 쑥스럽기도 했지만, 영상에 대해 아무것도 모르던 내가 이렇게 하나의 작품을 만들었다는 생각에 가슴이 뭉클했다. 물론 여기서 끝이 아니다. 앞으로 더 많은 이야기를, 더 많은 꿈을 나눌 것이다.

...

이 책의 집필 기간 나는 고향 여수로 내려왔다. 매일 바닷가 한 카페에서 글을 쓰고, 해가 지고 나면 여수 밤바다를 따라 걸으며 지난 1년간 내가 만난 수많은 바다와 사막과 산과 도시를, 그리고 거기서 만났던 수많은 인연을 떠올렸다. 지난 365일간 많은 일이 있었지만, 내가 가장 자랑스러운 것은 사람들의 꿈을 묻고 들어준 것이다.

 꿈은 사치라고 말하는 사람, 꿈을 말하기 부끄러워하는 사람, 꿈꾸기엔 너무 늦었다고 생각하는 사람, 꿈이 너무 많아서 고민인 사람, 어떤 역경 속에서도 꿈을 포기하지 않는 사람, 꿈을 하나하나 이루고 있는 사람, 다른 이들에게 더 많은 꿈을 나누고 있는 사람……. 나는 그들의 이야기를 편견 없이 들어주었고, 그 과정에서 나 역시 많이 성장했다.

 그 성장의 첫 번째 키워드는 바로 '감사'이다.
 나는 내가 누구보다 힘들게 살았다고 생각했다. 하지만 세계 곳곳 많은 사람을 만나 그들의 삶을 들여다보니 아픔 없는 사람이 없었다. 사랑하는 사람을 잃었거나, 몸이 아프거나, 돈이 없거나, 자유가 없거나, 아니 아예 그들을 보호해줄 국가가 없거나, 자연재해로 모든 것을 잃거나, 가족을 위해 자기 한 몸을 희생하거나…….
 그렇게 이 지구별에는 희망과 꿈만큼이나 아픔도, 슬픔도 많았다. 그리고 그들은 시련이 왔을 때 어떻게 받아들이고 대처하느냐가 운명을 바꾼다는 것을 보여주었다. 한 번의 불행으로 모든 것을 놓아버리는 사람이 있지만, 상상조차 하기 힘든 어려운 상황 속에서 '그럼에도 불구하고' 포기하지 않고 자신의 꿈을 위해 나아가는 사람들이 있었다. 꿈의 길을 향해 간 이들은 아픔조차도 꿈을 이루기 위한 과정이었다고 담담하게 말했지만, 현실의 길을 선택한 이들은 세상이 불공평하다며 한숨을 지었다.

프로젝트를 진행하며 나는 감사, 사랑, 용기를 배우며 많이 성장했다.

나 역시 살면서 굴곡도 많았지만 그래도 가족이 다 건강하게 살아 있고, 신체 건강하고, 고등교육을 받았으며, 자유민주주의 국가에서 태어나 내가 원하는 대로 하며 살 수 있었으니 엄청난 행운이 아닐까. 심지어 지구 곳곳에서 내 꿈을 펼치고, 거기서 만나는 사람들의 삶과 꿈, 아픔과 기쁨까지도 보듬을 수 있었던 나는 지구상에 몇 안 되는 0.0001%의 행운아였다. 그래서 나는 농담 반 진담 반으로 "전 세계를 돌아다니며 사람들의 꿈을 묻는, 세계 최고의 직업을 가진 행복한 사람이에요!"라고 말하고 다녔다. 내가 선택한 삶을 살 수 있다는 것은 얼마나 감사한 일인가.

두 번째 키워드는 '사랑', 바로 사람에 대한 애정이다.
예전에는 '나는 나'고, '너는 너'였다. 내 가족, 내 친구, 내 주변 사람들만 '우리'였다. 다른 삶을 살아가는 이들에게 그다지 별 관심이 없었다. 하지만 이 프로젝트를 통해서 정말 다양한 삶을 살아가는 이들을 만나 그들과 이야기를 나누면서, 사람과 삶에 대한 근본적인 애정이 생겼다. 제각기 살아가는 모습은 다를지언정 누구에게나 말 못 할 아픔도, 가슴 설레는 꿈도 있기에 그들의 현 상황이 아닌 소중한 인생과 미래의 가능성을 가진 존재로서 한 번 더 따뜻하게 바라보게 되는 것이다.

신기한 것은 내가 그렇게 애정을 가지고 사람을 대할수록 그들 역시 나에게 애정을 쏟아준다는 점이다. 가끔은 아무 말 하지 않고 그냥 그들의 이야기를 들어주기만 했는데, 그들은 나에게 고맙다고 한다. 아마도 자신의 꿈을 이야기한다는 것이 굉장히 친밀한 행위여서일 것이다. 특히 소외된 이들일수록 누군가가 자신의 인생에 대해 관심을 가져준 것만으로 특별하게 여긴다. 한 소년은 내게 이렇게 말했다.

"전 누나를 평생 못 잊을 것 같아요. 처음으로 제 꿈을 물어본 사람이거든요."

지금도 나는 이 프로젝트를 통해 만난 많은 이와 연락을 주고받고 있다. 그들은 자신의 꿈에 한 발짝 다가갈 때마다 흥분된 목소리로 내게 소식을 전하고, 나도 함께 기뻐한다. 그래서인지 이제 내 가슴엔 365명의 삶이 함께 사는 것 같다. 366개의 심장이 함께 뛰기에 하루하루가 더욱 가슴 벅차다.

소중한 사람, 가까워지고 싶은 사람, 힘들어하는 사람들에게 꿈

신기한 것은 내가 그렇게 애정을 가지고 사람을 대할수록
그들 역시 나에게 애정을 쏟아준다는 점이다. 가끔은 아무 말 하지 않고
그냥 그들의 이야기를 들어주기만 했는데, 그들은 나에게 고맙다고 한다.
아마도 자신의 꿈을 이야기한다는 것이 굉장히 친밀한 행위여서일 것이다.

을 물어보고 그 꿈을 응원해주면 그들의 눈이 반짝이는 것을 볼 수 있을 것이다. 혹시나 그들이 '나 같은 게 무슨 꿈이야'하고 체념한다면, 이 책을 건네주길 바란다. 그들의 손을 잡으며 "난 네가 꿈을 이룰 수 있을 거라 믿어"라고 말한다면, 그들은 평생 당신을 잊지 못할 것이다.

세 번째 키워드는 전 세계 어디서든 살아남을 수 있겠다는 자신감, 바로 '용기'이다.

이 프로젝트 이전에도 50여 나라를 여행했다. 하지만 그냥 하는 여행과 뚜렷한 목적의식을 가진 여행은 시간과 경험의 밀도가 달랐다. 그래서 지난 1년은 이제까지 내 삶에서 가장 치열한 1년이었다. 치열하게 도전한 만큼, 치열하게 아프기도 했다. 지금도 뭄바이에서의 나날을 생각하면 애증의 감정이 끓어오르고, 미얀마에서 겪은 돈 없는 설움, 히말라야에서 48시간 동안 사경을 헤맨 것을 생각하면 아찔한 불안감에 심장 박동이 빨라진다.

돌이켜보면 그저 즐겁기만 했던 순간보다는 힘들었던 순간들과 그때 만난 사람들과의 기억이 내 가슴속에서 가장 뜨겁게 살아 있다. 그리고 그 경험들은 앞으로 전 세계 어디에서든 잘 해낼 수 있으리라는 자신감과 용기로 승화되었다. 새로이 만날 세계 곳곳의 친구들이 나와 함께 웃어주고 울어줄 것을 믿어 의심치 않기에.

나를 힘들게 한 1%의 사람들이 있었지만, 잘 알지도 못하는 이방인인 나를 발 벗고 도와준 99%의 수천 명 덕분에 이 프로젝트를 성공적으로 마칠 수 있었다. 내가 상상했던 장밋빛 세상은 없었지만, 생각지도 못했던 다양한 기회와 인연으로 가득한 무지갯빛 세상을 발견한 것이다.

...

스무 살까지의 내가 오랜 시간 어둠 속에서 발버둥을 치다 겨우 알을 깨고 나온 애벌레였다면, 20대의 나는 온실 속 나비에 불과했다. 그리고 지난 1년간 정글과 사막을 지나 산을 넘고 바다를 건너 날아온 지금의 나는 튼튼한 날개를 가진 한 마리 새로 진화했다. 이제는 더 큰 날갯짓을 펼치며 이 세상에서 자유롭게 비상하려 한다.

내가 세계의 절반을 여행하며 모아온 이 꿈의 씨앗들이 당신의 삶 속에서 싹틔웠으면 좋겠다. 당신에게 주어진 이 찬란한 태양과 신선한 바람과 촉촉한 비와 따뜻한 흙으로 세상에서 가장 아름다운 꽃을 피우고 가장 달콤한 열매를 키워냈으면 좋겠다. 그리고 그 열매에서 나온 씨앗들을 다른 이들과 함께 나누었으면 좋겠다. 그렇게 계속해서 세상 곳곳에 뿌려진 꿈의 씨앗이 하나로 이어지는 파노라마로 펼쳐졌으면 좋겠다. 그날을 기다리며 지난 365일간 365명에게 물었던 질문을 이제 당신에게 던지려 한다.

"당신의 꿈은 무엇입니까?"

⟨당신의 꿈은 무엇입니까⟩
⟨당신의 사랑은 무엇입니까⟩
두 권의 책을 다시 펴내며

2011년 첫발을 내디딘 꿈의 파노라마 프로젝트는 유럽·중동·아시아 25개국 92개 도시에서 365개의 꿈을 만났습니다. 2013년에 시작한 러브 파노라마 프로젝트는 아메리카·아프리카·오세아니아의 127명(커플 포함)에게 108개의 사랑 이야기를 들었지요. 총 25개월간 47개국에서 500여 명의 삶을 깊게 들여다볼 수 있었던 엄청난 기회였고 이로 인해 제 인생은 거대한 터닝포인트를 맞게 되었지요.

드림파노라마
영상 보기

러브파노라마
영상 보기

SBS 스페셜
영상 보기

우선 드림파노라마 프로젝트를 진행하며 직접 제작한 다큐멘터리가 2012년 'SBS 스페셜-나는 산다, 김수영의 꿈의 파노라마'라는 제목으로 방영되었습니다. 이어서 책 ⟨당신의 꿈은 무엇입니

까〉를 2012년, 〈당신의 사랑은 무엇입니까〉를 2015년에 출간했지요.

  책과 영상뿐만 아니라 사람들이 직접 모여 꿈을 나눌 수 있는 자리를 만들고 싶었습니다. 그래서 2012년 가을에는 구로아트밸리에서 약 10일 동안 '드림페스티벌'을 열었습니다. 100여 명의 스태프들과 함께 준비한 이 행사는 전시회, 쇼, 워크숍, 각종 세미나 그리고 파티의 형태로 5천 명의 사람들과 함께 진행되었습니다. 이후 싱가포르 현지 및 국내 여러 기업의 초청을 받아 그들과 함께 '드림쇼'를 열기도 했습니다. 이후 몇 년간 정기적으로 지속된 '드림워크숍'에 참여한 수천 명의 성공사례가 쌓이면서 이를 바탕으로 〈드림 레시피〉 책을 내기도 했지요.

 그렇게 맺은 특별한 인연들과 헤어지기 아쉬워 '꿈꾸는지구'(구 드림파노라마) 회사를 설립해 다양한 강연회, 워크숍 등 교육프로그램뿐만 아니라 컨설팅을 진행했습니다. 또 사람들의 꿈에 투자하고 싶다는 아이디어를 실현하기 위해 우리은행의 후원을 받아 한국장학재단과 함께 '지구별 꿈도전단'(현재는 '세계를 향한 꿈도전'이라는 이름으로 운영되고 있습니다) 공모전을 만들어 대학생들이 해외에 나가 꿈을 펼칠 수 있도록 지원하기도 했지요. 뿐만 아니라 꿈을 기반으로 사람들을 연결하고 싶다는 아이디어를 바탕으로 2013년 버키노트라는 애플리케이션을 론칭해 5만 명이 넘는 사람

들에게 사랑을 받았습니다. 아쉽게도 수익성 부족으로 서비스를 중단했지만요.

80개국을 여행하며 70개의 꿈을 이루고 사람들에게 꿈의 씨앗을 나누어주던 저는 몇 년 전부터 인간의 내면에 관심을 갖기 시작했습니다. 그래서 명상과 수행을 생활화하고 심리와 영성 등을 공부하면서 '마음여행'을 떠났다고나 할까요. 그러면서 오랜 시간 저를 움직였던 내면의 고통에서 벗어나 있는 그대로 나를 사랑할 수 있게 되었지요. 그 덕분에 결혼도 하고 이제 첫 아이의 탄생을 기다리고 있습니다. 그간의 과정과 깨달음을 〈마음스파〉 책을 통해서 담담히 털어놓았고요.

마찬가지로 저에게는 쌍둥이 자식 같은 이 두 권의 책을 이렇게 재출간할 수 있게 되어 기쁩니다. 초판 발행 후 그렇게 긴 시간이 흐르지 않았지만 세상은 너무나 많이 변했습니다. 경쟁이 심화되면서 일상은 더욱 치열해지고, 분노와 혐오, 비관주의가 넓게 퍼져 갑니다. SNS로 타인과 나를 비교하면서 '나만 뒤처져 있다'고 생

각하며 좌절하는 사람도 많고요. 꿈꾸고 사랑하는 것조차 사치라고 여겨지는 작금의 현실을 보며 이 두 권의 책을 다시금 세상에 내놓기로 했습니다. 같은 지구 하늘 아래 살아가는 수많은 사람들의 가슴벅찬 이야기를 통해 '그럼에도 불구하고' 다시 꿈꾸고 사랑할 용기를 얻을 거라 믿기 때문입니다.

책을 쓸 당시에는 너무나 하고픈 이야기가 많아 쏟아내듯 썼었는데 몇 년이 지난 지금 조금 더 차분하게 제가 만난 사람들과 겪은 일들, 그리고 이를 통해 깨달은 점을 정리할 수 있었습니다. 초판 발행 후 6년이 지난 〈당신의 꿈은 무엇입니까〉의 경우 몇몇 등장인물의 소식들을 업데이트할 수 있어 기쁘고요.

두 책이 새롭게 탄생하는 데 10인의 독자위원회 박신미, 염정은, 이명재, 이인해, 이정현, 정선영, 조하나, 천은정, 최영경, 최현석 님의 역할이 컸습니다. 도움에 진심으로 감사합니다.

아울러 초판을 사랑해주신 수십만 명의 독자님들, 새롭게 탄생한 개정판을 아껴주실 독자님들에게도 사랑의 마음을 보냅니다.

꿈의 파노라마, 그 특별한 기록

2011년 6월 3일부터 2012년 6월 1일까지 25개국에서 365명에게 '당신의 꿈은 무엇입니까?'라는 질문을 했고 그들의 평범하지만 특별한 이야기를 들었습니다.

영국, 프랑스, 이탈리아, 그리스, 터키, 조지아, 아르메니아, 우즈베키스탄, 아랍에미리트, 오만, 카타르, 이란, 레바논, 요르단, 이스라엘, 팔레스타인, 인도, 태국, 미얀마, 싱가포르, 네팔, 중국, 대만, 일본, 한국까지 25개국을 갔습니다.

런던, 파리, 로마, 소렌토, 카파도키아, 치나달리, 예레반, 부하라, 두바이, 에스파한, 뭄바이, 바칼라, 문나르, 방콕, 만달레이, 히말라야, 시안, 베이징, 타이베이, 도쿄, 제주 등 92개 도시를 다녔습니다. 4일마다 새로운 도시에서 눈을 뜬 거죠.

인도인, 중국인, 태국인, 우즈베키스탄인, 독일인, 프랑스인, 호주인, 아프가니스탄인, 스페인인, 브라질인, 멕시코인, 그리스인, 나이지리아인 등 67개 국적의 사람을 만났습니다.

지하철, 버스, 기차 외에 인력거, 말, 노새, 낙타, 경운기, 열기구, 경비행기까지 다양한 교통수단을 이용해 이동했습니다.

4살 꼬마에서 87세 할머니까지, 평균 나이 33.33세의 분들을 만났습니다.

수녀, 밸리 댄서, 코코넛 상인, 화가, 해녀, 선장, 코미디언, 가정부, 모델, 마사지사, 위기 관리사, 헤어 디자이너, 사진가, 코끼리 사육사, 승려, 복권 판매인, 변호사, NGO 인턴, 농부, 요리 강사 등 다양한 직업을 가지고 열심히 사는 분들이었습니다.

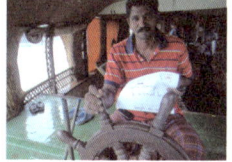

엄마 되기, 행복한 가정을 꾸리기, 사랑하는 사람과 평생 살기, 좋은 아버지 되기, 가족과 여행하기 등 소중한 사람들과 행복하게 살고 싶다는 꿈을 적은 분이 78명이었습니다.

레고 디자이너, 전문 통번역사, 의사, 최고의 올림픽 코치, 메이크업 아티스트, 자신만의 가게를 갖는 것 등 자기 분야에서 성공하고 싶다는 꿈을 적은 분이 94명이었습니다.

매일 밤 무대에 서기, 전 세계에 감동을 줄 수 있는 영화 제작, 춤추고 노래하는 것, 지금 이 순간 상상할 수 있는 가장 신나는 일을 하는 것 등 자신이 좋아하는 일을 하며 살고 싶다는 꿈을 적은 분이 55명이었습니다.

전 세계를 여행하기, 에펠탑 보기, 요트로 세계 여행하기, 스페인에 가서 바르셀로나 축구 경기를 보고 싶다는 등 세계를 여행하고 모험하고 싶다는 꿈을 적은 분이 43명이었습니다.

세계에 평화가 오는 것, 여성과 아이들을 위한 쉼터 만들기, 자선활동, 사진을 통해 세상을 바꾸기, 사람들이 행복하고 건강하도록 돕기 등 더 나은 세상을 만들고 싶다는 분이 37명이었습니다.

사랑, 평화, 기쁨, 자유 등 내면의 행복과 평화를 꿈꾸는 분이 34명이었습니다.

우간다에 멋진 집짓기, 백만장자가 되기, 많은 돈을 벌기 등 더 많은 것을 가지고 싶다는 꿈을 쓴 분이 20명이었습니다.

그리고 이미 자신이 바라는 꿈을 이루었다는 분도 4명이었습니다.

• 감사의 말 •

1년간 제게 꿈을 나눠준 365명 외에도 수많은 분의 도움을 통해서 이 프로젝트를 마칠 수 있었습니다. 그분들께 무한한 감사의 마음을 전합니다.

On top of 365 dreamers who shared their precious stories, I'd like to thank all the people who helped before, during and after this journey. Thank you, you made this project a success.

Mike, Sonia, Yiting, Michael, Jennifer, Dave, Simon, Jamal, Ali and Gabriel and all my friends an colleagues(United Kingdom), Pierre & Emilie in Paris, Monica at La Plaisance, 루르드 김민지 마리아 수녀님(France), Michelangelo, Paolo & Antonio brothers(Italy), Elisabeth, Andreas & Elias(Greece), Cihan & family ＋ Alex(Turkey), Peter(Georgia), Vardan, Samvel and Anush @ Leadership School(Armenia), Irina(Uzbekistan), 수향 & 병도 씨 그리고 종한, Haytham, David and Rachel(United Arab Emirates), Faris & Aisha(Oman), Kondor & family, Nasim & Amir, Farshid & family, Mahsa, Fardin and the friends(Iran), Mohamad(Lebanon), Lila & Yaron(Israel), Saba and Abou Falah(Palestine), Akhila & Manas and Gopi, Rizvi, Jonathan, Tony, David, Mandy, Paayal, Anna, Adi, Manish, Vipin, Shameela and Rahoul, Gary and Aarti, Sudhir, Kitu and Raajeev, Yash, Adi, Shah Rukh, Katrina,

Vishesh and Shanoo, Ben, Aarti & Akhil(India), Samir, Dominik, Gopal and Sharad(Nepal), Yui, Patsy and Oo, 윤정 언니(Thailand), Nigel and Lily(Singapore), Lucy, Aegean and Na(China), Yuming, Cath, Tom & Joy, and everyone @ Crown(Taiwan), Harumi, Reina, Akiko and Yumina(Japan)

이 프로젝트를 도와주신 조니워커 킵워킹펀드 관계자분들, 여수시 관계자 여러분, 제주대 꿈도전단 친구들과 홍효정 선생님, 꿈의 파노라마 발대식, 드림퍼레이드, 드림페스티벌 스태프 및 참여해주신 모든 분들, 드림팀 여러분, 〈SBS 스페셜〉 제작하느라 수고하신 김진혁 공작소 관계자 여러분, 부족한 원고에 대한 의견을 아낌없이 나눠주신 한재우, 손보미, 정선욱, 김준희, 염지홍, 김진호, 박진희, 현종호, 정유리, 배장환, 박민식, 한재우, 김선준, 장치혁, 이진아 님. 책 출간 관련 많은 의견을 나눠주신 제 SNS 구독자 여러분. 그리고 저를 아껴주시고 꿈의 파노라마 프로젝트를 응원해주신 모든 독자 여러분, 꿈을 향해 나아가는 당신을 사랑합니다. 당신의 소중한 발걸음 발걸음에 이 책이 조금이나마 힘이 되었으면 좋겠습니다.

감사해야 할 분이 너무 많지만, 지면의 제한으로 다 소개하지 못한 점 양해 부탁드립니다. 두고두고 성원에 보답하겠습니다.

There are so many more names to mention, but due to the limited space I wasn't able to include everyone. I'll share my gratitude in due course.

당신의 꿈은 무엇입니까

초판 1쇄 발행 2018년 4월 20일
초판 4쇄 발행 2020년 2월 13일

지은이 김수영

발행인 김수영
디자인 김성엽의 디자인모아

발행처 꿈꾸는지구
출판사 등록일 2017년 4월 28일
주소 서울시 강남구 영동대로 738 현대리버스텔 710호
이메일 dreamworkshop@naver.com
전화 02-2299-0547
팩스 02-6008-7904

홈페이지 dreampanorama.com
블로그 dreamworkshop.blog.me
페이스북 /dreampanorama
인스타그램 /dreampanorama
네이버카페 /dreampanorama

ⓒ 김수영, 2018
값 16,000원
ISBN 979-11-962466-2-4 (03190)

- 잘못된 책은 구입한 서점에서 바꿔드립니다.
- 이 책에 실린 모든 내용, 디자인, 이미지, 편집 구성의 저작권은 꿈꾸는지구와 지은이에게 있습니다. 허락없이 복제하거나 다른 매체에 옮겨 실을 수 없습니다.